BURKHARD HOFMEISTER
DIE STADTSTRUKTUR

# ERTRÄGE DER FORSCHUNG

Band 132

BURKHARD HOFMEISTER

# DIE STADTSTRUKTUR

Ihre Ausprägung in den verschiedenen Kulturräumen
der Erde

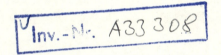

1980

WISSENSCHAFTLICHE BUCHGESELLSCHAFT

DARMSTADT

CIP-Kurztitelaufnahme der Deutschen Bibliothek

**Hofmeister, Burkhard:**
Die Stadtstruktur: ihre Ausprägung in d. verschiedenen Kulturräumen d. Erde / Burkhard Hofmeister. — Darmstadt: Wissenschaftliche Buchgesellschaft, 1980.
 (Erträge der Forschung; Bd. 132)
 ISBN 3-534-07530-7

 Bestellnummer 7530-7

© 1980 by Wissenschaftliche Buchgesellschaft, Darmstadt
Satz: Druckerei A. Zander, 6149 Rimbach
Druck und Einband: Wissenschaftliche Buchgesellschaft, Darmstadt
Printed in Germany
Schrift: Linotype Garamond, 9/11

ISSN 0174-0695
ISBN 3-534-07530-7

# INHALT

Einführung in den Problemkreis . . . . . . . . . 1

I. Die innere Differenzierung als städtisches Phänomen . 9
   1. Die traditionelle Vierteilung des Stadtgebietes . . 9
      Zentrales Achsenkreuz. Haupthimmelsrichtungen. Schachbrettgrundriß. Viertel der mittelalterlichen Stadt.

   2. Die beiden Hauptprinzipien der Stadtviertelsbildung ×. . . . . . . . . . . . . . . . 13
      Funktionalräumlich-sozialschichtenspezifische Differenzierung. Völkisch-rassische Heterogenität der Wohnbevölkerung und räumliche Absonderung.

   3. Die strukturierenden Kräfte von der vorindustriellen bis zur nachindustriellen Zeit . . . . . . 27
      Bodenpreise und Immobilienmarkt. Selektive Migration. Gebäudekapazität. Verkehrstechnologien. Geplante Funktionsmischung und -trennung.

   4. Standortbedingtheiten und Anordnungsmuster städtischer Funktionen . . . . . . . . . . 37
      Dienstleistungsstandorte. Industriestandorte. Wohnstandorte.

   5. Modellvorstellungen zur Erfassung der Stadtstruktur . . . . . . . . . . . . . . . . . 44
      Sozialökologie und Sozialraumanalyse. Die Chicagoer Schule und ihre Kritiker: "natural area", "social area", Nachbarschaft. Transportkosten-, Bodenmarkt- und Flächennutzungsmodelle. Bevölkerungsmodelle. Interaktionsmodelle. Zentralörtlich-hierarchische Modelle.

   6. Literatur zu Teil I . . . . . . . . . . . 53

II. Die Stadtstruktur im interkulturellen Vergleich . . 78

1. Die europäische Stadt . . . . . . . . . 78
2. Die russisch-sowjetische Stadt . . . . . . . 88
3. Die chinesische Stadt . . . . . . . . . . 93
4. Die orientalische (und israelische) Stadt . . . . 98
5. Die indische Stadt . . . . . . . . . . . 105
6. Die südostasiatische Stadt . . . . . . . . 113
7. Die Stadt in Tropisch-Afrika . . . . . . . 117
8. Die lateinamerikanische Stadt . . . . . . . 124
9. Die angloamerikanische Stadt . . . . . . . 131
10. Die südafrikanische Stadt . . . . . . . . 141
11. Die australisch-neuseeländische Stadt . . . . 145
12. Die japanische Stadt . . . . . . . . . . 148
13. Literatur zu Teil II . . . . . . . . . . 155

Abkürzungen . . . . . . . . . . . . . . . 195

Register . . . . . . . . . . . . . . . . . 197

# EINFÜHRUNG IN DEN PROBLEMKREIS

Beim ersten Anblick einer fremden, insbesondere einer größeren Stadt mag sich dem nicht in systematischem Beobachten geschulten Reisenden der Eindruck eines amorphen Häusermeeres und Straßengewirrs ergeben, und er wird erst allmählich, wenn überhaupt, zu der Einsicht gelangen, daß es sich um ein doch ergründbaren Regelhaftigkeiten unterworfenes Anordnungsmuster von Flächen, Gebäuden bestimmter Nutzungsarten und Gruppierungen ihrer Wohnbevölkerung handelt.

Die Geographie hat sich erst relativ spät des Problems der Stadtstruktur oder, was etwa gleichbedeutend ist, der inneren Differenzierung der Stadt, des städtischen Gefüges oder der Viertelsbildung angenommen. Erst nachdem Lage, Genese, Morphologie und Funktionen der Stadt nacheinander, jedoch bei teilweise zeitlicher Überlappung, im Vordergrund des Interesses gestanden hatten, deutete sich in den klassischen Arbeiten über Stockholm von de GEER 1923 und über Innsbruck von BOBEK 1928 die Frage nach der *Anordnung* der Funktionen im Raum, ihrer Konzentration oder Streuung, ihrer Mischung oder Trennung innerhalb des Stadtgebietes an. Die große Mehrzahl der heute dazu vorliegenden Arbeiten stammt aber erst aus der Zeit nach dem Zweiten Weltkrieg. So war, um nur zwei Aspekte herauszugreifen, CAROL der erste, der 1960 unter Anwendung des Modells der zentralen Orte auf das Stadtgebiet die Verbreitung der Versorgungszentren verschiedener Rangstufen über jenes untersuchte, und PRED ging als einer der ersten 1964 systematisch der Frage der innerstädtischen Industriestandorte nach. Es sei hervorgehoben, daß es sich in der Stadtgeographie nicht allein um eine *sozialräumliche* Differenzierung handelt, wie sie von soziologischer Seite sehr intensiv betrieben wird, sondern in umfassenderem Sinne um eine *funktionalräumliche* Differenzierung unter Einbeziehung auch der kaum oder nicht bewohnten Teile des Stadtgebiets.

Genauso jung wie die Erforschung der Stadtstruktur ist die daran anknüpfende Behandlung der Verschiedenartigkeit der inneren Differenzierung der Städte in den einzelnen *Kulturräumen* und deren Ursachen. Während die Methode des Vergleichs bereits mit der modernen wissenschaftlichen Geographie im 19. Jh. aufkam, fand sie ihre Anwendung in der kulturgenetischen Betrachtungsweise der Stadtgeographie ebenfalls erst nach dem Zweiten Weltkrieg. Andeutungsweise findet sie sich zwar schon vor fast einem Jahrhundert in einer Arbeit von F. G. HAHN (1885) über die Städte der norddeutschen Tiefebene, und einen ersten bescheidenen Versuch in globalem Rahmen machte PASSARGE 1930 mit seinem kleinen Sammelband ›Stadtlandschaften der Erde‹ (Nachdruck 1968). In der Folgezeit wurde diese Fragestellung jedoch nur gelegentlich aufgegriffen, vor allem von Vertretern der Landeskunde wie F. METZ, in dessen Aufsatzsammlung ›Land und Leute‹ (1961) mehrere über die Jahre entstandene Beiträge zu den Eigenheiten der Städte in verschiedenen mitteleuropäischen Landschaften enthalten sind. In der Nachkriegszeit wiesen in Deutschland SCHWARZ (1952) und NIEMEIER (1956, 1957) und in USA HOLZNER (1967, 1969) auf die Wichtigkeit dieser Arbeitsrichtung hin, die heute zu den am stärksten innerhalb der deutschen Stadtgeographie gepflegten gehört. Einen instruktiven disziplingeschichtlichen Abriß hat AUF DER HEIDE (1977) gegeben.

Dieser kulturgenetische Aspekt bildet den Ansatz für den Teil II, allerdings wegen der gebotenen Kürze auf dem sehr *hohen Abstraktionsniveau der Kulturerdteile* im Sinne KOLBS (1962). So kann z. B. bei der Behandlung der angloamerikanischen Stadt nur knapp auf die Andersartigkeit der Stadtentwicklung beiderseits der US-amerikanisch-kanadischen Grenze eingegangen werden, ganz zu schweigen von feineren regionalen Varianten, die etwa die Städte Pennsylvaniens als eigene Gruppe gegenüber denen anderer Landesteile der USA erscheinen lassen. Mit dem hier verwendeten Kulturbegriff sind auch die sich in dem jeweiligen Städtewesen manifestierenden *gesellschaftlichen Eigenheiten* wie z. B. das die Hindustadtkultur beeinflussende Kastenwesen in Indien sowie die während der Kolonialepoche abgelaufenen verändernden Prozesse abgedeckt. Damit ist die Frage der historischen Dimension aufgeworfen.

Dem kulturgenetischen Aspekt *untergeordnet* wird der Aspekt des *technisch-ökonomischen Wandels* von der vorindustriellen (SJOBERG 1960) über die industrielle (L. WIRTH 1938) bis zur nachindustriellen oder, nach VANCE (1971), postkapitalistischen Stadt. Sicher ist diskutabel, wie weit sich dieses vom westeuropäisch-nordamerikanischen Vorbild abgeleitete Konzept auf andere kulturgenetische Stadttypen anwenden läßt. Es wird daher nur insoweit herangezogen, als sich bestimmte Stadtentwicklungsphasen im Weltmaßstab synoptisch sehen lassen. In diesem Sinne fällt in den Kulturräumen des Orient, Indiens, Südostasiens und Tropisch-Afrikas die Kolonialstadtepoche weitgehend mit der Phase der industriellen Stadt Westeuropas und Angloamerikas zusammen.

Weiterhin wird dem kulturgenetischen Aspekt der des *gegenwärtigen Gesellschafts- und Wirtschaftssystems* in seiner stadtgestaltenden Relevanz untergeordnet, wobei jeweils eine Gruppe von Kulturräumen ähnliche Steuermechanismen für die gegenwärtig ablaufenden Urbanisierungsprozesse aufweist, so daß in der Reihenfolge der Behandlung nach der europäischen Stadt zunächst die Stadt in den sozialistischen Ländern — manche Autoren wie z. B. RUGG (1972) sprechen direkt von dem Typ der sozialistischen Stadt —, danach die in den Ländern der Dritten Welt, schließlich die in den überseeischen Industrieländern zur Sprache kommt. Das aber führt uns zu einer ganz aktuellen Fragestellung.

In den 70er Jahren ist eine Kontroverse darüber aufgelebt, ob global gesehen Wachstum und innere Differenzierung der Städte *kulturabhängig oder kulturunabhängig* vor sich gehen. Freilich kam sie nicht ganz unvorhergesehen. Schon 1965 vertrat SCHNORE in dem von ihm gemeinsam mit HAUSER herausgebrachten Sammelwerk ›The study of urbanization‹ in seinem eigenen Beitrag über die Städte beider Amerika die These, daß, ähnlich dem demographischen Zyklus in der Bevölkerungslehre, die *Städte überall auf der Welt bestimmte Entwicklungsphasen* durchlaufen und sich auf ein für alle gleichartiges Spätstadium hin entwickeln, derart, daß die bisher weniger fortgeschrittene lateinamerikanische Stadt mit noch größerem Anteil der gehobenen Schicht im Stadtzentrum ("reverse-Burgess type") sich allmählich zu einer Stadt mit der für Angloamerika charakteristischen Struktur ("Burgess type") wandeln werde. 1972 trug er sie in einem Buch ›Class and race in cities and suburbs‹ erneut vor. Ihm widersprach JOHNSTON in seinem Aufsatz ›Towards a general model of intra-urban residential patterns‹ (1972). Zur selben Zeit entwickelte HAWLEY in seinem Buch ›Urban society: an ecological approach‹ (1971) eine etwas andere, aber zu demselben Ergebnis wie bei SCHNORE führende These (evolutionary sequence hypothesis), die von LONDON und FLANAGAN (in WALTON /MASOTTI 1976) als "multilinear convergence hypothesis" bezeichnet wurde, die besagt, daß in der Stadtentwicklung weltweit durch zunehmende Teilhabe an gleichartigen Technologien und Märkten eine allgemeine Standardisierung und damit Annäherung herbeigeführt werde.

In seinem Buch ›The human consequences of urbanization‹ rückte BERRY (1973) von der bis dahin dominierenden Auffassung der weltweit gleichartigen Urbanisierungsprozesse, wie sie u. a. in SJOBERGS Arbeiten zum Ausdruck kam, ab zugunsten *fundamental verschiedenartiger Prozesse,* die sich nach seiner Meinung erklären ließen aus einem breiten Spektrum sozialpolitischer Gegebenheiten von den durch Privatwirtschaft und Kulturpluralismus gekennzeichneten USA über die Wohlfahrtsstaaten Westeuropas, die autoritären Regime zahlreicher Länder der Dritten Welt bis hin zu den Planwirtschaftsländern des Ostblocks. Schärfste Kritik erfuhr dieses Buch in einer Rezension von HARVEY in den ›Annals of the Association of American Geographers‹ (März 1975) und mehr indirekt, da nicht explizite in Auseinandersetzung mit BERRYS Buch, durch das von JONES für die IGU-Kommission Processes and Patterns of Urbanization im Jahr 1975 herausgebrachte Sammelwerk ›Essays on World Urbanization‹. Bis zu einem gewissen Grade ist BERRY mit seinem jüngeren Sammelband ›Urbanization and Counterurbanization‹ (1976) wieder etwas auf die traditionelle Linie eingeschwenkt. Jedoch enthält sein gemeinsam mit KASARDA 1977 herausgebrachtes Buch ›Contemporary urban ecology‹ ein Kapitel über einen Städtevergleich USA—Großbritannien—Sowjetunion, in dem Großbritannien stellvertretend für die westeuropäischen und die Sowjetunion für die sozialistischen Länder steht, und ein weiteres Kapitel über die Städte in der Dritten Welt. Im deutschsprachigen Schrifttum wollten u. a. KAPPE et al. (1975) die verschiedenartige Stadtentwicklung in unserer Zeit auf den einfachen Gegensatz Entwicklungsländer—Industriestaaten reduzieren, was wiederum der obengenannten These SCHNORES nahekommt.

Dem im vorliegenden Bändchen angewandten kulturgenetischen Konzept liegt die Auffassung zugrunde, daß die von der einzelnen Kultur her gegebenen Voraussetzungen und Ausgangspositionen für die allgemein ähnlich verlaufenden Urbanisierungsprozesse einschließlich der inneren Differenzierung der Städte in jedem Kulturraum andere sind und daß somit das Reagieren von Bevölkerung bzw. Behörden auf diese sehr ähnlichen Prozesse dann doch zu verschiedenen Resultaten führt. Wie in früheren Epochen zeichnen sich auch in der Gegenwart Konvergenzen wie Divergenzen ab, was am sinnvollsten durch eine Kombination von kulturgenetischer Arbeitsweise und historischer Komponente, d. h. der Berücksichtigung der Entwicklung von der vor- bis zur nachindustriellen Stadt zu erfassen sein dürfte.

Zweifellos gibt es global gesehen gemeinsame Probleme der Städte in fast allen Ländern der Welt, wenn auch deren Ursachen verschieden sein mögen. Aus dieser Einsicht heraus haben sich Ende 1977 Städtebauer aus vielen Nationen in Peru getroffen und mit der sogenannten ›Charta von Machu Picchu‹ die sehr stark auf Funktionstrennung abzielende ›Charta von Athen‹ aus dem Jahre 1933 zwar nicht direkt abzulösen, aber doch sinnvoll zu ergänzen und zeitgerecht zu korrigieren versucht.

Da es ein wesentliches Anliegen der Reihe ›Erträge der Forschung‹ ist, den Forschungsstand anhand der Literatur zu dokumentieren, sind die den beiden Teilen beigegebenen *Literaturlisten* recht umfangreich. Dennoch war eine starke *Beschränkung* unumgänglich, die nach bestimmten Kriterien vorgenommen wurde. Abgesehen von dem gerade erwähnten Umstand, daß die strukturelle Phase in der Anthropogeographie und ebenso die kulturgenetische Richtung erst in der Nachkriegszeit voll zum Durchbruch gekommen sind, wurden bewußt nur wenige im Text zitierte oder als Quelle für besonders wichtig erachtete Werke aus der Zeit vor 1945 aufgenommen. Zweitens wurde die Auswahl auf solche Arbeiten reduziert, die sich ganz oder in wesentlichen Teilen mit der Struktur der Stadt beschäftigen, so daß manche umfassendere Darstellung der Siedlungs- oder Stadtgeographie fortgelassen wurde. Drittens wurde aus der Fülle der Stadtmonographien und Arbeiten über kleinere Städtegruppen eine enge Auswahl dahingehend getroffen, daß nur diejenigen Berücksichtigung fanden, in denen die innere Differenzierung oder ein für diese wesentlicher Faktor im Vordergrund steht. Viertens wurden einige Werke allgemeinerer Art herangezogen, soweit sie sich mit einer bestimmten Kultur befassen und sie Ausführungen darüber enthalten, in welcher Weise sich aus der jeweiligen Kultur herrührende religiöse Vorstellungen, Gedanken und traditionelle Verhaltensweisen der Menschen in bestimmten Strukturelementen der Städte des betreffenden Kulturraumes manifestieren.

Für einen ersten Überblick über die Problematik, auch im Hinblick auf den interkulturellen Vergleich, sei auf folgende Arbeiten hingewiesen: ALONSO (1964), ANDERSON (1964), BEAUJEU-GARNIER / CHABOT (1967), BOURNE (1971, 1976), BOURNE / MURDIE (1972), BOURS / LAMBOOY (1971), BOUSTEDT (1975), BURNS / HARMANN (1971), CARTER (1972), CASTELLS (1972), CLAVAL (1968), DAWSON (1971), EAMES (1977), EGLI (1967), FAVA (1968), FOX (1977), FRIEDRICHS (1978), GEORGE (1972), van GINKEL et al. (1977), HERBERT (1973), HEUER (1975), HOEKVELD (1971), HOFMEISTER (1973), JONES (1969), KNÜBEL (1978), LEE

(1955), MASAI (1970), MORRILL (1970), NASH (1977), NELSON (1969), NORTHAM (1975), PAHL (1968), PALEN (1975), RAPOPORT (1977), REES (1972), ROBSON (1969), RUGG (1972), SCHWIRIAN (1974), SMITH (1976), SOUTHALL (1973), STIERLEIN (1968), VANCE JR. (1977), Veröff. Akad (1968, 1974), VOGT / GERHEUSER (1969), WALTON / MASOTTI (1976), WURZER (1967).

Erster Teil

## DIE INNERE DIFFERENZIERUNG ALS STÄDTISCHES PHÄNOMEN

### 1. *Die traditionelle Vierteilung des Stadtgebietes*

Die ägyptische Hieroglyphe für Stadt war ein Kreuz in einem Kreis. Sie versinnbildlichte zwei sich unter rechtem Winkel schneidende Straßen innerhalb eines Mauerringes. Darüber hinaus könnte man aus ihr unschwer auch die viergeteilte Stadtfläche herauslesen. Das antike Rom, „Roma quadrata", war viergeteilt durch das zentrale *Achsenkreuz* von „decumanus", der den Lauf der Sonne beschrieb, und „cardo", dem irdischen Abbild der Himmelsachse (RYKWERT 1976; s. auch W. MÜLLER 1961, LOPEZ 1966, WURZER 1967). Die Idee des zentralen Achsenkreuzes hat über die Jahrhunderte für die Anlage neuer Städte eine Rolle gespielt bis hin zu den gigantischen Umbauplänen für die Reichshauptstadt Berlin zur Zeit des Dritten Reiches.

In vielen Sprachen begegnet uns übereinstimmend zur Bezeichnung von Stadtteilen ein Begriff, der auf die ursprüngliche Vierteilung des Stadtgebiets hinweist. Das Deutsche kennt neben dem „Viertel" das in der Schweiz gebräuchliche Wort „Quartier"[1], das sich im Englischen als "quarter", im Französischen als « quartier », im Italienischen als « quartieri » wiederfindet, während die DDR-Autoren das russische квартáл als „Quartal"[2] übernommen haben.

Dieses universale Anlageprinzip der Städte läßt sich in ver-

---

[1] In der Schweiz ist Quartier aber auch statistisch definiert als ein zusammenhängendes Areal, das einen Teil eines statistischen Bezirks bzw. Stadtteils darstellt, das vom Alter und der Nutzung der Gebäude her homogen ist und eine Wohnbevölkerung zwischen 300 und 1500 Personen zählt.

[2] Quartale wurden schon die Viertel von Brilon im Spätmittelalter

schiedenen Kulturräumen auf das Bestreben des Menschen zurückführen, sich in ewiger Harmonie mit dem All zu befinden und auf der Erde, die z. B. im altchinesischen Taoismus als unverletzlich und verehrungswürdig galt, ein Abbild des Kosmos zu schaffen. In Geomantik, Kosmogonie, Mythen und Religionen spielten die *Haupthimmelsrichtungen* eine entscheidende Rolle, so daß sich mit der Zahl Vier bei Beachtung der Ausrichtung Anlageprinzipien für die Mauern, Tore, Straßen und Plätze, ja, für die Stellung des einzelnen Gebäudes und die Anordnung von Häusergruppen ergaben. Des weiteren war damit die Gliederung des Stadtgebietes und die Zuordnung bestimmter Bevölkerungsgruppen zu bestimmten Stadtteilen vorgegeben. Aus der altchinesischen Lehre von Yin und Yang, von denen letzteres die Sonne mit einem Kreis, ersteres die Erde mit einem Quadrat symbolisierte, ergaben sich für die Stadt rechteckige, wenn nicht gar quadratische Abmessungen und eine durch die Geringschätzung der Nordseite bewirkte unterschiedliche Bewertung der vier Himmelsrichtungen als Wohngebiete. Einen ähnlichen Symbolgehalt besaß das indische „mandala", womit eine entsprechende Zuweisung der vier ursprünglichen Kasten auf die vier Stadtquadranten verbunden war (s. Kap. II, 3 u. II, 5).

Aufschlußreich sind die umfassenden Untersuchungen von W. MÜLLER, insbesondere sein Buch ›Die heilige Stadt‹ (1961), in dem er u. a. der Frage nachgeht, wie trotz fast fehlender Siedlungskontinuität im Hochmittelalter die Planelemente Achsenkreuz und Viertel wieder weit verbreitet sind. Er erklärt diesen Umstand mit der „tief eingewurzelte(n) Neigung der keltischen und germanischen Völker, ihre Verhältnisse im Viererrhythmus zu ordnen" (S. 93) und gibt dann eine tabellarische Übersicht über die erstaunlich weite Verbreitung von viergeteiltem Weltbild, viergeteilten Gauen, viergeteilten Städten, Vierteilung der Hofämter und des Regierungsapparates etc. (S. 172). Er weist andrerseits vor allem am Beispiel Ahrweiler nach, daß die beiden

---

genannt (W. Müller 1961), womit die gegenwärtige Praxis in der DDR aber nichts zu tun haben dürfte.

Planelemente Straßenkreuz und Viertel nicht notwendigerweise deckungsgleich waren, sondern daß die vier Viertel auch anders als durch die vom zentralen Achsenkreuz gebildeten Straßen begrenzt sein konnten.

Den Symbolgehalt dieser Planelemente stellen auch RAPOPORT, dieser vor allem in seinem Buch ›Human aspects of urban form‹ (1977), und TUAN (1974, 1978) heraus. Letzterer betont die heilige Mitte der Ansiedlung und deren Einfluß auf die angrenzenden Siedlungsteile. Er geht von der ursprünglichen Bedeutung des Wortes „templum" (= abgeteilt, einem Gott geweiht) aus, das später eine Begriffserweiterung erfuhr als etwas von Mauern, Zäunen etc. Eingefaßtem, für bestimmte Nutzungen Vorgesehenem, und konstatiert: "Delimitation, definition, and keeping the categories apart, these intellectual procedures are primordially religious" (1978, S. 87).

Die Vierteilung der Städte hat sich also auf das *Mittelalter* übertragen. Im englischen Chichester, dem römerzeitlichen Gauvorort Noviomagus Regnensium, der nach Kriegszerstörung im 5. Jh. wiedererstand, bilden die nach den vier Haupthimmelsrichtungen benannten Straßen North Street, East Street, South Street und West Street das zentrale Achsenkreuz der Innenstadt. Im Florenz des 11. Jh. bestanden vier quartieri, und nachdem vorübergehend eine andere Aufteilung des Stadtgebietes erprobt worden war, kehrte man 1292 zum alten Prinzip zurück. „Alle Wahlen wurden in dieser Untergliederung durchgeführt. Man zog nach Quartieren geordnet, in Pfarreien marschierend zu Feld" (Lit. Teil II, BRAUNFELS 1976, S. 49; s. auch SCHULTZE 1956, KÖNIG 1965, SCHICH 1976).

Wie in England und Italien verband sich in vielen mittelalterlichen deutschen Städten mit den vier Teilen des Achsenkreuzes die Zahl von vier Toren und die Zahl der Stadtteile, deren Bürger je eines dieser Tore und entsprechende Abschnitte der Stadtmauer zu bewachen hatten. In Mailand wurden die Viertel sogar als „portae" bezeichnet. Im Gegensatz zu den kosmologischen Vorstellungen zurückliegender Stadtgründungsperioden stand jetzt hinter der Vierteilung ein deutliches Zweckmäßigkeitsdenken. Sie war nun *Verteidigungs- und Verwaltungszwecken* dienlich, indem sie die Bürgerwehr- und Feuerschutzbezirke genauso vorgab wie in etlichen Fällen die Ratsherren-, Schöffen- und Steuerbezirke, so daß man in ihnen wahre kommunale Einheiten sehen darf. Für Bremen z. B. gilt als gesichert, daß „Stadtviertel und Viertelsgemeinschaften die natürlichen lokalen Orientierungsmarken für die Ratsverfassung gewesen sind" (SCHEPER 1975, S. 49). Diese Viertel waren nicht notwendigerweise, aber doch häufig genug mit den Kirchspielen, den Parochien, identisch — diese Bezeichnung, aus „para" (= bei) und „oikeein" (= wohnen) gebildet, bedeutet eigentlich nichts anderes als das in der Gegenwart oft gebrauchte „Nachbarschaft" (vgl. Kap. I, 5).

Nicht immer waren die vier Viertel gleich groß, und nicht in jedem Falle ist mit Sicherheit nachzuweisen, daß sie vom Ursprung der Stadt her existiert haben. So sind in der zähringischen Gründung Villingen das Münsterviertel, das Hafnerviertel, das Rietviertel und das Hüfinger Viertel ungleich an Größe, und es ist bisher umstritten, ob alle vier Teile die ursprüngliche Stadtanlage gebildet hatten oder ob der südliche Teil jünger als der nördliche ist. Für Heidelberg ist seit dem 16. Jh. die Aufteilung in vier Viertel nachgewiesen, in denen je ein Viertelsmeister mit polizeilichen Befugnissen für Ordnung zu sorgen hatte (SEPAINTER u. SCHEUERBRANDT in: Histor. Atlas 1977).

In den Städten mit *Schachbrettgrundriß* war eine Vierteilung der ursprünglichen Stadtanlage naheliegend. Mit Recht hat NITZ (1972) darauf hingewiesen, daß das auf der komplizierteren zweidimensionalen Vermessung basierende Schachbrett an die Hochkulturen mit ihrer Entwicklung astronomischer und geodätischer Kenntnisse und Techniken gebunden war: wir finden es im altchinesischen und im altindischen Städtebau, im antiken Hellas und Rom und im abendländischen Kulturkreis, aus dem es über verschiedene Völker am Beginn der Neuzeit nach Übersee übertragen wurde. Ob seine weiterreichende These von nur einem einzigen Ursprung und Verbreitung ausschließlich durch Übertragung richtig ist, muß allerdings nicht zuletzt im Lichte der neuen Studie von NEWIG über Tenochtitlan-Mexico Ciudad bezweifelt werden (Lit. Teil II, NEWIG 1977). Nachdem bereits Engländer, Franzosen und Spanier in ihren nordamerikanischen Kolonisationsgebieten bei einer Anzahl von Stadtgründungen das Schachbrett verwendet hatten, erfuhr es seine größte Verbreitung im Gefolge der in der ›Land Ordinance‹ von 1785 verankerten quadratischen Landvermessung. Fortan erhielten die Städte ein Gitternetz und in zentraler Lage eine Main Street oder State Street und eine sie rechtwinklig kreuzende Straße, die beide die Basislinien für die Zählung der Straßen- und Hausnummern nach Osten und Westen bzw. Norden und Süden abgaben und eine zumindest verwaltungstechnische Unterteilung des Stadtgebietes in vier Quadranten. Daß sich später, im Zuge der Citybildung, dieser Schnittpunkt der beiden Achsen oder eine Straßenkreuzung ganz in seiner Nähe zur sogen. "peak value intersection", zum Kulminationspunkt der Bodenpreise also, entwickeln sollte, sei hier nur kurz vorweggenommen (vgl. Kap. I, 3).

Im Laufe der Zeit hat sich die Zahl der Stadtteile unter Beibehaltung der Bezeichnung „Viertel" vergrößert, in vielen Städten Europas, aber auch anderer Kulturräume, z. B. des orientalischen, durch Ankristallisieren von nahebei neu gegründeten Vorstädten oder Klostersiedlungen (s. Kap. II, 1 u. II, 2). Für Material zur Struktur der Städte in der frühen Neuzeit bis zum 18. Jh. sei besonders auf CLARK (1976), LANGTON (1975), MATHIS (1977), MEIBEYER (1966), STOOB (1979), bis zum 19. und 20. Jh. LICHTENBERGER (1973) und THERNSTROM / SENNETT (1969) und WURZER (1967) hingewiesen.

*2. Die beiden Hauptprinzipien der Stadtviertelsbildung*

Es ist durch zahlreiche Befunde erwiesen, daß es erst ab einer gewissen *Mindesteinwohnerzahl* zu einer zunächst schwachen, mit wachsender Ortsgröße aber zu einer immer weitergehenden inneren Differenzierung der Siedlungen kommt (AARIO 1951,

ENEQUIST 1951). Nur wenige Städte hatten vor 1800 die 10 000-
oder gar die 20 000-Einwohner-Grenze überschritten. Ihre innere
Differenzierung blieb daher gering. Das große Städtewachstum
in Europa aber ging einher mit jenem Komplex ökonomischer
Umwälzungen, zu denen Grundentlastung, Gewerbefreiheit,
Industrialisierung gehörten. Damit verbunden waren eine wei-
tergehende *Arbeitsteilung* (DURKHEIM 1974) und Berufsauffächerung der Bevölkerung (LINDAUER 1970). Ausnahmen bestätigen
dabei die Regel: reine Werksiedlungen oder Industriegroßstädte
mit ihrer Monofunktionalität sind Abweichungen von der allgemeinen Tendenz.

Kleine Siedlungen von überwiegend agrarem Charakter zeigen
noch ein recht homogenes Bild. Mit der Definition des Weilers
verbindet sich die funktional *unselbständige* Kleingruppen-
siedlung. Auch in größeren ländlichen Siedlungen gibt es neben
den Höfen mit Wohn- und Ökonomiegebäuden und einzelnen
ländlichen Handwerken noch häufig nur wenige öffentliche und
private Versorgungseinrichtungen: Kirche, Spritzenhaus, eventuell ein Schulhaus, eine Gastwirtschaft, ein Lebensmittel- und
Haushaltswarengeschäft. Erst mit noch größerer Gebäude- und
Einwohnerzahl, mit dem Hinzukommen von Produktionsstätten
des industriellen und Folgeeinrichtungen des tertiärwirtschaftlichen Sektors und Wohnstätten von nicht mit der Landwirtschaft verbundener Bevölkerung bahnt sich die merkbare Differenzierung eines Ortes an. Dieser *Zusammenhang mit zunehmender Einwohnerzahl und Arbeitsteilung* läßt sich von der noch
nicht als Stadt anzusprechenden Siedlung — BÜHN (1974) führte
für den Grenzbereich zwischen nichtstädtischer Gemeinde und
Stadt den Begriff der Kleinststadt ein — über die Kleinstadt und
Mittelstadt bis hin zur Großstadt verfolgen. Mit einer kleinen
Akzentverschiebung traf schon 1957 SCHÖLLER die Feststellung,
daß die innere Differenzierung eines Ortes mit der Bedeutung
seiner zentralen Funktionen und der Zahl der Besucher und Beschäftigten steigt (SCHÖLLER 1957).

In der Kleinstadt gibt es den Ansatz zu einem funktionalen
Stadtkern mit einer noch bescheidenen, aber lokal deutlich er-

kennbaren Konzentration der Ladengeschäfte, privaten Dienstleistungsbetriebe und öffentlichen Einrichtungen um einen zentral gelegenen Platz herum bzw. wie in USA als Alternative zum Platz, an einer zentral gelegenen Straße (Main Street), der einzigen Geschäftsstraße eines solchen kleinen Ortes (GRÖTZBACH 1963, POPP 1977). Noch ist auch der Berufsfächer der am Ort tätigen Bevölkerung lückenhaft und dürfte für die Bundesrepublik Deutschland zwischen 60 % und 70 % aller in ihr vorkommenden Berufe umfassen (LINDAUER 1970). POPP (1977) hat aufgrund mehrerer Beispieluntersuchungen ein Modell der Kleinstadt entwickelt.

In der *Mittelstadt* ist die Herausbildung von lokalen Konzentrationen bestimmter Funktionen/Nutzungsarten auf zweierlei Weise fortgeschritten. Zum einen haben die gewerblichen Nutzungen auf die Nebenstraßen, teilweise auch auf die Parallelstraßen der Hauptgeschäftsstraße übergegriffen, so daß sich ein schon etwas *kompakteres zentrales Geschäftszentrum* gebildet hat. Auch in der Vertikalen sind die gewerblichen Nutzungen unter Zurückdrängung der Wohnfunktion stärker verbreitet. Zum andern ist es zu Ansätzen für mindestens ein nachgeordnetes, regionales Sekundär- oder Subzentrum mit zahlreichen Versorgungsbetrieben gekommen und damit zu einer beginnenden *Verselbständigung einzelner Stadtteile* (GRÖTZBACH 1963). Der Berufsfächer ist weniger lückenhaft. wenngleich noch nicht komplett, und dürfte in bundesdeutschen Städten dieser Größenordnung zwischen 70 % und 90 % anzunehmen sein.

In der *Großstadt* schließlich finden wir in zentraler Lage einen stattlichen, meist recht kompakten Bezirk intensivster gewerblicher Nutzung mit hohen und höchstrangigen Funktionen, die *City*. Sie ist ein multifunktionales Gebilde, innerhalb dessen sich häufig Standortgemeinschaften komplementärer oder auch konkurrierender Art herausbilden, womit sich die Möglichkeit einer weiteren Untergliederung in ein Hauptgeschäftszentrum, den Central Business District (CBD) des englischen, das Centre des Affairs des französischen Sprachbereichs, ein Bankenviertel, ein Vergnügungsviertel, ein Verwaltungsviertel, eventuell ein Zeitungsviertel³ und weitere charakteristische Teilbereiche ergibt. Sie ist zugleich die Spitze einer Hierarchie von Versorgungszentren über Stadtteilzentren, Viertelszentren und Nachbarschaftszentren bis zur kleinsten Ladengruppe in einem reinen Wohngebiet (BORCHERT 1976; s. Kap. I, 4), ausgestattet mit einer Reihe von Funktionen, die innerhalb der Stadt einmalig hier vertreten sind, und von einer solchen Ausdehnung, daß man ihr allein das Attribut des Viertels oder gar mehrerer Viertel zubilligen kann. Eine Art Zwischenbilanz über zwei Jahrzehnte Cityforschung legte MURPHY 1972 vor. Mit Recht wies allerdings schon KLÖPPER 1962 darauf hin, daß in den noch jugendlicheren nordamerikanischen Städten Behörden- und Geschäftsviertel meist deutlich voneinander getrennt sind und sich die CBD-Abgrenzungsmethode daher nicht ohne weiteres auf die Großstädte außerhalb des anglo-amerikanischen Kulturraumes anwenden läßt. Sicher hängt das auch noch mit dem Umstand zusammen, daß die Gouverneurssitze (Hauptstädte) der 50 Einzelstaaten der USA meist für diesen Zweck gegründet und relativ klein gebliebene Städte sind und Einzelstaatsregierungen nur in wenigen Fällen überhaupt in Großstädten lokalisiert sind.

Im allgemeinen legt sich direkt um die City herum eine Übergangszone mit Cityhilfsfunktionen wie stärker flächenbeanspruchenden Transport- und Lagereinrichtungen, Gewerben, die mit den Aktivitäten der City in Zusammenhang stehen, dort selbst aber nicht genügend Raum finden, und eine Durchsetzung mit der Wohnfunktion. Über die Ausdehnung der City zugunsten der Übergangszonen wird später in diesem Kap. einiges zu sagen sein. Speziell die Übergangszone der US-amerikanischen Städte haben GRIFFIN u. PRESTON behandelt (1966).

Weiter ist es zur Herausbildung eines oder mehrerer Bahnhofsviertel, eines Großhandelsviertels, ggf. eines Hafenviertels,

---

³ Die Bereiche sind jedoch räumlich relativ klein, so daß es zweifelhaft erscheint, ob man sie als Viertel bezeichnen darf. Kant spricht von ihnen als Nukleonen (1962). Diese Frage wird im Verlaufe dieses Kapitels noch weiter erörtert.

mehrerer kompakter Fabriken- bzw. Industrieviertel und einer Reihe von Wohngebieten unterschiedlichen Charakters hinsichtlich der Zusammensetzung ihrer Einwohner gekommen. Der Berufsfächer der Großstadt ist mit über 90 % aller im Bezugsgebiet vorkommenden Berufe praktisch komplett.

Hinzu kommt in allen Größenklassen, auch schon in der Kleinstadt, eine Anzahl von *Gewerbe-Wohn-Mischgebieten*. Besonders im Bereich der mittelalterlichen Innenstadt ist in den Nebenstraßen, in den Großstädten auch in den ganzen Stadterweiterungen der Wilhelminischen Ära, Gewerbe in hohem Maße vertreten und mit der Wohnfunktion eng verzahnt. Im Wilhelminischen Ring West-Berlins z. B. sind trotz mehrfacher Randwanderung der Industrie noch heute fast 50 % aller Arbeitsplätze des produzierenden Gewerbes gelegen! Man wird nur von einer Behelfslösung bei den Versuchen sprechen können, mit Hilfe von Schwellenwerten zwischen Arbeitsgebieten, Mischgebieten und Wohngebieten zu unterscheiden. Als Bemessungsgrundlage wird der Quotient Erwerbstätige/Beschäftigte (bzw. Arbeitsplätze) herangezogen. Bei WIEGAND (1972) findet sich eine Tabelle mit den Schwellenwerten verschiedener Autoren. Ich selbst habe in meinem Buch über Berlin eine noch etwas detailliertere Einstufung der Verwaltungseinheiten in reine Wohngebiete mit Quotienten bis 0,75, Mischgebiete mit vorherrschender Wohnfunktion von 0,76 bis 0,95, Mischgebiete von 0,96 bis 1,05, Mischgebiete mit vorherrschender Gewerbefunktion von 1,06 bis 1,25 und reine Gewerbegebiete mit 1,26 und mehr vorgenommen. Bei KANT (1962) steht diese Methode im Vordergrund der Gliederungsmöglichkeiten für das gesamte Stadtgebiet, bei KLÖPPER die Gefügemethode (1962) und ähnlich bei E. MÜLLER die Zellenmethode (1965), während andere Autoren verschiedene Möglichkeiten vorschlagen (u. a. ABELE 1969, GANSER 1966, HAUBNER 1960, MANHART 1977, SCHÄFER 1968, 1969).

Der im allgemeinen große Bereich der Wohn- und Mischgebiete läßt sich nach verschiedenen Kriterien in eine Vielzahl von Vierteln gliedern. In einer Studie des Bundesministers für Raumordnung etc. werden fünf für die Großstädte der BRD als *ideal-*

*typisch* geltende Arten von Vierteln genannt: Altbauviertel in zentraler Lage mit geschlossener Bebauung, Innenstadtrandlagen mit Zeilenbauweise, Kleinsiedlungen oder sogen. Kolonien, neue verdichtete Stadtrandsiedlungen mit hohem Anteil an sozialem Wohnungsbau und stark verdichtete Neubausiedlungen mit Hochhäusern und einer Mischung von Sozial- und Eigentumswohnungen. Die so von Baualter und Bauweise her definierten Viertel tendieren zu bestimmten Sozialstrukturen, so daß sich häufig im Typ I Überalterung und unterprivilegierte Gruppen wie z. B. Gastarbeiter finden, im Typ II die Mittelschicht bei leichterer Überalterung, im Typ III eine gemischte Sozialstruktur vorhanden ist und in den Typen IV und V alle Kennzeichen des raschen Wachstums gegeben sind (Freizeit etc. 1977).

Am Beispiel von Sulzbach im Saarland hat REITZ (1975) nachgewiesen, daß sich schon in einer gerade über der Klein-Mittelstadt-Grenze liegenden *Mittelstadt* etliche Viertel voneinander abheben. Diskutabel freilich ist seine These, daß diese Viertel hauptsächlich *morphologisch begrenzte*, von Taleinschnitten, Flußläufen, auch anthropogenen Barrieren wie Eisenbahndämmen (z. B. benachteiligte Lage „hinter der Bahn"!) gegeneinander getrennte Einheiten seien und daß sich einige dieser Viertel dann aber weiter aufgrund dominierender Hausformen und/oder Bevölkerungsstruktur in Quartiere untergliedern ließen. Das würde dem in Kap. I, 1 Gesagten widersprechen, daß Quartier und Viertel Synonyme seien. Vielmehr wären erstere dem Viertel *untergeordnete* Einheiten. Dasselbe gilt auch für PAULYS *Wohngebietstypen* (1975) und TEMLITZ' *Urbitope* (1975).

Für die Erfassung und Begrenzung solcher sozialschichtenspezifischer Wohnviertel lassen sich weitere Merkmale heranziehen. So hat sich häufig bei den Bewohnern eines Viertels im Laufe der Zeit ein „Viertelsgeist" oder „Quartiersbewußtsein" herausgebildet; sie identifizieren sich mit ihrem Wohngebiet. In vielen europäischen Städten liegt wenigstens eines der vornehmeren Wohnviertel auf der Westseite, wird dann auch als „Westend" bezeichnet und gilt als Prestigeadresse, was sich auch aus Firmenbezeichnungen wie „Kaufhaus des Westens" oder „Westend-Apotheke" ablesen läßt. Seinen Ausdruck findet dieser Viertelsgeist u. a. in den Aktivitäten der Bürgervereine und der Zirkulation von Heimatzeitungen, die als Indikatoren zur Feststellung der Viertelsgliederung Wuppertals von WEISE herangezogen wurden (WEISE 1973, LEDERER / MACKENSEN 1975).

Für die Differenzierung der Wohngebiete nach der sozialschichtenspezifischen Zusammensetzung ihrer Bewohner ist das Begriffspaar *Segregation* — *Desegregation* von entscheidender Bedeutung. Es nimmt in soziologischen, speziell sozialökologischen Studien (vgl. Kap. I, 5) breiten Raum ein, und es muß dazu besonders auf die umfassenden Erörterungen bei FRIEDRICHS (1977), HAMM (1977) und HERLYN (1974) verwiesen werden. Nach FRIEDRICHS hat der Begriff drei Facetten; er beinhaltet zugleich das Ausmaß der ungleichen Verteilung (von Personen) über die Teilgebiete einer Stadt, den Anteil der Bevölkerung in einem Teilgebiet an der Gesamtbevölkerung des Gebietes (Konzentration) und schließlich die räumliche Distanz zwischen Personen in einem Teilgebiet. Diese Segregation ist mit verschiedenen, im Prinzip jedoch ähnlichen *Indices*, die vor allem von DUNCAN u. DUNCAN (in PEACH 1975; s. auch THEODORSON 1961) entwickelt worden sind, meßbar.

Auf die vielfältigen *Gründe* für das Phänomen der Segregation wird noch einzugehen sein (s. Kap. I, 3), ohne daß im Rahmen dieses kurzen Überblicks die engen Zusammenhänge mit der umfassenden Erforschung des Wohn-, Bildungs-, Berufs- und Freizeitverhaltens dargestellt werden können. Die einschlägige Literatur kommt immer wieder auf die Komplexität dieser Frage, die den Wunsch nach Nachbarschaft mit sozial etwa Gleichgestellten, die Möglichkeiten der Erfüllung von Wohnwünschen, die Restriktionen seitens des Immobilienmarktes und seiner verschiedenen Agenten bis hin zu Bedürfnissen bezüglich Wohnungsgröße, Nähe zu bestimmten Bildungsstätten, Verkehrsanbindung usw. einschließt. „Sozialräumliche Differenzierung muß dann als mehrstufiger Prozeß analysiert werden, wobei primär die Spezialisierung städtischer Suburäume nach Nutzungen, sekundär und darauf aufbauend die soziale Segregation nach Mietpreisen erfolgt. Soziokulturelle Barrieren und Selektionsmechanismen bestimmen dann die definitive Verteilung der Bevölkerung über das städtische Gebiet" (HAMM 1977, S. 50). Der *Bildungsstand* hat sich als wesentlicher Faktor insofern erwiesen, als übereinstimmend für viele Bereiche der westlichen Welt ein U-förmiges Muster für die *Berufssegregation* gefunden wurde, das besagt, daß die sozial schwächeren Berufsgruppen wie Arbeiter und Hilfsarbeiter und die oberen Berufsgruppen wie leitende Angestellte und Angehörige freier Berufe erheblich stärker segregiert leben als Angestellte, Beamte und kleine Selbständige (GISSER 1969 u. in HERLYN 1974).

FRIEDRICHS hat bedauert, daß die Segregationsforschung bisher hauptsächlich auf rassisch-völkische Minderheiten, auf die wir weiter unten kommen werden, dagegen erst wenig auf die Sozialschichten angewendet wurde. Dennoch gibt es zahlreiche einschlägige Arbeiten dazu, die nur in einer kleinen Auswahl genannt werden können (ANDERSON 1962, BARDET 1951, CAROL 1956, CLARK / GLEAVE 1973, DUNCAN / DUNCAN 1960, FINE et al. 1971, FUCHS 1960, GREER et al. 1968, GUEST 1972, HARTSHORN 1971, HAWLEY / ROCK 1973, JOHNSTON 1971 a, 1973, JONES 1962, KREIBICH 1978, LITTLE 1974, MEDVEDKOV 1971, METTON, 1969, MIDDLETON 1966, MOORE 1972, MORGAN 1975, PASCAL 1970, PINES 1975, PINKERTON 1973, QUIGLEY 1974, RODWIN 1950, ROMANOS 1976, SCHNEIDER 1977, SCHNORE 1972, SIMMONS 1974, SPEARE 1975, STOKES 1962, TAEUBER 1965, TIMMS 1971, WHEELER 1970, WILSON 1972, WOHLFAHRT 1973, WOODS 1976, ZAPF 1969, ZELLER 1972).

Ähnliches gilt auch für den Begriff der *Gettobildung*. Nach FRIEDRICHS stellt das Getto den Extremfall der Segregation dar, indem es für eine Gruppe die Konzentration und Isolierung in nur einem, ggf. in ganz wenigen Teilgebieten bedeutet. Die Gettobildung kann als flächenhafter Diffusionsprozeß angesehen werden, in dessen Verlauf ganze Straßenzüge und schließlich ein größeres kompaktes Gebiet, ein ganzes Viertel, von der betreffenden Randgruppe in Besitz genommen ist. Die These von ALTENSTETTER (in EISENSTADT / KALTEFLEITER 1975) allerdings, „ethnische Minderheiten können den Prozeß der Gettoisierung beschleunigen, sie verursachen ihn jedoch nicht!", muß wohl doch dahingehend abgeändert werden, daß ethnische Minderheiten nicht die einzigen Bevölkerungsgruppen sind, die eine Gettoisierung verursachen können.

Einen Gradmesser für die Gettoisierung eines Gebietes stellt auch dessen Ausstattung mit einer eigenen Infrastruktur dar, die die Kenntnis der anderen Sprache nicht mehr unbedingt erforderlich macht. Diesen Aspekt haben DRIEDGER / CHURCH (1974) und LIGHT für die Chinesen-, Japaner- und Negerviertel der amerikanischen Städte untersucht (Lit. Teil II, LIGHT 1973). Im Zusammenhang mit den Gastarbeitern im Berliner Bezirk Kreuzberg stellt HOFFMEYER-ZLOTNIK fest, daß es sich in erster Linie um Einzelhandelsgeschäfte, Gaststätten und Reisebüros handelt, wobei letztere zugleich als Dolmetscherbüros fungieren. Da in Deutschland seitens der Gewerbeaufsicht Restriktionen bestehen, ist es zu Gewerbebetrieben über deutsche Strohmänner und über Pachtverhältnisse gekommen, so daß die tatsächliche Zahl der sich in ausländischer Hand befindlichen Betriebe sehr viel höher ist als die vom Gewerbeaufsichtsamt genehmigte.

Als einen dritten Aspekt führt HOFFMEYER-ZLOTNIK (1977) noch das Auftreten gemischter Dyaden und Gruppen an, z. B. auf Straßen und Schulhöfen; deren geringe Häufigkeit weist auf einen geringen Integrationsgrad der ausländischen Arbeitnehmer hin.

Interessant sind die theoretischen Überlegungen von WARREN (1975) zum Wesen des Gettos, denen zufolge es drei nicht wirklich haltbare Gettotheorien gegeben hat. Eine war der Isomorphismus, der von der Ähnlichkeit der Stratifizierung der schwarzen und der weißen Gesellschaft ausgeht. Der Haupteinwand besteht darin, daß in der weißen Gesellschaft die Mittelklasse, in der des schwarzen Gettos die Unterklasse dominiert. Die zweite war das ethnische Modell, das die Neger mit den weißen Minoritätengruppen verglich. Aber wegen größerer Diskriminierung ist für die Neger die ökonomische Assimilierung das Hauptproblem, während es für die weißen Minderheiten die kulturelle war. Die dritte war das koloniale Analogiemodell. Die erzwungene Abkapselung gegen die Außenwelt und die einseitige Beeinflussung von außen wären sicherlich Parallelen. Aber das schwarze Getto besitzt eine andere Dynamik, da innerhalb des Gettos der Neger eine stärkere Differenzierung besteht. Aus dieser Erkenntnis entwickelte WARREN sein eigenes Gettomodell der "social compression". Danach zeichnet sich das Negergetto in den Vereinigten Staaten durch räumliche Zusammendrängung aus, die jedoch größere soziale Differenzierung nicht einschränkt, sondern im Gegenteil zu relativ starker Heterogenität führt, und durch räumliche Isolierung, die jedoch kein geschlossenes System bedeutet, sondern Verbindungen mit der Außenwelt z. B. in Form verschiedener Negerberufe innerhalb der weißen Gesellschaft zuläßt.

Gettoisierung kann am besten so gefaßt werden: 1. Im Verlaufe von Zuwanderung und räumlicher Entflechtung vornehmlich in schlechten Wohngebieten werden nicht nur einzelne Gebäude, sondern ganze Straßenabschnitte und größere Bereiche von einer Minorität eingenommen; 2. Wegen kultureller und sozialer Distanz gewollte eigene Abkapselung und gleichzeitige Meidung (Diskriminierung) seitens der übrigen Gesellschaft erhalten den Zustand der Isolierung auf lange Sicht aufrecht; 3. Die Minorität erreicht weitgehende Autarkie durch eigene Versorgungseinrichtungen des kulturellen Lebens wie auch des Handels und übrigen Dienstleistungssektors.

Die Getto-Bibliographie von DARDEN enthält immerhin 251 Arbeiten, davon über die Hälfte aus dem unruhigen Jahrfünft 1966—70 (DARDEN 1977). Für die speziellen amerikanischen Verhältnisse s. Kap. II, 9.

Die sozioökonomischen Viertel sind ständigen Wandlungen unterworfen. Je nach dem Ausgangspunkt der Betrachtung erfährt ein bestimmtes Viertel im Laufe der Zeit eine *Verlagerung* innerhalb des Stadtgebietes, so wie z. B. GEIPEL (1957) für Frankfurt die Viertelswanderung für das Wohngebiet der gehobeneren Schicht von den Patrizierhäusern der Altstadt bis zum 18. Jh. über die Gartenhäuser des Neustadt-Randgebietes im 19. und das Westend im ausgehenden 19. Jh. bis zu den Villengebieten der Außenbezirke im 20. Jh. verfolgte, oder ein räumlich fixiertes Viertel verändert seinen Charakter und erfährt in Bezug auf seine sich wandelnde Nutzung eine *Sukzession*.

Beispiele für eine solche Sukzession sind die *Kommerzialisierung* citynaher Wohngebiete oder die *Tertiärisierung* citynaher Gewerbegebiete. Trotz mancher Ähnlichkeit sind diese beiden Prozesse doch auseinanderzuhalten. Erstere beginnt im allgemeinen mit einer Unterwanderung durch neue Wohnungseigentümer, die die Großwohnungen zunächst teilweise für gewerbliche Nutzungen erwerben; bei Mietverhältnissen bevorzugen die Vermieter bei höheren Mietforderungen gewerbliche Nutzer. Die ansässige Oberschicht ist relativ stark mobil und daher meist fortzugsbereit. Es geht dabei um die allmähliche Umstrukturierung eines Wohngebietes zu einem Arbeitsgebiet, um die Verschiebung des Verhältnisses Tag-Nacht-Bevölkerung zugunsten der ersteren. Diese Verhältnisse werden eingehend für Hamburg von BUSSE geschildert (1972). Das markanteste Beispiel in der Bundesrepublik Deutschland ist das ehemalige Frankfurter Westend, das unter Zusammenwirken der zu Befreiungen von den Auflagen des Flächennutzungsplans bereiten Stadtverwaltung mit einer Gruppe sehr aktiver Immobilienhändler und einiger kreditvergabefreudiger Großbanken zu einem Teil der heutigen Frankfurter City geworden ist (VORLAUFER 1975).

Tertiärisierung ist das Eindringen tertiärwirtschaftlicher Funktionen in Gebiete des produzierenden Gewerbes, in die Firmen ihren Kundendienst und ihre Auslieferungslager hineinverlegen oder Discounteinzelhandelsfirmen sich in ehemaligen Lagerhallen etablieren mit Parkplätzen auf dem früheren Fabrikhof. Für Hamburg wurde dieser Vorgang von v. ROHR beschrieben (1972).

Für München stellte POLENSKY (1974) über den Trend des über- bzw. unterdurchschnittlichen Bodenpreisanstiegs die Bereiche der Expansion und des Schrumpfens der City fest.

Eine rigorose Lösung des nicht unproblematischen Vorgangs der Kommerzialisierung bzw. Tertiärisierung hat man in einzelnen Fällen, so z. B. in Hamburg mit der „Geschäftsstadt Nord" oder im US-amerikanischen St. Louis mit der bewußten Anlage einer Art Entlastungscity versucht.

Sukzession ist aber auch die Ablösung der einen Wohnbevölkerungsgruppe durch eine andere, wobei im Laufe der zunehmenden Invasion letzterer bei weichendem Widerstand ersterer einmal der sogen. "tipping point" erreicht wird, an dem die Entwicklung rasch umschlägt, die bisherige Bevölkerung beschleunigt das Viertel verläßt und die andere ebenso schnell nachrückt (Influx). Dieser Vorgang geschieht häufig in Abhängigkeit von der Wohnungs- bzw. Hausgröße, wie BRUECKNER nachweisen konnte (1975).

Eine andere Art Stadtviertel sind jene, die auf Anregung von H. LEHMANN von KÜNZLER-BEHNKE als *primäre Viertel* oder fremdvölkische Eigenviertel bezeichnet wurden, weil sie von ihrem Ursprung her auf der Absonderung von Minoritäten aufgrund einer besonderen Rechtsstellung, teils Privilegierung wie bei der Kolonialstadt, öfter Diskriminierung wie bei den völkisch-rassischen Gettos, basieren und daher auch meist den allgemeinen Entwicklungstrend der übrigen Stadt nicht mitmachen. Dieses beruht sowohl auf der räumlichen Konzentration und Isolierung als auch auf dem meist langen Festhalten an der eigenen Kulturtradition ihrer Bewohner (KÜNZLER-BEHNKE 1960, ABRAHAMSON 1976).

Die augenfälligste, weil weitest verbreitete, Erscheinung der Eigenviertel sind die auf Herkunft, Sprache, Religion basierenden Viertel in den Städten vieler *Länder der Dritten Welt*, namentlich des Orients, Tropisch-Afrikas und Südostasiens (s. Teil II). Sie sind durch eigene religiöse, kommerzielle, teils auch administrative Einrichtungen weitgehend autark, so daß die funktionalräumliche Differenzierung eine nur untergeordnete Rolle spielt.

Eine zweite sehr augenfällige Entwicklung zu Eigenvierteln ist die seit etwa Mitte des 19. Jh. erfolgte Herausbildung von *Minoritätenvierteln* in Cityrandlage in dem ausgesprochenen Einwandererland USA (s. Kap. II, 9). Auf die Hintergründe der

Gettobildung wies besonders WARD hin (Lit. Teil II, WARD 1968, 1969, 1971).

Daß es allerdings auch zu nichtgettoisierten, weitgehend integrierten Minoritätenvierteln kommen konnte, "where a closely-knit community retained its upward socially mobile elements and formed a microcosm of the complete city", konnte NEILS-CONZEN für Milwaukee nachweisen (Lit. Teil II, NEILS-CONZEN 1975).

Die auch von mir in früheren Arbeiten (u. a. 1973) vertretene Auffassung, daß die mit dem Hineinströmen von Gastarbeitern, in der Bundesrepublik Deutschland hauptsächlich Türken, Jugoslawen, Griechen, in Frankreich Portugiesen, Marokkaner, in Großbritannien Inder, die z. T. erst auf dem Weg über Afrika dorthin gelangt sind, Pakistaner und Westindier, diese Entwicklung vieler US-amerikanischer Städte in kleinerem Maßstab nachvollziehen, muß im Lichte neuerer Arbeiten modifiziert werden. Liverpool besaß schon zu viktorianischer Zeit deutlich begrenzbare Viertel von Iren, Schotten und Walisern (POOLEY 1977), so daß zumindest für einige europäische Städte gilt, daß sie schon längere Zeit Minoritätenviertel aufwiesen. Londons westindische Bevölkerung untersuchte LEE (1977).

Ein bedeutender Aspekt für die Eigenständigkeit von Minoritätenvierteln ist der Grad ihrer Versorgung mit Einrichtungen, u. a. auch Ladengeschäften, die von Mitgliedern der eigenen Gruppe betrieben werden. Hiermit im Zusammenhang sei besonders auf LIGHT (1973) und ABRAHAMSON (1976) hingewiesen. Abgesehen von dem im Literaturteil II für die Städte einzelner Kulturräume genannten Arbeiten, z. B. Minoritätenviertel der US-amerikanischen Städte, seien hier folgende Arbeiten erwähnt: BARTH 1969, BESHERS et al. 1964, BOAL 1979, COHEN 1974, COWAN 1970, DRIEDGER / CHURCH 1974, DUNCAN / LIEBERSON 1959, ELIAS et al. 1964, MCENTIRE 1960, POKSHISHEVSKIJ 1975, L. WIRTH 1928.

Ein weit verbreitetes Beispiel für die auf Privilegierung basierende Eigenständigkeit von Stadtteilen ist die *Kolonialstadt*. Im weiteren Sinne wäre der Begriff anwendbar auf alle kolonialen

Eroberungen und Siedlungsgründungen, im engeren Sinne wird er von vielen Autoren eingeschränkt auf die Kolonialreiche des 19. Jh. und damit auf die französischen « villes nouvelles » und spanischen « ensanches » in Nordafrika, die britischen "cantonments" in Indien, die Konzessionen in China und ähnliche Erscheinungen. Ihre Verbreitung in den Ländern der Dritten Welt bedeutete jedoch keine direkte Fortentwicklung von deren autochthonen Städten, sondern sie führte, entsprechend der o. a. besonderen Rechtsstellung ein *Eigendasein neben der Eingeborenenstadt*, ja, häufig genug in deutlicher räumlicher Trennung durch einen « cordon sanitaire ». Um die theoretischen Grundlagen des Kolonialstadtwesens haben sich insbesondere HORVATH (1969) und KING (1976) bemüht, aber es sei auch auf die Arbeiten von MCGEE (1964), RAPOPORT (1976), REX (1973) und WALLERSTEIN (1966) hingewiesen.

HORVATH stellte als das Hauptmerkmal der Kolonialstadt die Herrschaft (domination) heraus, die von einer fremdvölkischen Elite mit anderer Sprache, Religion und Wirtschaftsorganisation ausgeübt wurde. KING entwickelte das Konzept von der "colonial third culture" als einer Überlappung der originären Kultur der Einheimischen (indigenous culture) und der originären Kultur der fremden Elite (metropolitan culture), da diese doch nicht alle Wesenszüge der eigenen Kultur aus der Heimat beibehielt, sondern unter Integration einzelner Wesenszüge der einheimischen Kultur eine andersgeartete entwickelte. Häufig trat zwischen Elite und Einheimische eine vermittelnde Gruppe aus einem Drittland wie die Levantiner in Westafrika, die Inder in Ostafrika, die Chinesen in Südostasien (s. Kap. II, 6 und II, 7), eine Gruppe, die von TROLL einmal als koloniale Zwischenwanderer, im soziologischen Schrifttum als *Marginalschicht* bezeichnet worden ist. Da sie, mit bedingt durch Berufsbeschränkungen, meist die führende Rolle im Einzelhandel übernahm und zu entsprechendem Wohlstand und Einfluß gelangte, kam es in der Epoche der Eigenstaatlichkeit der einstigen Kolonialgebiete für sie zu Pressionen und Ausweisungen.

## 3. Die strukturierenden Kräfte von der vorindustriellen bis zur nachindustriellen Zeit

In Ergänzung zu den geschilderten Prinzipien der Stadtviertelsbildung müssen nun die dafür wirksamen Kräfte betrachtet werden. Ohne hier Vollständigkeit anzustreben, seien als die wichtigsten genannt:

Bodenpreisgefüge und Immobilienmarkt,
Selektive Migrationsströme,
Gebäudekapazität in bezug auf Nutzungsmöglichkeiten,
Verkehrstechnologien und Erschließungsgrad des Stadtgebiets,
Planerisch beeinflußte Funktionsmischung bzw. -trennung.

Eine entscheidende Rolle kommt der Inwertsetzung oder Raumbewertung zu, die sich mit raumzeitlich unterschiedlichen Wertvorstellungen ändert. Dabei hat für den mittel- und westeuropäischen Bereich die Industrielle Revolution mit ihren Begleiterscheinungen (fabrikmäßige Fertigung aufgrund der Anwendung von Dampfkraft, räumliche Trennung von Wohn- und Arbeitsstätte, Gewerbefreiheit, Landflucht, Grundentlastung des Bodens) eine für den einzelnen Ort zeitlich fixierbare Zäsur mit sich gebracht. Speziell auf die *Bodenfrage* bezogen ist vielfach in der Literatur das Jahr 1791, die Einführung des französischen Code Rurale, als der Beginn für die Behandlung des Bodens als Ware und der in der Gründerzeit zu einem Höhepunkt gelangenden Bodenspekulation angesehen worden, und letztlich ist dieses Datum neben den sich verändernden Technologien auch entscheidend für die Übergangsphase von der vorindustriellen zur industriellen Stadt im Sinne von SJOBERG (1960) und VANCE (1971). Charakteristische Daten für die Übergangsphase sind das Preußische Edikt über die Regelung der gutsherrlichen und bäuerlichen Verhältnisse von 1811 oder die Grundentlastung in Wien 1848.

Im Mittelalter und der frühen Neuzeit befand sich der Boden im Eigentum weltlicher oder kirchlicher Grundherren, und nach dem Prinzip der städtischen Grundstücksleihe, einer Art Erbpacht, wurde dem einzelnen Bürger eine Baustelle, oft verbunden mit der Auflage der Baupflicht innerhalb einer festgesetzten Zeitspanne, auf begrenzte oder auch unbegrenzte Zeit für einen jährlichen Zins zur Nutzung überlassen, was eine Trennung von Boden und Gebäuden bedeutete (s. u. a. HOFFMANN 1969). Die Auffassung, daß somit *vom Boden selbst keinerlei steuernde Wirkung* auf Bebauung bzw. Nutzung ausgegangen wäre, muß allerdings im Lichte jüngerer Studien *revidiert* werden. In einer Untersuchung über GLOUCESTER im 15. Jh. konnte LANGTON (1977) nachweisen, daß sich etwa 57 % der Stadtfläche in kirchlichem Eigentum befanden und großenteils an verschiedenste Interessenten verpachtet waren, offensichtlich aber zu unterschiedlichem Pachtzins, was eine deutliche Differenzierung in der Anordnung der Berufsgruppen bewirkte.

Heute existiert eine Fülle von Arbeiten, die sich mit Bodenpreisen und Bodenpreisgefälle beschäftigt, das freilich nicht isoliert vom Wohnungsmarkt gesehen werden kann, da die erwähnte Trennung Boden—Gebäude der vorindustriellen Zeit nicht mehr existiert. Allerdings lassen sich nach JOHNSTON (1977 a) drei Ansätze unterscheiden, die eine bestimmte Akzentuierung mit sich bringen: 1. Der *neoklassisch-funktionale Ansatz*, der die Preisgestaltung des Immobilienmarktes in den Vordergrund rückt und in den die Geographie über die Transportkosten den Distanzfaktor integriert hat, wie z. B. HARVEY (1972), 2. der *behavioristische Ansatz*, der etwa seit Mitte der 60er Jahre im Gegensatz zum erstgenannten vornehmlich die auf subjektiver Umweltwahrnehmung und Raumbewertung des einzelnen basierenden individuellen Entscheidungen im Spannungsfeld von Wohnbedingungen und Wohnwünschen berücksichtigt, wie z. B. POSCHWATTA (1977), und 3. der *institutionelle Ansatz*, der besonders die den Entscheidungsspielraum des Individuums einschränkenden Faktoren wie Kreditgebaren von Banken, Handlungsweisen von Maklern und Managern von Baugesellschaften oder die Möglichkeiten des öffentlichen Wohnungsbaus, von Subventions- und Steuermaßnahmen herausstellt, wie z. B. WILLIAMS (1976). Besonders hingewiesen sei auf die Arbeiten von ALONSO (1960), BARNBROCK (1975), BORCHERDT et al. (1971), BREDE et al. (1976), BROWN / MOORE (1970), CANTER / THORNE (1972), EYLERS (1978), FRITZSCHE (1977), GIESE (1977), GREENBERG (1974), HARVEY (1972, 1973), HENCKEL (1977), HURD (1924), JOHNSTON (1977 a, b), KADE / VORLAUFER (1974), MAI (1975), MASS (1974), MEDLAND (1974), MILLS / OATES (1975), MUTH (1969), O'FARRELL / MARKHAM (1975), POLENSKY (1974), PRITCHARD (1976), RICHARDSON et al. (1974), SCHÄFERS (1968), SCHIRRA (1974), STALLONY (1973), STEINBERG (1974), VORLAUFER (1975), WINGO Jr. (1961), WOLFRAM (1976), YEATES (1970).

Nach HARVEY (1972) überwiegt die Nachfrage nach Wohnraum im allgemeinen das Angebot, und auf dem Immobilienmarkt konkurrieren gewerbliche Funktionen mit der Wohnfunktion. Da die gehobeneren Schichten mobiler und eher in der Lage zur Befriedigung ihrer Wohnwünsche sind, müssen nach HARVEY die immobileren, schwächeren Schichten relativ mehr Geld für das Wohnen aufbringen und in den zentraleren, teureren Lagen wohnen. Diese Auffassung muß allerdings revidiert werden; anhand bereinigter, nämlich auf die Geschoßfläche bezogener Bodenpreise wies POLENSKY (1974) nach, daß in Randgebieten bei nur 1-2geschossiger Bebauung die Bodenpreiskurve ein sekundäres Maximum aufweist und damit relativ teureres Wohnen anzeigt. Indem HARVEY weiter unterstellt, daß der gehobeneren Schicht der Wegzeitaufwand zwischen Wohn- und Arbeitsstätte wertvoller ist als dem sozial Schwächeren, wird erstere möglichst zentral wohnen wollen, was heute noch häufig in Südeuropa und Lateinamerika der Fall ist (s. Kap. II, 1 u. II, 8). Differenziert man weiter nach Benutzung privater oder öffentlicher Verkehrsmittel und Fußmarsch, würden vom Zentrum zur Peripherie zuerst die zu Fuß gehenden Wohlhabenden, dann die zu Fuß gehenden Ärmeren, drittens die fahrenden Wohlhabenden und schließlich die fahrenden Ärmeren wohnen. Diese hypothetisch angenommene Abfolge wird aber dadurch gestört, daß der Immobilienmarkt für die gehobenere Schicht elastischer ist, diese somit leichter durch Fortzug auch auf Neubauland ausweichen kann. Der öffentliche Wohnungsbau sollte entsprechend in den Innenstadtvierteln ein Wohnraumangebot schaffen, wo der private Wohnhausbau nur zögernd tätig wird.

Aus diesem Sachverhalt ergibt sich auch die weitere, von POSCHWATTA (1977) gezogene Folgerung, daß kleinräumliche Bevölkerungsbewegungen, d. h. Umzüge innerhalb der Gemeinde oder eines Stadtbezirks und Fortzüge über kurze Distanzen, vorwiegend *wohnwertorientiert* sind. Die Erfragung der Umzugsmotivation hat u. a. zu dem aufschlußreichen Befund geführt, daß in der Bundesrepublik Deutschland erstaunlich hohe Anteile der Fortzüge aus Wohnungen des sozialen Wohnungsbaus direkt in ein Eigenheim in Stadtrandlage erfolgen.

Dabei wird den finanziellen und rechtlichen Möglichkeiten und Einschränkungen, auf die die individuellen Wohnwünsche stoßen, heute immer breiterer Raum gegeben, insbesondere im englischsprachigen Schrifttum (s. Kap. II, 9). Vor allem wird darauf hingewiesen, daß der Immobilienmarkt gar kein einheitlicher Markt ist, sondern aus Submärkten besteht, und daß Makler oft nur einen dieser Submärkte vertreten und die potentiellen Kunden bereits dadurch in ihrer Wohnstandortwahl eingeschränkt sind (HARVEY in HARLOE 1977). Da zweifellos die meisten einschlägigen Arbeiten über US-amerikanische Städte geschrieben wurden, haben einige Autoren versucht, ihre z. T. abweichenden Erfahrungen in anderen Ländern darzulegen, u. a. BALCHIN (1977) am Beispiel Großbritanniens und RICHARDSON et al. speziell am Beispiel der Stadt Edinburgh. In ihrer sehr detaillierten Studie konnten sie nachweisen, daß sich die Wohnstandortsituation in Edinburgh relativ gut mit dem Modell von HOYT in Einklang bringen läßt (RICHARDSON et al. 1975, s. Kap. 5).

Es sei hier vorweggenommen, daß in den sozialistischen Ländern die Einsicht erwachsen ist, daß die Eliminierung der Bodenpreisfrage nicht ohne negative Folgen für die Stadtentwicklung geblieben ist, so daß ernsthaft erwogen wird, eine Art künstliche, für Planungszwecke bestimmte Bodenbewertung einzuführen (s. Kap. II, 2). Aber selbst wenn Bodenpreise keine Rolle spielen, schlägt sich dennoch in städtebaulichen Kalkulationen die geringere oder größere Gebäude- und Wohndichte nieder, da bei dichterer Bebauung im Falle eines Abrisses und Wiederaufbaus mehr Haushalte umgesetzt werden müßten (ROBSON 1975).

Ein zweiter Faktor ist die *selektive Migration*, bei der wir wie bei den Bodenpreisen konstatieren müssen, daß merkbare intraurbane Wanderungen, bzw. in vorindustrieller Zeit über die Grenzen des damals noch kleinen Stadtgebiets hinausgehende Fortzüge, *nicht erst eine Erscheinung der beiden letzten Jahrhunderte* sind. BUTLIN hat für Dublin eine Abwanderung der wohlhabenderen Schicht schon für das ausgehende 17. Jh. nachweisen können (Lit. Teil II, BUTLIN 1965). Unterschiedliche Mobilitätsniveaus als Gliederungsprinzip benutzen vor allem BALDERMANN et al. (1976), BIRKENFELD (1975), SCHAFFER (1971), SHORT (1977) und SPEARE et al. (1975) in ihren Arbeiten, und POPP (1976) hat in seiner Arbeit über Erlangen speziell die Bedingungen und Auswirkungen der Zu- und Abwanderungen der Altstadt untersucht. Von den Ergebnissen ist festzuhalten: je monostrukturierter ein städte- und wohnungsbauliches Angebot, desto stärker die Tendenz zu sozialräumlicher Segregation; für die Kernstadt ergeben alle Wanderungsmotive mit Ausnahme der beruflich motivierten Wanderung einen passiven Wanderungssaldo; intraurbane Mobilität ist in hohem Maße wohnorientiert, zeigt damit eine starke Ortsverbundenheit an und legt entsprechende Maßnahmen zur Erhöhung eines differenzierten Wohnraumangebotes in der Innenstadt nahe; für die Haushalte der ausländischen Arbeitnehmer ist nicht allein das Mietpreisniveau, sondern auch die Rolle des Stadtzentrums als bevorzugtes *Kommunikationsgebiet* wichtig (BALDERMANN et al. 1976). Für Erlangens Altstadt ergab sich, daß Nebenwohnsitzler und Ausländer ein Drittel der Bewohner ausmachen und weit überdurchschnittliche Migrationsraten aufweisen, daß Neuhaushalte mit der Hälfte und Rentnerhaushalte mit einem Drittel an der Gesamtzahl der Altstadthaushalte beteiligt und weiterhin in Zunahme begriffen sind, daß die durchschnittliche Migrationsrate der Altstadt bei 50 % liegt, d. h. jeder zweite Einwohner während eines Jahres umzieht, und daß die Altstadt weitgehend zur *Durchgangsstation* geworden ist. Für den Prozeßablauf konnte POPP (1976) einige Annahmen von BROWN / MOORE (1970) widerlegen.

In fast allen Arbeiten zur intrastädtischen und interstädtischen Mobilität kommt der enge Zusammenhang der Wanderungen mit den *Lebenszyklusveränderungen* und den sich mit ihnen verändernden Wohnwünschen zum Ausdruck. Aus den Änderungen im Lebenszyklus resultieren hauptsächlich die veränderten Wohnbedürfnisse, deren Realisierbarkeit dann allerdings von den erwähnten einschränkenden Faktoren mitbestimmt wird. Ganz allgemein hat aber PRITCHARD (1976) ein Absinken der Mobilität festgestellt, wofür er u. a. die beiden Tatsachen verantwortlich macht, daß mit dem zunehmenden Umfang sozialen Wohnungsbaus und Immobilieneigentums eine größere soziale Sicherheit und *Wohnsitzpersistenz* gegeben und die *Schrumpfungsphasen im Lebenszyklus länger* geworden seien, d. h. der Anteil der Personen im Rentenalter größer wurde und in dieser Altersgruppe längere Wohndauer zustande kämen. Den engen Zusammenhang zwischen Wohnungswünschen und deren Veränderungen im Verlaufe des Lebenszyklus hat für Angloamerika FREDLAND (1974) und für Schweden KEMENY (1978) herausgearbeitet.

Ein dritter wichtiger Faktor ist die *Gebäudekapazität* hinsichtlich der Aufnahme bestimmter Nutzungen bzw. Aktivitäten mit bestimmten Raumansprüchen. In England wurden hierzu Arbeiten unter Stichwörtern wie "urban morphology" oder "analysis of townscapes" vorgelegt, eine der frühesten von SMAILES (1955). Aus der nicht sehr großen Zahl dieser Studien seien hervorgehoben die schon klassische Untersuchung über Alnwick, Northumberland von M. R. G. CONZEN (1960), die über Mexico von NELSON (1963), die über Hobart, Tasmanien, von SOLOMON (1966), der den noch relativ hohen Erhaltungsgrad der kolonialzeitlichen Bausubstanz mit der räumlichen Zusammendrängung und guten Erreichbarkeit des kolonialzeitlichen Stadtzentrums erklärt, sowie der instruktive disziplingeschichtliche Überblick von M. P. CONZEN in seinem Beitrag zu dem Sammelband ›Dimensions of Human Geography‹ (1978). Im deutschsprachigen Schrifttum ist besonders die Arbeit von MÖLLER zu erwähnen (1959). Sie stellte in ihrem Hamburger Untersuchungsgebiet 7 Gebäudestrukturen heraus, nämlich das Kleinwohnhaus, das Großwohnhaus mit Kleinwohnungen, das Großwohnhaus mit Großwohnungen, die Villa in Reihenstellung, die in Einzelstellung von Normalgröße und von Supergröße sowie öffentliche Gebäude. In den meisten Stadtteilen dominiert eine dieser Grundstrukturen, deren jede aber in unterschiedlichem Maße für die Aufnahme gewerblicher Funktionen geeignet ist. Beim Vorherrschen bestimmter Gebäudestrukturen sind also bestimmte Nutzungen zu erwarten. So nehmen z. B. nur die höherwertigen Gebäudestrukturen wie das Großwohnhaus mit Großwohnungen oder die Villen Büros oder Praxisbetriebe von Anwälten, Steuerberatern, Maklern, Ärzten, Verlagen, Modesalons, Hotel-Pensionen, Konsulate auf, Funktionen nämlich mit höherem Raumanspruch und Repräsentationsbedürfnis. Die erwähnte Tertiärisierung cityfnaher Wohngebiete ist hierfür ein Beispiel, zugleich auch für die zeitbedingte Diskrepanz von Form und Funktion (vgl. Kap. I, 2).

Einen vierten Faktor stellen die sich im Laufe der Zeit verändernden *Verkehrstechnologien* dar, die Art der Erschließung des Stadtgebietes und die Anbindung einzelner Stadtteile an ein Verkehrsnetz. Pferdebahn, Dampfstraßenbahn, elektrische Straßenbahn, Untergrund- und Hochbahnen und Omnibusse sowie der Individualverkehr mit Personenkraftwagen erschlossen, teils nacheinander, teils zeitlich überlappend, immer weitere Bereiche zunächst mehr linienhaft, dann flächenhaft. Da die frühen öffentlichen Verkehrsmittel vergleichsweise teuer waren, ermöglichten sie zunächst den wohlhabenderen Schichten den Fortzug aus dem engeren Stadtgebiet in die sich entwickelnden Vororte. Etwas später, in Berlin z. B. ab 1891, wurden günstigere Vororttarife eingeführt, so daß sich größere Industriebetriebe von ihrer Arbeitskräftebasis lösen und in die äußeren Bereiche der Vorortbahnen verlegen konnten, da nun der Belegschaft das Pendeln ermöglicht war. Manche dieser Betriebsgründungen bzw. -verlagerungen durch Randwanderung zogen ihrerseits größere z. T.

werkseigene Arbeiterwohnsiedlungen nach sich. Über diese Zusammenhänge ist noch relativ wenig gearbeitet worden. In USA hat OTTENSMANN die Rolle der verschiedenen Transportmittel besonders am Beispiel Milwaukees aufgezeigt (Lit. Teil II, OTTENSMANN 1975).

Einen speziellen Aspekt stellen die *Ausfallstraßen* dar. Schon HURD (1903) baute darauf sein Modell der radialen Wachstumsspitzen der Stadt um die Jahrhundertwende auf. Sie haben bis heute in dreifacher Weise auf die Stadtstruktur nachgewirkt. Erstens zeichneten sie sich von Anbeginn der baulichen Entwicklung durch eine Vielfalt von Hausformen und Nutzungen aus, so daß sie im gesamten Baukörper linienhafte Elemente mit keiner dominanten Gebäudegrundstruktur darstellen (MÖLLER 1959). Zweitens bildeten sie bei fortschreitendem Stadtwachstum bevorzugte Ansatzpunkte für die heutigen Sekundärzentren innerhalb des Stadtgebietes (s. Kap. I, 4), was u. a. ZSILINCSAR (1971) am Beispiel der Kärntnerstraße in Graz ausführlich geschildert hat. Drittens markieren sich bis in die Gegenwart hinein die einstigen Endpunkte der Straßenbahnlinien als bevorzugte Standplätze für Friedhofsanlagen und Naherholungsgebiete, als deren Reste bei weiterer Überbauung Gartenlokale u. ä. noch vorhanden sind und deutliche Zäsuren im Baukörper des heutigen größeren Stadtgebietes bilden.

Eine Begleiterscheinung der Veränderung der Verkehrstechnologien ist diejenige des *Bevölkerungsdichtegradienten* (s. Kap. I, 5). Dieser hat sich von einer negativ exponentiellen Kurve im Zeitalter des an Schienen bzw. Oberleitungen gebundenen Stadtverkehrs zu einem der Sinuskurve angenäherten Verlauf im Automobilzeitalter verändert (BERRY et al. 1963, RAPOPORT 1976).

Ein weiterer Faktor ist die bewußte, *planerische Einflußnahme* seitens des Stadtgründers oder der Ratsherren in vorindustrieller Zeit oder der Behörden in späterer Zeit auf die Gestaltung der Stadt und die Frage, ob das Leitbild eine Funktionsmischung bzw. -überlagerung oder eine Funktionstrennung war oder ist. Nach einer auf WIEGAND (1973) zurückgehenden Definition ist die *Funktionsmischung* „eine kleinräumige Zuordnung städtischer Flächennutzungsarten, wobei diese durch eine größere Anzahl unterschiedlicher Einheiten vertreten sind" (HEINZEL 1967). *Funktionstrennung* besteht demgegenüber im Nebeneinander von größeren jeweils monofunktionalen Stadtvierteln.

Wenn sich auch eine Baugesetzgebung erst relativ spät entwickelte und z. B. in Preußen bis fast 1890 die Bauordnung in kaum mehr als einigen dem Feuerschutz dienenden Vorschriften bestand, gibt es doch sehr viel *früher planerische Eingriffe* in das Stadtwachstum, wofür THARUN (1975, s. Kap. II, 1) am Beispiel Frankfurts den Beweis geliefert hat.

Im großen und ganzen blieb solche Einflußnahme der Behörden aber lange Zeit gering, und auch der genossenschaftliche Wohnungsbau, der in Berlin seinen Beginn schon 1850 hatte, kam erst durch die größeren Wohnsiedlungen der Weimarer Zeit zu einiger Wirksamkeit. Der Liberalismus des 19. Jh. führte in den großen Stadterweiterungen zu hohen Wohndichten und enger Funktionsmischung. In Richtung auf eine Funktionstrennung innerhalb überschaubarer Siedlungskörper wirkte die um die Jahrhundertwende aufgekommene *Gartenstadtidee*. Verwirklicht im Sinne HOWARDS wurde sie so gut wie nicht; die sogen. Gartenstädte in Deutschland waren fast ausnahmslos Landhaus- und Villenkolonien für die gehobeneren Schichten. Auf den sowjetischen Städtebau hatte MILJUTINS Buch ›Sotsgorod‹ von 1930 einigen Einfluß, die von ihm propagierte bandförmige Anordnung der Nutzungsarten wurde u. a. im Wiederaufbau von Wolgograd verwirklicht (s. Kap. II, 2). Eine Zoneneinteilung propagierte die 1933 vom CIAM-Kongreß (Congrès Internationaux d'Architecture Moderne) verabschiedete ›Charta von Athen‹, die heute vielfach für die als abwegig erkannte absolute Funktionstrennung verantwortlich gemacht wird. Eine ihrer Forderungen ging auf kleinstmögliche Entfernungen zwischen Wohn- und Arbeitsstätten aus, woraus sich schließen läßt, daß ihren Verfassern die Gefahren einer totalen Funktionstrennung durchaus bewußt waren. Eine besonders ausführliche Auseinandersetzung mit der ›Charta von Athen‹ findet sich bei HILPERT

(1978). Fast gleichzeitig war 1929 von dem amerikanischen Soziologen PERRY die *Nachbarschaftsidee* geboren worden, die ihrerseits auf eine Zellenstruktur der Stadt hinauslief, und die nach dem Zweiten Weltkrieg beim Wiederaufbau der kriegszerstörten Städte wiederaufgenommen wurde (s. Kap. I, 5). In verschiedenen Arbeiten seitens des Städtebaues (u. a. GÖDERITZ et al. 1957, REICHOW 1959) wurde für eine vernünftige Zuordnung der Funktionen zueinander eingetreten. Jane JACOBS wurde in USA eine streitbare Verfechterin der Forderung nach gesunder Mischung von Gebäuden verschiedenen Alters und verschiedener Kapazität als Voraussetzung für eine Funktionsmischung, die allein die Belebtheit eines Stadtgebietes zu den verschiedensten Tageszeiten und damit auch eine erhöhte Sicherheit garantiert (Lit. Teil II, JACOBS 1963).

Insbesondere sei noch verwiesen auf die Arbeiten von ANDRITZKY et al. (1975), APEL (1977), CHAPIN / HIGHTOWER (1965), DUCKERT (1965), JAHKE (1965), KLINGBEIL (1974), THIENEL (1977), VIETINGKOFF (1975).

Für den historischen Aspekt dieser Frage bleibt diskutabel, ob man die behördlichen Eingriffe durch umfassende Stadtentwicklungsplanung mit der nachindustriellen, bzw. nach VANCE der postkapitalistischen Stadt identifiziert. Eine Gleichsetzung ist wohl nur möglich, sofern die nachindustrielle Stadt als Erscheinung der Zeit nach dem Zweiten Weltkrieg angesehen wird (D. BELL 1976). Die Charakterisierung der nachindustriellen Stadt von FRIEDRICHS dagegen würde auf Entwicklungstendenzen abzielen, die sich bis kurz vor die Jahrhundertwende zurückverfolgen lassen, nämlich die Randwanderung der Industrie und die steigenden Zuwachsraten im tertiären Sektor bei Abnahme im Sekundärsektor (FRIEDRICHS 1978).

## 4. Standortbedingtheiten und Anordnungsmuster städtischer Funktionen

In diesem Abschnitt geht es um die Prozesse im Spannungsfeld zwischen den *Standortanforderungen* der einzelnen Funktionen oder Nutzungsarten an den Standort und den *Standortqualitäten* des Mikrostandorts (Standplatzes) innerhalb des Stadtgebietes und um die daraus resultierenden Anordnungsmuster.

Aufbauend auf der Analyse der Kräfte (Kap. I, 3) gehen wir aus von einem allgemein zu beobachtenden *Sortierungs- und Verdrängungsprozeß*. Nach STALLONY verdrängen die Komplexbebauung die Solitärbebauung, die geschlossene die offene Bebauung, der Hochbau den Flachbau, genießen Funktionen Priorität, denen ein Ertrag direkt zugerechnet werden kann (zu ergänzen wäre hier: ausgenommen die Öffentliche Hand auf Boden in ihrem Eigentum), und es verdrängen tertiärwirtschaftliche Aktivitäten das Wohnen, dieses seinerseits den Sekundärsektor oder das produzierende Gewerbe, dieses wiederum primärwirtschaftliche Aktivitäten wie Land- und Forstwirtschaft (STALLONY 1973).

Beginnen wir mit dem *Geschäfts- und Dienstleistungssektor*. Hier ist zunächst die zentrale *Standortgemeinschaft City* zu nennen. Zu ihr gehören der Einzelhandel in den beiden extremen Erscheinungen des hochspezialisierten, nur einen einzigen Artikel führenden Spezialgeschäfts und des Warenhauses mit Tausenden von Artikeln unter einem Dach. Allerdings ist die Zahl der exklusiv in den Citygeschäften angebotenen Waren nicht übermäßig groß, viele sind sogen. „aufgestockte Citygeschäfte", die neben gängigen auch Cityartikel führen (LICHTENBERGER 1972). An amerikanischen Beispielen stellte GARNER übereinstimmend fest, daß völlig gleichartige Funktionen in verschiedenrangigen Einkaufszentren auftreten und sich nur Unterschiede insofern ergeben, als solche Funktionen, die für ein niedrigeres Zentrum typisch sind, in einem höherrangigen Zentrum peripherer auf relativ billigerem Boden erscheinen (GARNER 1966). Weiter gehören zu den Cityfunktionen höchstrangige Dienstleistungsbetriebe wie Bank- und Versicherungszentralen, die Stadtbüros von Fluggesellschaften und anderen Reiseveranstaltern, freie Berufe wie Fachärzte, Rechtsanwälte, Steuerberater, Architekten, Makler, die Konzernspitzen großer Wirtschaftsunternehmen, Sprech- und Musikbühnen und Filmuraufführungstheater, Vergnügungs- und Gaststätten, das Hotelgewerbe, das Zeitungswesen und übrige graphische Gewerbe, die Damenoberbekleidung, sodann die obersten Behörden der Gebietskörperschaften, ausländische Vertretungen, Büros von politischen und anderen Organisationen.

Die sogen. „Citygebundenheit", die seit der Citybildung bis zur Mitte des 20. Jh. vielfach auf den *Fühlungsvorteilen* des Citystandorts beruhte, ist aber durch jüngere Veränderungen der Standortqualität der City für bestimmte Funktionen vermindert, das „Cityverhalten" einiger Funktionen hat sich geändert (LICHTENBERGER 1972). Während z. B. das Bankwesen eine hohe Standortkontinuität zeigt, indem die Zentralen in der City bleiben und neue Stadtteile lediglich durch weitere Zweigstellen bedient werden, hat das Versicherungswesen teilweise den nicht mehr als unbedingt notwendig erachteten Citystandort aufgegeben. Ebenso sind wichtige neue Hotelkonzentrationen gerade mit den modernen Hotels der internationalen Kategorie an anderen Standorten, vor allem nahe Flughäfen und Ausstellungs- und Kongreßhallen entstanden. Andererseits dehnen sich Cityfunktionen auf nahegelegene bisherige Wohngebiete aus (vgl. Kap. I, 3). In vielen Großstädten ist es zu einer selektiven Abwanderung des graphischen Gewerbes und des Damenoberbekleidungsgewerbes gekommen, so daß am Citystandort nur noch Zeitungsherstellung und Verlagsredaktionen und die Herstellung von Modellkleidern verbleiben, wie es jüngst STEED für Montreal und Toronto beschrieben hat (STEED 1976).

Die empirische Erfahrung, daß es eine Reihe weiterer Konzentrationen von Ladengeschäften und Dienstleistungsbetrieben in anderen Teilen der Stadt gibt, fand ihren Niederschlag schon vor dem Zweiten Weltkrieg (PROUDFOOT 1937). 1959 stellte dann BURNS für die britischen Städte eine *Rangfolge* auf vom zentralen "town centre" über das "district centre" zum "neighbourhood centre" und schließlich zum kleinen "sub-centre". Der erste, der aber systematisch unter Anwendung der *Theorie der zentralen Orte* auf das Stadtgebiet die hierarchische Ordnung der städtischen Versorgungszentren erarbeitete, war Hans CAROL (1960). BERRY (1963, 1967) fand in amerikanischen Städten neben dieser *Hierarchie* von Central Business District — Regional Center — Community Center — Neighborhood Center — Convenience Center noch zwei Kategorien von Geschäftskonzentrationen, nämlich die an Ausfallstraßen gebundenen bandförmigen (ribbons) und die spezialisierten Gebiete wie z. B. Konzentrationen des Möbelhandels, des Automobilhandels, Märkte mit exotischen Waren etc. Ersterer ist ein typisches Beispiel für die *konkurrierende Konzentration*, die wir z. B. auch bei Warenhäusern auf unmittelbar benachbarten Grundstücken häufig vorfinden und was in den Bazarstraßen des orientalischen Bazars üblich ist (Branchensortierung), während viele andere Branchen sich nach dem Prinzip der *komplementären Konzentration* agglomerieren. Seitdem sind zahlreiche, auf CAROL und BERRY aufbauende Arbeiten über die Geschäftszentrenhierarchie entstanden; von den deutschsprachigen seien genannt die Arbeiten von ABELE / WOLF (1968), AUST (1970), BÖKEMANN (1967), CURDES (1968), GÜSSELFELDT (1976), KÜPPER (1975), LICHTENBERGER (1969, 1972), MAURMANN (1976), ORGEIG (1972), SEDLACEK (1973), TOEPFER (1968), WOLF (1969, 1971). BORCHERDT (1976) hat in seiner Stuttgart-Arbeit zugleich eine Zwischenbilanz der bisherigen Untersuchungen gegeben; im englischsprachigen Schrifttum haben wir vor allem die Arbeiten von BEAVON (1977), DAVIES (1972, 1976), GARNER (1966), JOHNSTON (1966), POLARCZYK (1976) und SIMMONS (1964). Ein Teil dieser Arbeiten geht nicht nur der hierarchischen Abstufung der Zentren und der für die einzelne Stufe der Hierarchie typischen Ausstattung nach, sondern auch dem Phänomen der sich ständig *verändernden Organisationsformen* des Einzelhandels (z. B. Discountläden, Minimärkte unter 1000 m² Verkaufsfläche, Verbrauchermärkte zwischen 1000 und 3000 m² Verkaufsfläche, SB-Warenhäuser über 3000 m² Verkaufsfläche, integrierte, d. h. innerörtliche, und nichtintegrierte shopping centers etc.).

Trotz der allgemein beobachteten Zentrenhierarchie sorgen Sonderbedingungen in der einzelnen Stadt dafür, daß die Zentren derselben Stufe recht verschieden große Einzugsbereiche besitzen. VON BÖVENTER, als Vertreter der Ökonometrie, hat den Versuch unternommen, die optimale Lage von Subzentren zu berechnen (1975). Daß es nicht in jedem Falle zu einem voll entwickelten System intraurbaner Zentren kommt, hat LAFRENZ (1977) für den Großraum Lübeck nachgewiesen und daraus die Rückwirkungen auf die Altstadt abgeleitet, auf die damit erhöhte Flächenansprüche zukommen, die den historischen Baubestand gefährden. Als allgemeines Anordnungsprinzip für den tertiärwirtschaftlichen Sektor sind aber ein zentraler Kern und ein aus der Hierarchie und der Bevorzugung der Ausfallstraßen abzuleitendes *sektorales bis mosaikartiges Muster* erkennbar.

Ist in den Geschäftszentren durchaus auch Kleingewerbe anzutreffen, so doch kaum ein Industriebetrieb. Andererseits bildet für sehr viele Städte die *Industrie die zweite* ökonomische Säule neben dem Dienstleistungssektor, und die weite Verbreitung ihrer Betriebsstätten über das Stadtgebiet ist für die Stadtstruktur von großer Bedeutung. Die Bedeutung der Stadt als Industriestandort hat KANSKY am Beispiel der Tschechoslowakei für die sozialistischen Länder (1976) und ROBERTS für die Länder der Dritten Welt (1978) herausgestellt. Hinter der Frage des Makrostandorts, d. h. an welchen Orten innerhalb eines größeren Raumes sich welche Industrien finden, trat lange Zeit die des Mikrostandorts innerhalb des Stadtgebietes zurück. Die bisherigen Arbeiten wurden unter einem von drei Gesichtspunkten geschrieben.

Erstens wurde die *allgemeine Standortlehre* mit der Frage nach den auch branchenspezifisch zu differenzierenden Standortanforderungen und -ausstattungen auf den Mikrostandort anzuwenden versucht. Eine erste Systematik von PRED (1964) wurde weiter ausgebaut von LEIGH (1969), GROVES (1971), zuletzt von BALE (1977), der hierfür sogar ein Modell entworfen hat (1977,

S. 73). GROVES kam zu einer Typologie von zehn innerstädtischen Industriestandorten, die jedoch insofern problematisch ist, als es dabei zwei verschiedenartige Kategorien gibt, nämlich räumlich mehr oder weniger eindeutig fixierbare Lagen wie Citynähe, Ufer- oder Hafenstandort, eisenbahnnahes Industriegelände, daneben aber nach der Größe ihres Absatzmarktes unterschiedene Industrien für den lokalen, den regionalen und den überregionalen Markt, wobei es z. T. einfach um bestimmte Verkehrslagen geht. Dieser Ansatz wird von anderen Autoren als zu einseitig ökonomisch und damit auch als zu wirklichkeitsfremd abgelehnt.

Ein zweiter Ansatz ist der *behavioristische*, der den eigentlichen Standortentscheidungen der maßgebenden Unternehmensleitungen nachgeht und im deutschsprachigen Schrifttum u. a. von FÜRST (1971) und FOERTSCH (1973) vertreten wird. Demnach sind die Informationsfelder, Kenntnisse und Image potentieller Standorte wesentlich, so daß in der Realität oft nur ein einzelner oder ganz wenige leitende Angestellte über einen, vielleicht zwei alternative Standorte binnen eines Monats oder einer wenig längeren Zeitspanne die Entscheidungen fällen. Zur Erklärung der tatsächlichen Verbreitung der Betriebe bleibt dieser Ansatz höchst unbefriedigend.

Einen dritten, *genetisch-historischen* Ansatz wendete KRESSE auf sieben mitteleuropäische Großstädte an (KRESSE 1977); ähnlich war schon das Beispiel Köln von MEYNEN bearbeitet worden (1975). KRESSE geht auf die Ursprünge der Industriebetriebe an verschiedenen Punkten der früher viel kleineren Stadt und ihrer damaligen Umgebung zurück und erklärt ihr weiteres Wachstum und das Auftreten neuer Standplätze aus der Wirksamkeit *industrieanziehender* bzw. *industrieabstoßender* Entwicklungskerne. Als industrieanziehend erkennt er mittelalterliche Gewerbegebiete in der Altstadt, im 16.—18. Jh. gegründete Konkurrenzsiedlungen gegenüber der bestehenden Bürgerstadt, Exulantensiedlungen aus derselben Zeit, innerstädtische Gewerbegebiete aus der Frühphase der Industrialisierung, öffentliche, etwa zwischen 1850 und 1910 von Städten oder Landkreisen mit dem Ziel der Industrialisierung vorgenommene Infrastruktureinrichtungen (Kanäle, Industriebahnen), als industrieabstoßend landschaftlich schöne, schon früh der Erholung oder dem Wohnen der gehobeneren Schicht dienende Gebiete, Residenzen mit ihren Parkanlagen und ihrer weiteren Umgebung, im 19. Jh. angelegte Boulevards mit dem Charakter eines städtischen Repräsentationsraumes (KRESSE 1977).

Den im Makrobereich für die ungleichmäßige Verteilung von Wirtschaftsfunktionen benutzten *Spezialisierungsindex* (location quotient) hat BALE (1977) nun auch auf die industriewirtschaftliche Gliederung des Stadtgebietes angewendet. Die Veränderung der intraurbanen Standortstruktur durch *Umsetzung* von Betrieben bei Stadterneuerungsmaßnahmen betonten CAMERON / JOHNSON (1969). Die für manche Branchen, z. B. die Elektroindustrie, *typische standörtliche Zersplitterung* oder Standortspaltung behandelte MENGE (1965). In dieser Hinsicht verhalten sich die Unternehmen allerdings sehr unterschiedlich, wie das Beispiel der beiden Großfirmen der Elektrobranche in Berlin, Siemens und AEG, gezeigt hat. Während sich Siemens im Zuge der *Randwanderung* um die Jahrhundertwende weitgehend an einem Standplatz konzentrierte und einen ganzen Ortsteil baulich gestaltete (Siemensstadt), behielt die AEG ihre traditionellen Betriebsstätten bei und gründete immer wieder neue in den verschiedensten Stadtteilen.

Eine Sonderstellung nimmt der überall erst recht junge *vorgeplante Industriekomplex*, in England "industrial estate", in USA "industrial park" genannt, ein, in USA großenteils von Eisenbahngesellschaften auf deren für den Bahnbetrieb nicht mehr benötigtem Gelände, in England oft in strukturschwachen Gebieten zur Arbeitsplatzbeschaffung von der Regierung gegründet (BALE 1974). Er ist charakteristisch für die Nutzung von *Agglomerationsvorteilen*. Während diese oft fälschlich mit dem großen Arbeitskräfte- und Absatzmarkt und der gut entwickelten Infrastruktur einer Stadtagglomeration gleichgesetzt werden, bedeuten sie im engeren Sinne die Kontaktvorteile benachbarter Klein- und Mittelbetriebe, die gemeinsam Tarifverhandlungen mit Transportfirmen und Versorgungsbetrieben führen, sich in die Kosten eines Fuhrparks oder einer Datenverarbeitungsanlage teilen und somit Vorzüge genießen, die sonst nur einem Großbetrieb erwachsen, die darüber hinaus die Möglichkeit für Lohnaufträge anderer Firmen zusätzlich zu selbständigem Agieren am Markt und damit eine größere Absicherung haben (vgl. THÜRAUF 1975). Andererseits können Großbetriebe bei der starken Differenzierung des großstädtischen Branchenspektrums Aufträge verschiedenster Größenordnung günstig unterbringen.

Die Mobilität von Industriebetrieben ist im ganzen gesehen gering (SPIEGEL 1970). Gründe sind neben den getätigten Investitionen die gute Erreichbarkeit für Belegschaft und Kunden bei relativ zentraler Lage, die Verflechtungen mit Auftraggebern, wie z. B. Behörden, und die Verbundwirtschaft, bei der der eine Betrieb Zulieferer des anderen ist (hierzu u. a. BRÖSSE 1971).

Von nichtdeutschen Arbeiten seien noch die von ALAO (1974), BASTIÉ (1972), HAMER (1973), HAMILTON (1967), KEEBLE (1969), LEVER (1972), LOGAN (1966), MOSES / WILLIAMSON (1967), SMITH (1971), STEFANIAK (1962), STONE (1974), STRUYK / JAMES (1975) und die auf branchenspezifische Phänomene eingehende Arbeit von WISE (1949) genannt.

Im allgemeinen zeigt der Sekundärwirtschaftssektor eine Kombination von sektoralem Muster, das aus den Verkehrsleitlinien abzuleiten ist, und mosaikartigem Muster, das von den erwähnten Entwicklungskernen her vorgegeben ist.

Für die *Wohnstandortwahl* schließlich ist der mit vielen Indizes nachweisbare *Kern-Rand-Gegensatz* wichtig. Im Schrifttum ist auch von Kern-Rand-Gefälle die Rede (u. a. KLÖPPER 1962), was aber insofern sehr vergröbernd ist, als bestimmte Faktoren zwar einen Gradienten nach außen besitzen, die jeweils komplementäre Erscheinung dagegen reziproke Werte aufweist, und andere keinen gleichsinnigen Gradienten, sondern eher Kurven mit sekundären Minima und Maxima aufweisen. Der Anteil von Mietwohnobjekten nimmt allgemein vom Kern zum Rande hin ab, derjenige des Immobilieneigentums umgekehrt zum Rande hin zu. Die Gebäudeausstattung entsprechend dem Baualter dürfte am schlechtesten in den citynahen Miethausvierteln sein und von dort nach außen besser werden. Einen Verlauf mit sekundären Minima und Maxima haben die Bodenpreiskurve (vgl. Kap. I, 3) und die Bevölkerungsdichte bei allgemeiner Tendenz zur Abnahme nach außen. Dagegen zeigen eine U-Form mit Maxima im Zentrum und am Rande und einem Minimum im Zwischenbereich der Grad der sozialschichtenspezifischen Segregation (vgl. Kap. I, 3) und die Größenordnung der Umzüge in der Zeiteinheit. Während sich die Boden- und Mietpreise im allgemeinen nach außen verringern, steigen zugleich die Fahrtkosten für einen großen Teil der Bevölkerung zur Erreichung des Arbeitsplatzes und zentraler Einrichtungen an.

Die jeweiligen Wohnraumbedürfnisse resultieren, wie in Kap. I, 3 gesagt, vorwiegend aus dem Status innerhalb des Lebenszyklus, treffen aber hinsichtlich ihrer Realisierbarkeit auf die Gegebenheiten des Immobilienmarktes. Die Wohnstandortwahl ist in hohem Maße von Einkommensverteilung und Einkommenselastizität (bezügl. der Wohnraumnachfrage) abhängig, so daß sich die allgemeine Tendenz ergibt, daß die Wohnstandortentfernung vom Kern mit steigendem Einkommen zunimmt (POSCHWATTA 1977) und sich die sozialschichtenspezifischen Gruppen bei zunächst mehr sektoraler jetzt in mehr konzentrischer Weise über das Stadtgebiet verteilen (MURDIE 1969; s. Kap. I, 5).

Die Zufriedenheit mit dem Wohnsitz und den Grad, bis zu dem der einzelne Bewohner eines Stadtgebietes sich in die Wohnbevölkerung desselben integriert fühlt und sich mit ihm identifiziert, hat GANSER (1966) in einer methodisch interessanten Arbeit über das Wahlverhalten herauszufinden versucht.

## 5. Modellvorstellungen zur Erfassung der Stadtstruktur

Schon seit der Jahrhundertwende hat es Versuche gegeben, Wachstum und Gliederung der Stadt über modellhafte Vorstellungen zu erfassen. Einen guten Überblick ermöglichen die zusammenfassenden Darstellungen von GARNER (1967), COLE-

NUTT (1970), JOHNSTON (1972), SENIOR (1973), KORCELLI (1975) und HERBERT / JOHNSTON (1976).

KORCELLI hat versucht, die Vielzahl der existierenden Modelle auch in bezug auf ihre Herkunft einzuordnen und hat sie in 6 Gruppen eingeteilt:

1. Sozialökologie und Sozialraumanalyse, entwickelt in der Soziologie,
2. Transportkosten-, Bodenmarkt- u. Flächennutzungsmodelle, entwickelt in der Ökonomie,
3. Bevölkerungsdichtemodelle, entwickelt in der Demographie,
4. Intraurbane Interaktionsmodelle, entwickelt in der Stadtplanung,
5. Zentralörtliche Netztheorie, entwickelt in der Geographie,
6. Intraurbane Diffusionsmodelle, entwickelt in der Geographie.

Die unter (6) genannten sind im wesentlichen auf das *Wachstum* der Stadt als Ganzes oder einzelner Teilgebiete wie z. B. eines Negergettos (Sukzession!) gerichtete Partialmodelle; da sie somit wenig zum Problem der Stadtstruktur beitragen, werden sie hier nicht weiter berücksichtigt. Andererseits werden die unter (1) genannten hier als einzige ausführlicher behandelt, da sie den nachhaltigsten Einfluß auf die Stadtgeographie ausgeübt haben.

Eines der ältesten Modelle dürfte das *Oktopus- oder Sternmuster* (star theory) von HURD (1903) sein, dem entsprechend der Situation im Straßenbahnzeitalter eine sternförmige Entwicklung der städtischen Bebauung entlang den Hauptverkehrslinien zugrunde liegt. SARGENT (in ADAMS 1976) hat jüngst darauf hingewiesen, daß diese Modellvorstellung lediglich der mittleren von drei Stadtentwicklungsphasen von der Fußgängerstadt (pedestrian) über die Stadt der schienen- und oberleitungsgebundenen öffentlichen Verkehrsmittel (trolley) zur flächenhaft entwickelten Stadt des Automobilzeitalters (auto) entspricht. HURDS Idee war sozusagen der Vorläufer der Modelle aus der Chicagoer Schule der Sozialökologie um BURGESS, MCKENZIE und PARK. Aus ihr ging die *Theorie der konzentrischen Zonen* hervor, derzufolge sich ringförmig um die zentrale City als Zone 1 eine Übergangszone mit Cityfunktionen und Wohn-Gewerbe-

Gebieten, welche Slumcharakter annehmen, da die Eigentümer in Erwartung intensiverer Nutzungen keine Investitionen mehr vornehmen, als Zone 2 legt, auf die eine Zone 3 als vornehmliches Wohngebiet von Facharbeitern, in die nach und nach die Arbeiterbevölkerung aus Zone 2 abgedrängt wird, um diese eine Zone 4 als Wohngebiet der gehobeneren Schicht und schließlich als Zone 5 der Pendlereinzugsbereich folgen (BURGESS 1925). Die Kritiken an BURGESS, die vor allem an der postulierten, aber fehlenden Homogenität und Symmetrie dieser Zonen ansetzten, faßte QUINN zusammen (1940), während inzwischen von HOYT (1939) die *Sektorentheorie* von sich sektorenhaft um den Central Business District gruppierenden sozioökonomischen Vierteln aufgestellt wurde. Obwohl den US-amerikanischen Gegebenheiten besser angepaßt, war auch dieses Modell noch relativ wirklichkeitsfern. HOYT selbst hat es nach dem Kriege einmal revidiert (1964). Speziell auf BURGESS bzw. HOYT bezogene Kritiken stellen die Aufsätze von HAGGERTY (1971), REES (1970) und RICHARDSON et al. (1974) dar.

Andererseits wurde die Kreistheorie in ein weiterreichendes Modell von SCHNORE eingearbeitet, der die strittige These eines weltweit sich abspielenden Entwicklungsprozesses vom sogen. "reverse-BURGESS type", der in Westeuropa und Angloamerika in vorindustrieller Zeit vorhanden war, und der noch heute in Lateinamerika vorherrscht, zum "BURGESS-type" der heutigen angloamerikanischen Stadt vertrat (SCHNORE in HAUSER / SCHNORE 1965; vgl. oben „Einführung in den Problemkreis"). Sie wurde dann auch von RIEMER (1971) übernommen.

Von geographischer Seite setzten ihnen HARRIS und ULLMAN ihre *Mehrkerne-Theorie* (multiple nuclei theory) entgegen, die von mehreren Siedlungskernen ausgeht (1945), aber in den späteren Auseinandersetzungen so gesehen wurde, daß sie zwar eine Kritik an den vorangegangenen Modellen darstellte, selbst aber eigentlich kein Modell sei (THOMLINSON 1969). ULLMAN hat später selbst noch einmal zu dieser Theorie Stellung genommen (1962). BRAUN (1976) hat in einer theoretischen Abhandlung herausgestellt, daß beiden Grundmodellen, dem der Konzentrik wie dem der Sektorengliederung, dieselben Grundvoraussetzungen von räumlicher Struktur und Bewegung im Raum zugrunde liegen.

In neueren umfassenden Abhandlungen zur Sozialökologie, von denen hier nur die von THEODORSON (1962), THOMLINSON (1969), SWEET (1972), HAWLEY (1974), ATTESLANDER / HAMM (1974), KEHNEN (1975), PEACH (1975), HAMM (1977) und FRIEDRICHS (1977) genannt seien, wird nun aber den genannten Modellen die *Sozialraumanalyse* entgegengestellt, die sogen. "social area analysis", die an ältere Konzepte der "natural area" und der Nachbarschaft anknüpft.

Die "natural area" wurde aufgefaßt als ein Gebiet, das in erster Linie physiognomisch (morphologisch) von Barrieren wie Flußläufen, Kanälen, Bahnanlagen etc. gegenüber dem übrigen Stadtgebiet abgegrenzt wird, in dem sich dadurch dann auch besondere Verhaltensweisen und eine in kultureller, sozialer und wirtschaftlicher Hinsicht weitgehend homogene Wohnbevölkerung herausbildet. Das Konzept stammte ebenfalls aus der Chicago-Schule, wurde von BURGESS für seine Theorie der konzentrischen Zonen herangezogen und insbesondere von L. WIRTH in seiner Arbeit ›The Ghetto‹ (1928) und von ZORBAUGH, der u. a. die "Gold Coast" von Chicago als eine solche "natural area" identifizierte, angewendet (1926). Später hat sich besonders HATT mit dem Konzept auseinandergesetzt (1946), und WINZ versuchte, es den deutschsprachigen Geographen nahezubringen (1952).

Mit diesem Begriff verwandt und etwa zur selben Zeit (1929) von dem amerikanischen Soziologen C. A. PERRY aufgebracht ist der Begriff der *Nachbarschaft,* mit dem sich in der Folgezeit zahlreiche Autoren, auch hinsichtlich seiner Anwendung als Planungskonzept, beschäftigten (u. a. ATTESLANDER 1960, BAECHTHOLD 1970, DAHIR 1947, FALUDI 1969, GOLD 1976, GUEST 1974, HAMM 1973, HERBERT 1975, HESTER 1975, KELLER 1969, KLAGES 1968, LEE 1968, LUDMANN 1975, MUMFORD 1954, PFEIL 1963, VIERECKE 1972, WHEATON et al. 1966, WOLPERT et al. 1972). Mit ihm verbunden sind räumliche Nähe und soziale

Interaktion, er beinhaltet einen Bereich, wo der Nachbar noch potentieller aktiver Helfer ist. Dieser aber ist deutlich kleiner als das Planungskonzept, das im allgemeinen von einem Grundschuleinzugsbereich bzw. von rd. 5000 Einwohnern ausging. HAMM (1973) hat kritisiert, daß es dafür keinen ersichtlichen Grund gäbe, ebensowenig dafür, daß man sogar mit Hilfe von Hecken und Mauern eine künstliche Abgrenzung der Nachbarschaft versucht hat, oder dafür, alle, auch stärker raumbeanspruchende öffentliche Einrichtungen zentral, andererseits Geschäfte für die Deckung des täglichen Bedarfs peripher anzulegen; PFEIL (1963) hat vor allem darauf hingewiesen, wie unrealistisch es war, daß die Nachbarschaft als eine schichtenunspezifische Gemeinde geplant wurde. Nachbarschaft ist nur „eines unter vielen anderen denkbaren Planungskonzepten" (HAMM 1973, S. 116) und wegen der angeführten Mängel im wesentlichen gescheitert (s. auch WURZER 1967).

In einem interessanten ideengeschichtlichen Aufsatz stellt GUTTENBERG (1978) das Aufkommen der Nachbarschaftsidee in den Städten dem Konzept von Familienfarm und Kooperative in den ländlichen Gebieten der Weststaaten der USA in derselben Zeit gegenüber. Beide seien aus der antistädtischen Haltung des Amerikaners erwachsen als Hilfsmittel zur leichteren Anpassung an eine unliebsame Umgebung, der Großstadt einerseits, des Trockengebietes der Weststaaten andrerseits. Er schildert in Einzelheiten solche Umstände wie die Nutzung der Nachbarschaftsschule durch Erwachsene für ihre geselligen Veranstaltungen und stellt heraus, wie das Nachbarschaftszentrum sozusagen einen Gegenpol gegen das Rathaus darstellte und somit die Nachbarschaftsidee eigentlich ein politisches Konzept war, bevor sie zum Planungskonzept wurde.

Eine gewisse Weiterbildung vor allem des Konzepts der "natural area" unter Verwendung der statistischen Einheit des Zählbezirks ist das *"social area"-Konzept*, das von den drei amerikanischen Soziologen BELL, SHEVKY und WILLIAMS entwickelt wurde (SHEVKY / WILLIAMS 1949, SHEVKY / BELL 1955, BELL / GREER 1962). Kritisch äußerten sich dazu besonders HAWLEY /

DUNCAN (1957). Diese Kritik bezieht sich in erster Linie auf die Auswahl der 7 Variablen, nach denen die Einstufung der "social areas" erfolgt:

| | |
|---|---|
| Ökonomischer Status (social rank) | (1) Beruf (occupational status) |
| | (2) Bildung (education) |
| | (3) Einkommen (income) bzw. Miete |
| Demographischer Status oder Familienstatus (urbanization) | (4) Fruchtbarkeit (child-woman ratio) |
| | (5) Weibl. Erwerbsquote (proportion of working women) |
| | (6) Einfamilieneigenheimanteil (percentage of single-family dwellings) |
| Ethnischer Status (segregation) | (7) Konzentration von Minoritäten (proportion of persons in highly isolated population groups) |

Aus der Kombination dieser Variablen wurden 18 Kategorien gebildet, in die die Zählbezirke eingruppiert wurden.

Zuerst haben ANDERSON / EGELAND (1961), etwas später MURDIE in seiner Toronto-Studie (1969) herausgestellt, daß sich die drei Statusgruppen in der Realität nicht decken, sondern der ökonomische Status der Stadtbevölkerung ein mehr sektorales, neuerdings sich zum Konzentrischen hin entwickelndes, der demographische ein mehr konzentrisches und der ethnische eher ein Mehrkernemuster aufweist. SHAW (1977, S. 335) hat in diese Theorie noch den Faktor Zeit eingeführt und einschließlich einer tabellarischen Übersicht herausgestellt, daß die mittelalterliche Stadt nur eine einzige umfassende Statusdimension ihrer Bevölkerung aufwies; erst in der Übergangsphase der Industrialisierung wurden ökonomischer Status und Familienstatus zwei Dimensionen, in der modernen industriellen Stadt schließlich wurde der ethnische Status als dritte Dimension eigenständig wirksam. In bewußter Gegenüberstellung zu den amerikanischen Arbeiten hat ROBSON die ethnische Dimension durch einen anderen Faktor, nämlich den des Wohnungs- bzw. Hausbesitzes u. -eigentums ersetzt, da ihm dieses trotz der Einwanderergruppen in Englands Städten und der Gastarbeitergruppen in den großen Städten Kontinentaleuropas geeigneter erscheint (ROBSON 1975). Im Überblick ist die weitere Entwicklung der Sozialraumanalyse von HUGHES (1974) beschrieben worden. Für weitere Auseinandersetzungen mit den "social areas" sollten insbesondere konsultiert werden ATTESLANDER / HAMM (1974), BERRY / HORTON (1970; darin Kapitel 10), BROWN / HORTON (1970), GREER / WOOTTEN (1972), HAMM (1976), HERBERT / JOHNSTON (1976), JOHNSTON (1971 b), KENDIG (1976), KESTELOOT (1976), ROBSON (1975), SPIEGEL (1974), STEIN (1960), SUSSMAN (1959). HERBERT / JOHNSTON haben gewissermaßen als Ergänzung zu ihrem zweibändigen Werk ›Social areas in cities‹ (1976), von dem im Zusammenhang mit der Stadtstruktur der Band 1 in erster Linie relevant ist, eine neue, offensichtlich als Fortsetzungswerk gedachte Publikation ›Geography and the urban environment. Progress in research and applications‹ (1978) konzipiert.

Für eine Auseinandersetzung vor allem mit den aus der Soziologie stammenden und bisher genannten Modellvorstellungen sei noch auf die Arbeiten von BAILEY (1975), BERRY (1965), BUSSIERE (1972), BUTLER (1976), ECHENIQUE et al. (1974), EVERSON (1976), HEINEMEYER (1971), JAMELLE / MILLWARD (1976), JOHNSTON (1973), KARMON in KÜPPER / SCHAMP (1975), MAYER (1969), NEWLING (1966), OTTENSMANN (1975), der für seine Behandlung der amerikanischen Städte verschiedene Modelle testet, RACINE (1971), RATCLIFF (1955), ROMANOS (1976), ROSSI (1973), STEGMAN (1969), ZEITOUN (1971) hingewiesen.

Die *Transportkosten-Bodenmarkt- und Flächennutzungsmodelle* gehen auf HAIG (1927) zurück, der Boden- bzw. Mietpreise und Transportkosten als komplementäre Größen auffaßt bzw. erstere als Ersparnis aus der Gesamterreichbarkeit eines Punktes. Hieraus resultiert, daß knappe zentrale Lagen von Aktivitäten/ Nutzungen belegt werden, die von dieser Lage am meisten profitieren. Jedoch bezog er seine Berechnungen auf Punkte ohne Berücksichtigung von Grundstücksgrößen. Diese führte ALONSO für die Konstruktion seiner Preisangebotskurven ein (1964 a, b). Auf ihn und WINGO Jr. (1961) gehen viele der späteren ökonomischen Modelle zurück, die z. T. die unrealistischen Annahmen ALONSOs korrigieren, daß die Dienstleistungen in einem Zentrum konzentriert seien, die Substitution von Preisen und Transportkosten so generell gelte, daß theoretisch ab einer gewissen Entfernung vom Stadtmittelpunkt negative Preise herauskämen, daß außer der bloßen Distanz nicht der eigentliche Lagewert, der z. B. auch in dem immer wichtiger werdenden Freizeitwert einer Wohnlage zu erblicken ist, berücksichtigt wurde (REES 1970 führte den Begriff der "amenity rent" ein!), daß sich im Laufe der Zeit die Relation Preis — Transportkosten durch sich verändernde Verkehrstechnologien und Mobilität ändert und daß z. B. in den sozialistischen Ländern offiziell kein Preis für den Boden existiert. An ALONSO angeknüpft haben vor allem CASETTI (1971), KAIN (1975), MOORE (1973), MUTH (1968). Verwandt mit diesen sind jene Modelle, in denen die Gegenüberstellung von Arbeitsplatzentfernung und Fahrtkosten eine Rolle spielt (s. M. M. FISCHER 1976, MARTIN / MARCH 1975). Sie basieren im wesentlichen auf einem Modell von I. S. LOWRY aus den 60er Jahren, der von der räumlichen Verteilung der im "basic"-Bereich Beschäftigten ausgeht und die räumliche Verteilung der Wohnstätten der zum "basic"- und zum "nonbasic"-Bereich zugeordneten Bevölkerung und Arbeitsstätten im "nonbasic"-Bereich erklärt. Einen Überblick über diese verschiedenen ökonomischen Modelle bietet der Sammelband von FRANKLIN (1974).

Sehr umstritten ist, inwieweit *Bevölkerungsdichtemodelle* zum Verständnis der Stadtstruktur beizutragen vermögen. Die Bevölkerungsdichte in ihrer Verteilung über das Stadtgebiet ist immer wieder aufgegriffen worden, seit CLARK (1951) sie als negativ exponentielle Funktion der Distanz zum Stadtzentrum beschrieb. Die Autoren, die sich damit beschäftigten und oft zugleich auch andere Dinge wie die gerade betrachteten Bodenpreis-Transportkosten-Verhältnisse in ihre Untersuchungen mit einbezogen, konnten an ALONSO anknüpfen und die Konformität von Preisgradient und Dichtegradient als zwei Aspekte des oben erwähnten Kern-Rand-Gefälles herausstellen (u. a. BERRY et al. 1963, CASETTI 1971, MEDVEDKOV 1971, MILL 1972, NEWLING 1969, PAPAGEORGIOU 1971). Hieraus ließe sich auf eine weitgehend zonale Stadtstruktur schließen mit dem Vorbehalt, daß bei einem gleichsinnigen Kurvenverlauf keine deutlichen Sprünge und sinnvollen Schwellenwerte für die Abgrenzung der Zonen gegeneinander aus den Dichtemodellen ableitbar sind.

Die *Interaktionsmodelle* gehen vom Flächenbedarf der einzelnen Nutzungsarten aus, verknüpfen diese Grundidee im allgemeinen aber auch mit den auf der Erreichbarkeit und den Bodenpreisen basierenden Lageverhältnissen; sie sind daher in USA im Zusammenhang mit den "Transportation Studies" für die Metropolitan Areas der 60er Jahre entstanden (u. a. CHAPIN 1974, CHAPIN / HIGHTOWER 1965, KING in SWEET 1972, STEGMAN 1969, WEBBER 1964, WILSON 1972). Kritisch hat vor allem STEGMAN die Frage behandelt, wie groß letztlich die Abhängigkeit der Anordnung von Nutzungsarten von den Interaktionen ist, da doch andere Faktoren wie der Immobilienmarkt oder die Lage sozialschichtenspezifischer Viertel größere Bedeutung als die Distanz zu Arbeitsplatz, Einkaufsstätten und Erholungseinrichtungen hätten.

Die *zentralörtliche Netztheorie*, die allerdings nur eine von mehreren Siedlungsnetztheorien ist, wurde, wie in Kap. I, 4 näher ausgeführt, hauptsächlich von CAROL (1960) und nach ihm von vielen anderen Autoren auf die hierarchische Anordnung der Versorgungszentren angewendet. BERRY hat nach anfänglichem Optimismus (1963) den doch beträchtlichen Unterschied von Makro- und Mikroansatz unterstrichen, indem er die große Bedeutung der spezialisierten Zentren herausgestellt hat, die neben der Hierarchie der Stadtteil-, Viertels- und Nachbarschaftszentren (in BORCHERDTs Terminologie) existieren und die Anwendung der zentralörtlichen Theorie auf das Stadtgebiet beeinträchtigen. Die Weiterentwicklung der zentralörtlichen Theorie hat natürlich auch die Untersuchungen der innerstädtischen Zentren beeinflußt. Nachdem schon mehrere Autoren den ursprünglichen Zentralitätsbegriff CHRISTALLERS als Bedeutungsüberschuß inhaltlich anders gefaßt hatten, definierte ihn SEDLACEK als die Eigenschaft eines Standorts, Interaktionsziel zu sein (1973), und verlieh damit einem allgemeinen Trend Ausdruck, den zentralen Ort weniger von seiner Ausstattung als vielmehr von seiner *Inanspruchnahme*, d. h. von den tatsächlichen Versorgungsbeziehungen her zu erfassen.

Entsprechend der relativ frühen Tendenz zu Quantifizierung und Modellbildung in USA sind die meisten der hier aufgeführten Arbeiten in englischer Sprache abgefaßt. Dem deutschen Leser kommen die Herausgeber zweier Sammelwerke entgegen, die beide zum raschen Überblick sehr empfehlenswert sind, die von BARNBROCK herausgegebenen ›Materialien zur Ökonomie der Stadtplanung‹ (1975) und das von FÜRST mit einer längeren Einleitung versehene Buch ›Stadtökonomie‹ (1977), das u. a. die deutschen Fassungen wichtiger Aufsätze von ALONSO, MILLS, RICHARDSON und THOMPSON enthält.

## 6. Literatur zu Teil I

ABELE, G.: Methoden zur Abgrenzung von Stadtstrukturen. In: Karlsr. Stud. z. Regionalwiss. 2, 1969, S. 37—77.

ABELE, G. / WOLF, K.: Methoden zur Abgrenzung und inneren Differenzierung verschiedenrangiger Geschäftszentren. Ber. z. deutschen Landeskde. 40, 1968, S. 238—252.

ABELE, G. / LEIDLMAIR, A.: Karlsruhe. Studien zur innerstädtischen Gliederung und Viertelsbildung. Karlsr. Geogr. Hefte 3. Karlsruhe 1972.

ABRAHAMSON, M.: Urban sociology. Prentice Hall Series in sociology. Englewood Cliffs 1976.

ADAMS, J. S. (Hrsg.): Urban policymaking and metropolitan dynamics. A comparative geographical analysis. Comparative Metropolitan Analysis Project, Vol. 2. Cambridge 1976.

ALAO, N.: An approach to intraurban location theory. Econ. Geogr. 1974, S. 59—69.

ALONSO, W.: A theory of the urban land market. Pap. and Proceed. Reg. Sci. Assoc. 6, 1960, S. 149—158.

Alonso, W.: Location and land use. Cambridge 1964 a.

Alonso, W.: The historical and the structural theories of urban form: their implications for urban renewal. Land Economics 1964 b, S. 227—231.

Anderson, N. (Hrsg.): Urbanism and urbanization. Leiden 1964.

Anderson, T. R.: Social and economic factors affecting the location of residential neighbourhoods. Pap. and Proceed. Reg. Sci. Assoc. 9, 1962, S. 161—170.

Anderson, T. R. / Egeland, J. A.: Spatial aspects of social area analysis. Amer. Sociol. Review 1961, S. 392—398.

Andritzky, M. / Becker, P. / Selle, G. (Hrsg.): Labyrinth Stadt. Planung und Chaos im Städtebau, ein Handbuch für Bewohner. Köln 1975.

Apel, D.: Stadträumliche Verflechtungskonzepte. Zur Stadtstrukturplanung, insbesondere zur Standortbestimmung von Versorgungseinrichtungen und Arbeitsstätten. Berlin 1977.

Atteslander, P.: Der Begriff Nachbarschaft in der neueren Gemeindesoziologie. Schweizer. Z. f. Volkswirtschaft u. Statistik 4, 1960.

Atteslander, P. / Hamm, B. (Hrsg.): Materialien zur Siedlungssoziologie. Köln 1974.

Aust, B.: Stadtgeographie ausgewählter Sekundärzentren in Berlin (West). Abh. d. 1. Geogr. Inst. d. Freien Universität Berlin 16. Berlin 1970.

Baechthold, R.: Kritische Auseinandersetzung mit der Nachbarschaftsidee als Planungsgrundlage. Bern 1970.

Bailly, S.: L'organisation urbaine. Théories et modèles. Paris 1975.

Balchin, P. N. / Kieve, J. L.: Urban land economics. London 1977.

Baldermann, J. / Hecking, G. / Knauss, E.: Wanderungsmotive und Stadtstruktur. Schriftenreihe 6 d. Städtebaul. Inst. d. Univ. Stuttgart. Stuttgart 1976.

Bale, J. R.: Toward a geography of the industrial estate. The Profess. Geogr. 1974, S. 291—297.

Bale, J. R.: The location of manufacturing industry. An introductory approach. Edinburgh 1977.

Bardet, G.: Social topography: an analytico-synthetic understanding of the urban texture. Town Plan. Rev. 1951.

Barnbrock, J. (Hrsg.): Materialien zur Ökonomie der Stadtplanung. Braunschweig 1975.

BARTH, F. (Hrsg.): Ethnic groups and boundaries: the social organization of culture difference. Boston 1969.

BASTIÉ, J.: L'évolution récente des localisations industrielles dans une grande agglomération: l'example de Paris. In: Publications françaises spéciales. Grenoble 1972, S. 59—66.

BEAUJEU-GARNIER, J. / CHABOT, G.: Urban geography. London 1967.

BEAVON, K. S. O.: Central place theory. A reinterpretation. London 1977.

BELL, D.: Die nachindustrielle Gesellschaft. Frankfurt 1976.

BELL, W. / GREERS, S.: Social area analysis and its critics. Pac. Sociol. Rev. 5, 1962, S. 3—9.

BERRY, B. J. L.: Commercial structure and commercial blight. Univ. of Chicago Dept. of Geogr. Res. Pap. 85. Chicago 1963.

BERRY, B. J. L. / SIMMONS, J. W. / TENNANT, R. J.: Urban population densities: structure and change. Geogr. Rev. 1963, S. 389—405.

BERRY, B. J. L.: Internal structure of the city. Law and Contemporary Problems 30, 1965, S. 111—119.

BERRY, B. J. L.: Geography of market centers and retail distribution. Englewood Cliffs 1967.

BERRY, B. J. L.: The human consequences of urbanization. London/Basingstoke 1973.

BERRY, B. J. L. (Hrsg.): Urbanization and counterurbanization. Urban Affairs Annual Reviews, Vol. II. Beverly Hills 1976.

BERRY, B. J. L. / HORTON, F. E.: Geographic perspectives and urban systems. Englewood Cliffs 1970.

BERRY, B. J. L. / KASARDA, J. D.: Contemporary urban ecology. New York 1977.

BESHERS, J. M. / LAUMANN, E. O. / BRADSHAW, B. S.: Ethnic congregation, segregation, assimilation and stratification. Social Forces 1964, S. 482—489.

BIRKENFELD, H.: Regionale Mobilitätsprozesse und ihre Auswirkungen auf das städtische Raumgefüge, dargestellt am Beispiel von Bühl und Achern. Freib. Geogr. Mitt. 1975, H. 1, S. 77—103.

BOAL, F. W.: Ethnic residential segregation. London 1979.

BOBEK, H.: Innsbruck, eine Gebirgsstadt. Ihr Lebensraum und ihre Erscheinung. Forsch. z. deutschen Landes- u. Volkskd. 25. Stuttgart 1928.

BÖKEMANN, D.: Das innerstädtische Zentralitätsgefüge, dargestellt am

Beispiel der Stadt Karlsruhe. Karlsr. Stud. z. Regionalwiss. 1. Karlsruhe 1967.

BORCHERDT, C. / GROTZ, R. / KAISER, K. / KULINAT, K.: Verdichtung als Prozeß. Dargestellt am Beispiel des Raumes Stuttgart. Raumforsch. u. Raumordn. 1971, S. 201—207.

BORCHERDT, C.: Innerstädtische Geschäftszentren in Stuttgart. In: Beiträge zur Landeskd. Südwestdeutschlands. Stuttgarter Geogr. Stud., Bd. 90, 1976, S. 1—38.

BOURNE, L. S. (Hrsg.): Internal structure of the city. Readings on space and environment. New York 1971.

BOURNE, L. S.: Urban structure and land use decisions. Annals Assoc. Amer. Geogr. 1976, S. 531—547.

BOURNE, L. S. / MURDIE, R. A.: Interrelationships of social and physical space in the city. Canad. Geogr. 1972, S. 211—229.

BOURS, A. / LAMBOOY, J. G.: Stad en stadsgewest in de ruimtelijke orde. Assen 1971.

BOUSTEDT, O.: Grundriß der empirischen Regionalforschung. 3. Siedlungsstrukturen. Taschenbücher, Bd. 6. Hannover 1975.

BÖVENTER, E. v.: Die Raumstruktur von Stadtgebieten: Zur Theorie der Subzentren. In: Gesellschaft für Regionalforschung (Hrsg.): Seminarbericht. Heidelberg 1975, S. 19—33.

BRAUN, G.: Modelle zur Analyse der sozialen Segregation. Tagber. u. wiss. Abh. Dt. Geogrtg. Innsbruck 1975. Wiesbaden 1976, S. 474—488.

BREDE, H. / DIETRICH, B. / KOHAUPT, B.: Politische Ökonomie des Bodens und der Wohnungsfrage. Frankfurt 1976.

BRÖSSE, U.: Industrielle Zulieferbeziehungen als Standortfaktor. Hannover 1971.

BROWN, L. A. / HORTON, F. E.: Social area change: an empirical analysis. Urban Studies 1970, S. 271—288.

BROWN, L. A. / MOORE, E. G.: The intra-urban migration process: a perspective. Geogr. Annaler 52 B, 1970, S. 1—13.

BRUECKNER, J.: The determinants of residential succession. Journ. of Urban Economics 1977, S. 45—59.

BURGESS, E. W.: The growth of the city. In: PARK, R. E. / McKENZIE, R. D. / BURGESS, E. W. (Hrsg.): The city. Chicago 1925.

BURNS, L. S. / HARMANN, A. J.: Die räumliche Organisation der Großstadt. Kl. Schriften d. Dt. Verb. f. Wohnungsw., Städtebau u. Raumpl. 49. Bonn 1971.

Burns, W.: British shopping centres. London 1959.

Busse, C.-H.: Strukturwandel in den citynahen Hamburger Wohngebieten Rotherbaum und Harvestehude. Ber. z. dt. Landeskde. 46, 1972, S. 171—198.

Bussiere, R.: Modèle urbain de localisation résidentielle. Paris 1972.

Butler, E. W.: Urban sociology. A systematic approach. New York 1976.

Cambridge, P.: The role of urban sub-areas in geography and planning. South Hampshire Geographer 8, 1976, S. 17—22.

Cameron, G. C. / Johnson, K. H.: Comprehensive urban renewal and industrial relocation. In: Cullingworth, J. B. / Orr, S. C. (Hrsg.): Regional and urban studies. London 1969.

Canter, D. / Thorne, R.: Attitudes to housing: a cross-cultural comparison. Environment and Behavior 4, 1972, S. 21—36.

Carol, H.: Sozialräumliche Gliederung und planerische Gestaltung des Großstadtbereiches. Raumforsch. u. Raumordn. 1956, S. 80—92.

Carol, H.: The hierarchy of central functions within the city. Annals Assoc. Amer. Geogr. 1960, S. 419—438.

Carter, H.: The study of urban geography. London 1972.

Casetti, E.: Equilibrium land values and population densities in an urban setting. Econ Geogr. 1971, S. 16—20.

Castells, M.: La question urbaine. Paris 1972.

Chapin, F. S.: Human activity patterns in the city. New York 1974.

Chapin, F. S. / Hightower, H.: Household activity patterns and land use Journ. Amer. Inst. Planners 8, 1965, S. 223 ff.

Clark, B. D. / Gleave, M. B.: Social patterns in cities. Inst. Brit. Geogr. Spec. Publ. 5. London 1973.

Clark, C.: Urban population densities. Journ. Royal Statist. Soc. 64, Ser. A, 1951, S. 490—496.

Clark, P. (Hrsg.): The early modern town: a reader. New York 1976.

Claval, P.: La théorie des villes. Revue Géogr. de l'Est VIII, 1968, S. 3—56.

Cohen, A. (Hrsg.): Urban ethnicity. London 1974.

Colenutt, R. J.: Building models of urban growth and spatial structure. Progress in Geogr. 2, 1970, S. 109—152.

Conzen, M. R. G.: Alnwick, Northumberland: A study in town-plan analysis. Inst. Brit. Geogr. Publ. 27. London 1960.

Conzen, M. P.: Analytical approaches to the urban landscape. In:

Dimensions of Human Geography. Univ. of Chicago Dept. of Geogr. Res. Pap. 186, 1978, S. 128—165.

COORNAERT, M.: Ville et quartier. Cahiers Internationaux de Sociologie 40, 1966.

COWMAN, P. (Hrsg.): Developing patterns of urbanization. Edinburgh 1970.

CURDES, G.: Haupt- und Nebenzentren als Konzentrationen des Handels und Grundelemente der Stadtstruktur. In: Raum und Siedlung, H. 6. Köln 1968.

DAHIR, J.: The neighborhood unit plan, its spread and acceptance. New York 1947.

DARDEN, J. T. (Hrsg.): The ghetto. Council of Planning Librarians Exchange Bibliography 1310. Monticello 1977.

DAVIES, R. L.: Structural models of retail distribution. Transact. Inst. Brit. Geogr. 1972, S. 59—82.

DAVIES, R. L.: Marketing Geography. With special reference to retailing. Cambridge 1976.

DAWSON, A. H.: Warsaw: an example of city structure in free-market and planned socialist environments. TESG 1971, S. 104—113.

DRIEDGER, L. / CHURCH, G.: Residential segregation and institutional completeness: a comparison of ethnic minorities. Canad. Rev. Sociol. and Anthropol. 11, 1974, S. 30—52.

DUCKERT, W.: Städtische Nutzflächen und ihre Benutzer in der Stadtstruktur. Diss. FU Berlin 1965.

DUNCAN, B. / DUNCAN, O. D.: The measurement of intra-city locational and residential patterns. Journ. Reg. Sci. 2, 1960, S. 37—54.

DUNCAN, O. D. / LIEBERSON, S.: Ethnic segregation and assimilation. Amer. Journ. Sociol. 64, 1959, S. 364—374.

DURKHEIM, E.: The division of labor in society (De la division du travail social). London 1964.

EAMES, E.: Anthropology of the city: an introduction to urban anthropology. Prentice-Hall Series in Anthropology. Englewood Cliffs 1977.

ECHENIQUE, M. / FEO, A. / HERRERA, R. / RIQUEZAS, J.: A disaggregated model of urban spatial structure: theoretical framework. Environment and Planning 6, 1974, S. 33—64.

EGLI, E.: Geschichte des Städtebaus. 3 Bde. Zürich 1967.

EISENSTADT, M. G. / KALTEFLEITER, W. (Hrsg.): Minoritäten in Ballungsräumen. Ein deutsch-amerikanischer Vergleich (Minorities in

the metropolis. A German American comparison). Sozialwiss. Stud. 6. Bonn 1975.
ELIAS JR., C. E. / GILLIES, J. / RIEMER, S. (Hrsg.): Metropolis: values in conflict. Belmont 1964.
ENEQUIST, G.: Vad är en tätort? Medd. Uppsala Univ. Geogr. Inst. Ser. A no 76. Uppsala 1951.
EVERSON, J. / FITZGERALD, B. P.: Inside the city. Concepts in geography 3. London 1976.
EYLES, J.: Social geography and the study of the capitalist city: a review. TESG 1978, S. 296—305.
FALUDI, A.: Zur amerikanischen Vorgeschichte der Nachbarschaftsidee. Raumforsch. u. Raumordn. 1969, S. 110—122.
FAVA, S. F. (Hrsg.): Urbanism in world perspective. New York 1968.
FINE, J. / GLENN, N. D. / MONTS, J. K.: The residential segregation of occupational groups in central cities and suburbs. Demography 8, 1971, S. 91—102.
FISCHER, M. M.: Eine theoretische und methodische Analyse mathematischer Stadtentwicklungsmodelle vom Lowry-Typ. Ein methodischer Beitrag zur Regionalforschung. Rhein-Mainische Forschungen, H. 83. Frankfurt 1976.
FOERTSCH, H. J.: Industriestandorttheorie als Verhaltenstheorie. Diss. Köln 1973.
FOX, R. G.: Urban anthropology: cities in their cultural settings. Prentice-Hall Series in Anthropology. Englewood Cliffs 1977.
FRANKLIN, J. J.: Models of employment and residence location. Center for Urban Policy Research. Rutgers Univ. New Brunswick 1974.
FREDLAND, D. R.: Residential mobility and home purchase. A longitudinal perspective on the family life cycle and the housing market Lexington 1974.
FREIZEIT in unseren Wohnquartieren. Schriftenreihe d. Bundesmin. f. Raumordn., Bauwesen u. Städtebau 03.049. Bonn 1977.
FRIEDRICH, K.: Funktionseignung und räumliche Bewertung neuer Wohnquartiere. Darmst. Geogr. Stud. 1. Darmstadt 1978.
FRIEDRICHS, J.: Stadtanalyse. Soziale und räumliche Organisation der Gesellschaft. Reinbek 1977.
FRIEDRICHS, J. (Hrsg.): Stadtentwicklungen in kapitalistischen und sozialistischen Ländern. Hamburg 1978.

FRITZSCHE, B.: Grundstückspreise als Determinanten städtischer Strukturen: Bern im 19. Jahrhundert. Z. f. Stadtgeschichte, Stadtsoz. u. Denkmalpflege 1/1977, S. 36—54.

FUCHS, R. J.: Intraurban variations of residential quality. Econ. Geogr. 1960, S. 313—325.

FÜRST, D.: Die Standortwahl industrieller Unternehmen. Ein Überblick über empirische Untersuchungen. In: Jahrb. f. Sozialwiss. 22, 1971, S. 189—200.

FÜRST, D. (Hrsg.): Stadtökonomie. Wirtschaftswissenschaftliches Seminar, Bd. 6. Stuttgart 1977.

GANSER, K.: Sozialgeographische Gliederung der Stadt München aufgrund der Verhaltensweisen der Bevölkerung bei politischen Wahlen. Münch. Geogr. Hefte 28. Kallmünz/Regensburg 1966.

GARNER, B. J.: The internal structure of retail nucleations. Evanston 1966.

GARNER, B. J.: Models of urban geography and settlement location. In: CHORLEY, R. J. / HAGGETT, P. (Hrsg.): Models in Geography. London 1967, S. 338—343.

DE GEER, S.: Greater Stockholm. Geogr. Rev. 1923, S. 487—500.

GEIPEL, R.: Heimatkunde in der Großstadt. Geogr. Rundschau 1957, S. 102—109.

GEORGE, P.: L'évolution des éléments moteurs du développement urbain et ses conséquences sur l'utilisation de l'espace urbain. In: Commission de géogr. du comité national de géogr.: publications françaises spéciales. Grenoble 1972, S. 3—15.

GIESE, E.: Der Einfluß der Bauleitplanung auf die wirtschaftliche Nutzung des Bodens sowie den Boden- und Baumarkt in Großstädten der Bundesrepublik, dargestellt am Beispiel der Frankfurter Innenstadtplanung. Geogr. Z. 1977, S. 109—123.

GINKEL, J. A. VAN /VERKOREN, O. / MIK, G. / DE RIJK, G. / VELDMAN, J.: Zicht op de stad. Sociaalgeografische beschouwingen over steden en stedengroei. Bussum 1977.

GISSER, R.: Ökologische Segregation der Berufsschichten in Großstädten. In: ROSENMAYER, L. (Hrsg.): Soziologische Forschung in Österreich. Wien 1969.

GITTUS, E.: The structure of urban areas. Town Plan. Rev. 35, 1964, S. 5—20.

Die politische und administrative GLIEDERUNG der großen Stadt. Verein f. Kommunalwissenschaften. Berlin 1965.

GÖDERITZ, J. / RAINER, R. / HOFFMANN, H.: Die gegliederte und aufgelockerte Stadt. Tübingen 1957.

GOLD, J. R.: Neighbourhood, territory and identity in the city. Discussion Paper in Geogr., Oxford Polytechnic 1, 1976, S. 1—17.

GREENBERG, M. R. (Hrsg.): Readings in urban economics and spatial patterns. New Brunswick 1974.

GREER, S. / MCELRATH, D. / MINAR, D. / ORLEANS, P.: The new urbanization. New York 1968.

GREER-WOOTTEN, B.: Changing social areas and the intra-urban migration process. Rev. de Géogr. de Montréal 1972, S. 271—292.

GRIFFIN, D. W. / PRESTON, R. E.: A restatement of the "transition zone" concept. Ann. Assoc. Amer. Geogr. 1966, S. 339—350.

GROVES, P. A.: Towards a typology of intrametropolitan manufacturing location. Univ. of Hull Occas. Pap. in Geogr. 16, 1971.

GÜSSEFELDT, J.: Die räumliche Ordnung sozioökonomischer Strukturen in der Stadt Freiburg. Freib. Geogr. Mitt. 1/2, 1976, S. 37—78.

GUEST, A. M.: Urban history, population densities, and higher status residential location. Econ. Geogr. 1972, S. 375—387.

GUEST, A. M.: Neighborhood life cycles and social status. Econ. Geogr. 1974, S. 228—243.

GUTTENBERG, A. Z.: Urban structure and urban growth. Journ. Amer. Inst. Planners 26, 1960, S. 104—110.

GUTTENBERG, A. Z.: City encounter and "desert" encounter: Two sources of American regional planning. Journ. Amer. Inst. Planners 1978, S. 399—411.

HAGGERTY, L. J.: Another look at the Burgess hypothesis: time as an important variable. Amer. Journ. Sociol. 1971, S. 1084—1093.

HAHN, F. G.: Die Städte der norddeutschen Tiefebene in ihrer Beziehung zur Bodengestaltung. Forsch. z. dt. Landes- u. Volkskde. 1. Stuttgart 1885.

HAIG, R. M.: Major economic factors in metropolitan growth and arrangement. New York 1927.

HAMER, A. M.: Industrial exodus from central city. Public policy and the comparative costs of location. Lexington 1973.

HAMILTON, F. E. J.: Models of industrial location. In: CHORLEY, R. J. / HAGGETT, P. (Hrsg.): Models in Geography. London 1967.

HAMM, B.: Betrifft: Nachbarschaft. Verständigung über Inhalt u. Gebrauch eines vieldeutigen Begriffs. Bauwelt Fundamente 40. Düsseldorf 1973.

Hamm, B.: Sozialökologie und Raumplanung. In: Atteslander, P. (Hrsg.): Soziologie und Raumplanung. Berlin/New York 1976, S. 94—117.

Hamm, B.: Die Organisation der städtischen Umwelt. Ein Beitrag zur sozialökologischen Theorie der Stadt. Reihe Soziologie in der Schweiz. 6. Frauenfeld/Stuttgart 1977.

Harloe, M. (Hrsg.): Captive cities. Studies in the political economy of cities and regions. London 1977.

Harris, C. D. / Ullman, E. L.: The nature of cities. Ann. Amer. Acad. Polit. and Soc. Sc. 242, Nov. 1945, S. 7—17.

Hartshorn, T. A.: Inner city residential structure and decline. Ann. Assoc. Amer. Geogr. 1971, S. 72—96.

Harvey, D.: Society, the city, and the space-economy of urbanism. Comm. College Geogr. Res. Pap. 18. Washington, D. C. 1972.

Harvey, D.: Social justice and the city. London 1973.

Hatt, P. K:. The concept of natural area. Amer. Sociol. Rev. 1946., S. 423—427.

Haubner, K.: Methoden der Raumgliederung, insbesondere im Bereich von Stadt und Umland. In: Stadtregionen in der Bundesrepublik Deutschland. Forsch. u. Sitzber. Akad. Raumforsch. u. Landespl., Bd. 14. Bremen 1960, S. 113—145.

Haubrich, H.: Zur Parallelität von Siedlungs- und Sozialstruktur. Politik und Soziologie 1971, H. 1.

Hauser, P. M. / Schnore, L. F.: The study of urbanization. New York 1965.

Hawley, A. H.: Urban society: an ecological approach. New York 1971.

Hawley, A. H.: Theorie und Forschung in der Sozialökologie. In: König, R. (Hrsg.): Handbuch der empirischen Sozialforschung. Taschenbuchausgabe dtv, Bd. 4, 1974, S. 51—81.

Hawley, A. H. / Duncan, O. D.: Social area analysis. A critical appraisal. Land Economics 1957, S. 337—345.

Hawley, A. H. / Rock, V. P. (Hrsg.): Segregation in residential areas. Washington, D. C. 1973.

Haynes, K.: Spatial change in urban structure: alternative approaches to ecological dynamics. Econ. Geogr. 1971, S. 324—335.

Heide, U. Auf der: Städtetypen und Städtevergesellschaftungen im rheinisch-westfälischen Raum. Kölner Forsch. z. Wirtsch. -u. Sozialgeogr., Bd. XXIII. Köln 1977.

HEINEMEYER, W. F.: Het sociaal-ecologisch gezichtspunt. Amsterdam 1971.

HEINZEL, G.: Die Trennung der städtischen Funktionen. Städtebaugeschichtliche Voraussetzungen und neuere Überlegungen. Dipl. Arbeit FU Berlin 1976. MS 71 S.

HEINZMANN, J.: On the development of the industrial structure of large cities. Geogr. Polonica 30, 1975, S. 85—93.

HENCKEL, D.: Stadtplanung und die Theorie der Eigentumsrechte. Raumforsch. u. Raumordn. 1977, S. 73—78.

HERBERT, D. T.: Urban geography. A social perspective. New York/Washington 1973.

HERBERT, D. T.: Urban neighbourhoods and social geographical research. In: PHILLIPS, A. D. M. / TURTON, B. J. (Hrsg.): Essays presented to S. H. Beaver. Environment, man and economic change. London/New York 1975, S. 459—478.

HERBERT, D. T. / JOHNSTON, R. J. (Hrsg.): Social areas in cities. Bd. 1.: Spatial processes and form. London 1976.

HERBERT, D. T. / JOHNSTON, R. J.: Geography and the urban environment. Progress in research and applications. Chichester 1978.

HERLYN, U. (Hrsg.): Stadt- und Sozialstruktur. Arbeiten zur sozialen Segregation, Ghettobildung u. Stadtplanung. 13 Aufsätze. München 1974.

HERLYN, U.: Soziale Sortierung in der Stadt in ihren Konsequenzen für soziale Randgruppen. Z. f. Stadtgeschichte, Stadtsoziologie und Denkmalpflege 1976, S. 81—94.

HESTER, R. T.: Neighborhood space. Stroudsburg 1975.

HEUER, H.: Sozialökonomische Bestimmungsfaktoren der Stadtentwicklung. Stuttgart 1975.

HILPERT, T.: Die funktionelle Stadt. Bauwelt Fundamente Bd. 48. Braunschweig 1978.

Historischer Atlas von Baden-Württemberg: Erläuterungen. Beiwort zur Karte IV, 7. Grundrisse mittelalterlicher Städte I u. II. Stuttgart 1977.

HOEKVELD, G. A.: Geleding en ontleding van de stadt. Kampen 1971.

HOFFMANN, H.: Boden-Eigentum oder Boden-Besitz? In: Stadt und Landschaft — Raum und Zeit. Festschrift für Erich Kühn. Köln 1969, S. 121—133.

HOFFMEYER-ZLOTNIK, J.: Gastarbeiter im Sanierungsgebiet. Das Beispiel Berlin-Kreuzberg. Beiträge zur Stadtforschung 1. Hamburg 1977.

HOFMEISTER, B.: Das Gefüge der Stadt im raum-zeitlichen Wandel. Humanismus und Technik 3/1973, S. 145—163.

HOLZNER, L.: World regions in urban geography. Ann. Assoc. Amer. Geogr. 1967, S. 704—712.

HOLZNER, L.: Die Stadt im Rahmen der Kulturkreise in der amerikanischen Literatur. Geogr. Z. 1969, 81—107.

HOLZNER, L. / DOMMISSE, E. J. / MUELLER, J. E.: Toward a theory of cultural-genetic city classification. Ann. Assoc. Amer. Geogr. 1967, S. 367—381.

HORVATH, R. J.: In search of a theory of urbanization. Notes on the colonial city. East Lakes Geographer 5, 1969, S. 69—82.

HOYT, H.: The structure and growth of residential neighborhoods in American cities. Washington, D. C. 1939.

HOYT, H.: Recent distortions of the classical model of urban structure. Land Economics 1964, S. 199—212.

HUGHES, J.: Social area analysis. In: GREENBERG, M. R. (Hrsg.): Readings in urban economics and spatial patterns. New Brunswick 1974, S. 31—55.

HURD, R. M.: City land values. New York 1903, Neuauflage 1924.

JAHKE, R.: Funktionsbestimmte Stadtplanung. Kirchheim-Teck 1965.

JAMELLE, D. G. / MILLWARD, H. A.: Locational conflict patterns and urban ecological structure. TESG 1976, S. 102—113.

JOHNSTON, R. J.: The distribution of an intra-metropolitan central place hierarchy. Austral. Geogr. Studies 4, 1966, S. 19—33.

JOHNSTON, R. J.: Urban residential patterns. An introductory review. New York 1971 a.

JOHNSTON, R. J.: Some limitations of factorial ecologies and social area analysis. Econ. Geogr. 1971 b, S. 314—323.

JOHNSTON, R. J.: Towards a general model of intra-urban residential patterns. Progress in Geography, Vol. 4, 1972, S. 83—124.

JOHNSTON, R. J.: Spatial structures. Introducing the study of spatial systems in human geography. London 1973.

JOHNSTON, R. J.: Urban geography: city structures. In: Progress in Human Geography 1/1977 a, S. 118—129.

JOHNSTON, R. J.: Concerning the geography of land values in cities. South Afr. Geogr. 1977 b, S. 368—379.

JONES, F. L.: Dimensions of urban social structure. Canberra 1969.

JONES, R.: Segregation in urban residential districts: examples and research problems. In: Lund Studies in Geogr. Ser. B. 24. Lund 1962, S. 433—464.

JONES, R.: Essays on world urbanization. London 1975.

KADE, G. / VORLAUFER, K.: Grundstücksmobilität und Bauaktivität im Prozeß des Strukturwandels citynaher Wohngebiete. Frankf. Wirtschafts- u. Sozialg. Schr., H. 16. Frankfurt 1974.

KAIN, J. F.: Essays on urban spatial structure, Cambridge 1975.

KANT, E.: Zur Frage der inneren Gliederung der Stadt, insbesondere der Abgrenzung des Stadtkerns mit Hilfe der bevölkerungskartographischen Methoden. In: Lund Studies in Geogr. Ser. B. 24. Lund 1962, S. 321—381.

KAPPE, D. / KNAPPSTEIN, T. / SCHULTE-ALTEDORNEBURG, M.: Grundformen der Gemeinde. Großstadt und Dorf. Opladen, 2. Aufl. 1975.

KEEBLE, D. E.: Local industrial linkage and manufacturing growth in outer London. Town Plann. Rev. 1969.

KEHNEN, P.: Stadtwachstum aus der Sicht der ökologischen Theorie. Z.f.Stadtgeschichte, Stadtsoziologie u.Denkmalpflege 1975, S.80—92.

KELLER, S.: The urban neighborhood: a sociological perspective. New York 1969.

KEMENY, J.: Urban home-ownership in Sweden. Urban Studies 1978, S. 313—320.

KEMPER, P.: The location decision of manufacturing firms within the New York metropolitan area. Diss. Yale Univ. 1973.

KENDIG, H.: Cluster analysis to classify residential areas: a Los Angeles application. Journ. Amer. Inst. Planners 1976, S. 286—294.

KESTELOOT, C.: Een methode voor de studie van residentiële stadsdifferentiatie: de "social area analysis". Bull. Société Belge d'Études Géogr. 1976, S. 43—64.

KING, D. A.: Colonial und urban development. Culture, social power and environment. London 1976.

KLAGES, H.: Der Nachbarschaftsgedanke und die nachbarliche Wirklichkeit in der Großstadt. Stuttgart/Berlin/Köln/Mainz 1968.

KLINGBEIL, D.: Stadtstruktur und Bodenordnung. Politische Bildung 3/1974, S. 34—49.

KLÖPPER, R.: Der Stadtkern als Stadtteil. Ein methodologischer Versuch zur Abgrenzung und Stufung von Stadtteilen am Beispiel von Mainz. In: Lund Studies in Geogr. Ser. B. 24. Lund 1962, S. 535—553.

Knübel, H.: Modelle als Unterrichtshilfe für die Stadtgeographie auf allen Stufen. In: Knübel, H. (Hrsg.): Stadt und Umland im Geographieunterricht. Beiheft Geogr. Rundschau 1/1978, S. 40—48.

Kolb, A.: Die Geographie und die Kulturerdteile. In: H. v. Wissmann-Festschrift, Tübingen 1962, S. 42—49.

König, R.: Die soziale Struktur der Stadt. In: König, R.: Soziologische Orientierungen. Köln/Berlin 1965, S. 446—458.

Korcelli, P.: Theory of intra-urban structure: review and synthesis. Geogr. Polonica 31, 1975, S. 99—131.

Kreibich, V.: Die funktionale Differenzierung der Verdichtungsräume als Determinante räumlicher Segregation. In: Tagber. u. wiss. Abh. d. Dt. Geogrtg. Mainz 1977. Wiesbaden 1978, S. 160—175.

Kresse, J.-M.: Die Industriestandorte in mitteleuropäischen Großstädten. Ein entwicklungsgeschichtlicher Überblick anhand der Beispiele Berlin sowie Bremen, Frankfurt, Hamburg, München, Nürnberg, Wien. Berl. Geogr. Stud. 3. Berlin 1977.

Künzler-Behnke, R.: Entstehung und Entwicklung fremdvölkischer Eigenviertel im Stadtorganismus. Frkt. Geogr. Hefte. Frankfurt 1960.

Küpper, U. I.: Wachstum und Planung innerstädtischer Zentren. Entwicklungsbeispiele aus Düsseldorf und Köln. In: Otremba, E. et al.: 25 Jahre Forschung und Lehre im Wirtschafts- und sozialgeographischen Institut der Universität zu Köln. Kölner Forsch. z. Wirtsch.- u. Sozialgeogr. 21. Wiesbaden 1975, S. 63—100.

Küpper, U. I. / Schamp, E. W. (Hrsg.): Der Wirtschaftsraum. Beiträge zu Methode und Anwendung eines geographischen Forschungsansatzes. Festschr. f. Erich Otremba zu s. 65. Geburtstag. Erdkundliches Wissen, H. 41. Wiesbaden 1975.

Lafrenz, J.: Die Stellung der Innenstadt im Flächennutzungsgefüge des Agglomerationsraumes Lübeck. Hamb. Geogr. Stud. 33. Hamburg 1977.

Langton, J.: Residential patterns in pre-industrial cities. Transact. Inst. Brit. Geogr. (June) 1975, S. 1—27.

Langton, J.: Late medieval Gloucester: some data from a rental of 1455. Transact. Inst. Brit. Geogr. 1977, S. 259—277.

Lederer, K. / Mackensen, R.: Alternativen für die Verstädterung Europas (AVE). Vorstudie zur Problemdefinition. Inst. f. Zukunftsforschung. Forschber. 34. Berlin 1975.

Lee, R.: The city: urbanism and urbanization in major world regions. Chicago 1955.

LEE, R. T.: Urban neighborhood as a socio-spatial schema. Human Relations 1968, S. 241—267.

LEE, T. R.: Race and residence. The concentration and dispersal of immigrants in London. Oxford 1977.

LEIGH, R.: Analysis of the factors affecting the location of industries within cities. Canad. Geogr. 1969, S. 28—33.

LEVER, W. F.: The intra-urban movement of manufacturing: a Markov approach. Transact. Inst. Brit. Geogr. 56, 1972, S. 21—38.

LICHTENBERGER, E.: Die Differenzierung des Geschäftslebens im zentralörtlichen System am Beispiel der österreichischen Städte. Tagber. u. wiss. Abh. Dt. Georgrtg. Bad Godesberg 1967. Wiesbaden 1969, S. 229—242.

LICHTENBERGER, E.: Die Wiener City. Bauplan und jüngste Entwicklungstendenzen. Mitt. Österr. Geogr. Ges. 1972, S. 42—85.

LICHTENBERGER, E.: Von der mittelalterlichen Bürgerstadt zur City. Sozialstatistische Querschnittanalysen am Wiener Beispiel. In: HELCZMANOVSZKI, H. (Hrsg.): Beiträge zur Bevölkerungs- und Sozialgeschichte Österreichs. Wien 1973, S. 297—331.

LITTLE, J. T.: Residential preferences, neighborhood filtering and neighborhood change. Working Paper HMS 3, Institute for Urban and Regional Studies, Washington Univ. St. Louis 1974.

LOGAN, M. J.: Locational behavior of manufacturing firms in urban areas. Ann. Assoc. Amer. Geogr. 1966, S. 451—466.

LOPEZ, R. S.: The cross-roads within the wall. In: HANDLIN, O. / BURCHARD, J. (Hrsg.): The historian and the city. Cambridge 1966, S. 27—43.

LUDMANN, H.: Planungs- und Ausführungsprobleme. Von der Wohnzelle zur Stadtstruktur. Architekt 1/1975, S. 43—51.

MAI, U.: Städtische Bodenwerte und ökonomische Raumstrukturen. Geogr. Rundschau 1975, S. 293—302.

MANHART, M.: Die Abgrenzung homogener städtischer Teilgebiete. Eine Clusteranalyse der Baublöcke Hamburgs. Beiträge zur Stadtforschung, Bd. 3. Hamburg 1977.

MARTIN, L. / MARCH, L. (Hrsg.): Urban space and structures. Cambridge urban and architectural Studies, Vol. 1. Cambridge 1975.

MASAI, Y.: The contemporary Japanese townscape. In: Japanese Cities. Tokio 1970, S. 97—108.

MASS, N. J.: (Hrsg.): Readings in urban dynamics, Vol. 1. Cambridge 1974.

MATHIS, F.: Zur Bevölkerungsstruktur österreichischer Städte im 17. Jahrhundert. Sozial- u. Wirtschaftshistorische Studien, Bd. 11. München 1977.

MATHIS, F.: Quantitative Methoden zur Erforschung von Sozialstrukturen vorindustrieller Städte. In: Bericht über den dreizehnten österreichischen Historikertag in Klagenfurt. Veröff. Verb. Österr. Geschichtsvereine 21. Wien 1977, S. 107—127.

MAURMANN, K. H.: Funktionale Differenzierung und Vergleich von Geschäftszentren erläutert am Beispiel der Stadt Neheim-Hüsten. Geogr. Z. 1976, S. 212—227.

MAYER, H. M.: The spatial expression of urban growth. Assoc. Amer. Geogr. Commiss. on College Geogr., Res. Pap. 7. Washington, D. C. 1969.

MCENTIRE, D.: Residence and Race. Berkeley/Los Angeles 1960.

MCGEE, T. G.: The rural-urban debate, the pre-industrial city and rural-urban migration. Pacific Viewpoint 5/1964, S. 159—181.

MEDVEDKOV, Y.: Internal structure of a city: an ecological assessment. Pap. Reg. Sci. Assoc. 27, 1971, S. 95—118.

MEIBEYER, W.: Bevölkerungs- und Sozialgeographische Differenzierung der Stadt Braunschweig um die Mitte des 18. Jahrhunderts. In: Braunschweigisches Jahrbuch 47, 1966, S. 125—157.

MENGE, W.: Zur Problematik der standörtlichen Zersplitterung. Wiss. Z. d. Hochsch. f. Ökonomie Berlin 1965.

METTON, A.: Le quartier, étude géographique et psycho-sociologique. Le Géographe Canadien XIII, 1969, S. 299—316.

METZ, F.: Land und Leute. Stuttgart 1961.

MEYNEN, E.: Die produktionsgewerblichen Standorte Kölns und seines engeren Umlands — Entwicklung und Wandel. In: Der Wirtschaftsraum. Festschr. f. E. Otremba. Erdk. Wissen 41. Wiesbaden 1975, S. 170—189.

MIDDLETON, R. K.: Measuring intra-urban residential quality: a method for determining residential morphology. The Profess. Geogr. 1966, S. 352—357.

MILLS, E. S.: Studies in the structure of the urban economy. Baltimore 1972.

MILLS, E. S. / OATES, W. E. (Hrsg.): Fiscal zoning and land use controls. Lexington 1975.

MÖLLLER, J.: Die Entwicklung eines Hamburger Gebietes von der

Agrar- zur Großstadtlandschaft. Hamb. Geogr. Stud. 10. Hamburg 1959.

MOORE, E. G.: Residential mobility in the city. Comm. on College Geogr. Res. Pap. 13. Washington, D. C. 1972.

MOORE, E. G. (Hrsg.): Models of residential location and relocation in the city. Studies in Geogr. Nr. 20. Evanston 1973.

MORGAN, B.: The segregation of socio-economic groups in urban areas: a comparative analysis. Urban Studies 1975, S. 47—60.

MORRILL, R. L.: The spatial organization of society. Belmont 1970.

MOSES, L. / WILLIAMSON, H. F.: The location of economic activities in cities. Amer. Econ. Rev. 57, 1967, S. 211—222.

MÜLLER, E.: Berlin-Zehlendorf. Versuch einer Kulturlandschaftsgliederung. Abh. 1. Geogr. Inst. Freie Univ. Berlin Bd. 9. Berlin 1965.

MÜLLER, W.: Die heilige Stadt. Roma quadrata, himmlisches Jerusalem und die Mythe vom Weltnabel. Stuttgart 1961.

MUMFORD, L.: The neighborhood and the neighborhood unit. Town Plann. Rev. 1954, S. 256—270.

MURDIE, R. A.: Factorial ecology of Metropolitan Toronto. Univ. of Chicago Dept. Geogr. Res. Pap. 116. Chicago 1969.

MURPHY, R. E.: The central business district. London 1972.

MUTH, R. F.: Urban residential land and housing markets. In: PERLOFF, H. / WINGO, L. (Hrsg.): Issues in urban economics. Baltimore 1968.

MUTH, R. F.: Cities and housing: the spatial pattern of urban residential land use. Chicago 1969.

NELSON, H. J.: Townscapes of Mexico: An example of the regional variation of townscapes. Econ. Geogr. 1963, S. 74—83.

NELSON, H. J.: The form and structure of cities: urban growth patterns. Journ. of Geogr. 1969, S. 198—207.

NEWLING, B. E.: Urban growth and spatial structure: mathematical models and empirical evidence. Geogr. Rev. 1966, S. 213—225.

NEWLING, B. E.: The spatial variation of urban population densities. Geogr. Rev. 1969, S. 242—252.

NIEMEIER, G.: Kulturkreise im Spiegel ihrer Städte. Umschau 1956.

NIEMEIER, G.: Über Prinzipien einer vergleichenden Städtegeographie der Erde. Tagber. u. wiss. Abh. Dt. Geogrtg. Hamburg 1955. Wiesbaden 1957, S. 385—390.

NITZ, H.-J.: Zur Entstehung und Ausbreitung schachbrettartiger Grundrißformen ländlicher Siedlungen und Fluren. In: Hans-Poser-Festschrift. Gött. Geogr. Abh., H. 60. Göttingen 1972, S. 373—400.

NORTHAM, R. M.: Urban geography. New York 1975.

O'FARRELL, P. N. / MARKHAM, J.: Commuting costs and residential location. A process of urban sprawl. TESG 1975, S. 66—74.

ORGEIG, H. G.: Der Einzelhandel in den Cities von Duisburg, Düsseldorf, Köln und Bonn. Köln. Forsch. z. Wirtsch. u. Sozialg., Bd. 17. Köln 1972.

OTTENSMANN, J. R.: The changing spatial struture of American cities. Lexington 1975.

PAHL, R. (Hrsg.): Readings in urban sociology. Oxford 1968.

PALEN, J.: The urban world. New York 1975.

PAPAGEORGIOU, G. J.: A theoretical evaluation of the existing population density gradient functions. Econ. Geogr. 1971, S. 21—26.

PARK, R. E. / BURGESS, E. W. / MCKENZIE, R. D.: The city. 1925. Nachdruck Chicago 1968.

PASCAL, A. H.: The analysis of residential segregation. In: CREEINE, J. P. (Hrsg.): Financing the metropolis. Beverly Hills 1970.

PASSARGE, S. (Hrsg.): Stadtlandschaften der Erde. Breslau 1930. Nachdruck Berlin 1968.

PAULY, J.: Völklingen. Studien zur Wirtschafts-, Sozial- u. Siedlungsstruktur einer saarländischen Industriestadt. Arb. Geogr. Inst. Univ. d. Saarlandes, Bd. 20. Saarbrücken 1975.

PEACH, C. (Hrsg.): Urban social segregation. London 1975.

PFEIL, E.: Zur Kritik der Nachbarschaftsidee. Arch. f. Kommunalwiss. 1963, S. 39—54.

PINES, D.: On the spatial distribution of households according to income. Econ. Geogr. 1975, S. 142—149.

PINKERTON, J. R.: The changing class composition of cities and suburbs. Land Economics 1973, S. 462—469.

POKSHISHEVSKIY, V. V.: Differences in the geography of services and the characteristics of population structure. Soviet Geogr. 1975, S. 353—366.

POLARCZYK, K.: The distribution of service centers within large urban areas. A market accessibility model. Geogr. Polonica 33, 1976, S. 143—155.

POLENSKY, T.: Die Bodenpreise in Stadt und Region München. Münch. Stud. z. Soz. u. Wirtschaftsg., Bd. 10. Kallmünz/Regensburg 1974.

POPP, H.: Die Kleinstadt. Ausgewählte Problemstellungen und Arbeitsmaterialien für den Erdkundeunterricht in der Sekundarstufe. Der Erdkundeunterricht, H. 25. Stuttgart 1977.

POSCHWATTA, W.: Wohnen in der Innenstadt. Strukturen, neue Entwicklungen, Verhaltensweisen dargestellt am Beispiel der Stadt Augsburg. Augsburg. Sozialg., H. 1. Augsburg 1977.

PRED, A. R.: The intrametropolitan location of American manufacturing. Ann. Assoc. Amer. Geogr. 1964, S. 165—180.

PRITCHARD, R. M.: Housing and the spatial structure of the city. New York 1976.

PROUDFOOT, M. J.: City retail structure. Econ. Geogr. 1937, S. 425—428.

QUIGLEY, J. M.: Towards a synthesis of theories of residential site choice. Social and Policy Studies. Yale Univ. New Haven 1974.

QUINN, J. A.: The Burgess zonal hypothesis and its critics. Amer. Sociolog. Rev. 1940, S. 210—218.

RACINE, J. B.: Le modèle urbain américain. Les mots et les choses. Ann. de Géogr. 80, 1971, S. 397—427.

RAPOPORT, A. (Hrsg.): The mutual interaction of man and his built environment. A cross-cultural perspective. World Anthropology Ser. The Hague/Paris 1976.

RAPOPORT, A.: Human aspects of urban form. Towards a man-environment approach to urban form and design. Oxford 1977.

RATCLIFF, R. U.: The dynamics of efficiency in the locational distribution of urban activities. In: FISCHER, R. L. (Hrsg.): The metropolis in modern life. New York 1955, S. 125—148.

REES, P. H.: Concepts of social space: toward an urban social geography. In: BERRY, B. J. L. / HORTON, F. E. (Hrsg.): Geographic perspectives on urban systems. Englewood Cliffs 1970, S. 306—394.

REES, P. H.: Problems of classifying subareas within cities. In: BERRY, B. J. L. / SMITH, K. B. (Hrsg.): City classification handbook. New York 1972, S. 265—330.

REICHOW, H. B.: Die autogerechte Stadt. Ravensburg 1959.

REITZ, H. G.: Sulzbach. Sozialgeographische Struktur einer ehemaligen Bergbaustadt im Saarland. Veröff. Inst. Landeskde. Saarl. Bd. 22. Saarbrücken 1975.

REX, J.: Race, colonialism and the city. London 1973.

RICHARDSON, H. W. / VIPOND, J. / FURBEY, R. A.: Determinants of urban house prices. Urban Studies 1974, S. 189—199.

RICHARDSON, H. W. / VIPOND, J. / FURBEY, R.: Housing and urban spatial structure. A case study. Farnborough 1975.

Riemer, S.: The nucleated city. Brit. Journ. of Sociology 1971, S. 213—239.

Robson, B. T.: Urban analysis: a study of city structure. Cambridge 1969.

Robson, B. T.: Urban social areas. Oxford 1975.

Rodwin, L.: The theory of residential growth and structure. Appraisal Journ. 1950, S. 295—317.

Rohr, H. G. v.: Die Tertiärisierung citynaher Gewerbegebiete. Ber. z. dt. Landeskde. 46, 1972, S. 29—48.

Romanos, M. C.: Residential spatial structure. Lexington 1976.

Rossi, A.: Die Architektur der Stadt. Skizze zu einer grundlegenden Theorie des Urbanen. Bauwelt Fundamente. 41. Düsseldorf 1973.

Rugg, D. S.: Spatial foundations of urbanism. Dubuque 1972.

Rykwert, J.: The idea of a town. The anthropology of urban form in Rome, Italy and the ancient world. London 1976.

Schäfer, H.: Neuere stadtgeographische Arbeitsmethoden zur Untersuchung der inneren Struktur von Städten. Ber. z. dt. Landeskde. Bd. 41, 1968, S. 277—317 u. Bd. 43, 1969, S. 261—297.

Schäfers, B.: Bodenbesitz und Bodennutzung in der Großstadt. Beitr. z. Raumplanung 4. Bielefeld 1968.

Schaffer, F.: Prozeßtypen als sozialgeographisches Gliederungsprinzip. Mitt. Geogr. Ges. München 1971, S. 33—52.

Scheper, B.: Frühe bürgerliche Institutionen norddeutscher Hansestädte. Beiträge zu einer vergleichenden Verfassungsgeschichte Lübecks, Bremens, Lüneburgs und Hamburgs im Mittelalter. Köln/Wien 1975.

Schich, W.: Studien zum Verhältnis von Topographie und Bevölkerungsstruktur der Stadt Würzburg im Mittelalter. Städteforschung R. A. Bd. 3. Wien/Köln 1976.

Schirra, G.: Determinanten der regionalen Baulandpreisstruktur. Inst. f. Regionalwiss. d. Univ. Karlsruhe. Schriftenreihe, H. 7. Karlsruhe 1974.

Schneider, H.: Segregation und Ghettobildung in der modernen Großstadt. Z. f. Stadtgeschichte, Stadtsoziologie u. Denkmalpflege 1977, S. 327—350.

Schnore, L. F.: Class and race in cities and suburbs. Chicago 1972.

Schöller, P.: Stadt und Einzugsgebiet. Ein geographisches Forschungsproblem und seine Bedeutung für Landeskunde, Geschichte und Kulturraumforschung. In: Studium Generale 1957, S. 602—612. Auch in: Zentralitätsforschung. Darmstadt 1972, S. 267—291.

SCHULTZE, J.: Die Stadtviertel. Ein städtegeschichtliches Problem. Blätter Dt. Landesgesch. 1956, S. 18—39.

SCHWARZ, G.: Das Problem der regionalen Stadttypen an europäischen Beispielen. Tagber. u. wiss. Abh. Dt. Geogrtg. Frankfurt 1951. Remagen 1952, S. 133—140.

SCHWIRIAN, K. P.: Comparative urban structure: studies in the ecology of cities. Lexington 1974.

SEDLACEK, P.: Zum Problem intraurbaner Zentralorte, dargestellt am Beispiel der Stadt Münster. Westf. Geogr. Stud. 28. Münster 1973.

SENIOR, M. L.: Approaches to residential location modelling: urban ecological and spatial interaction models (A review). Environment and Planning 1973, S. 165—197.

SHAW, M.: The ecology of social change: Wolverhampton 1851—71. Transact. Inst. Brit. Geogr. 1977, S. 332—348.

SHEVKY, E. / WILLIAMS, M.: The social areas of Los Angeles. Analysis and typology. Berkeley/Los Angeles 1949.

SHEVKY, E. / BELL, W.: Social area analysis: theory, illustrative application, and computational procedures. Stanford 1955.

SHORT, J. R.: The intra-urban migration process: comments and empirical findings. TESG 1977, S. 362—370.

SIMMONS, J.: Changing patterns of retail location. Chicago 1954.

SIMMONS, J.: Changing residence in the city. In: GREENBERG, M. R. (Hrsg.): Readings in urban economics and spatial patterns. New Brunswick 1974, S. 63—92.

SJOBERG, G.: The pre-industrial city. New York 1960.

SMAILES, A. E.: Some reflections on the geographical description and analysis of townscapes. Transact. and Pap. Inst. Brit. Geogr. 1955, S. 99—115.

SMITH, C. A. (Hrsg.): Regional analysis. Vol. II: Social systems. New York/San Francisco/London 1976.

SMITH, D. M.: Industrial location. An economic geographical analysis. New York/London/Sydney/Toronto 1971.

SOLOMON, R. J.: Procedures in townscape analysis. Ann. Assoc. Amer. Geogr. 1966, S. 254—268.

SOUTHALL, A. (Hrsg.): Urban anthropology. Cross-cultural studies of urbanization. New York/London/Toronto 1973.

Speare, Jr., A. / Goldstein, S. / Frey, W. H.: Residential mobility, migration, and metropolitan change. Cambridge 1975.

Spiegel, E.: Standortverhältnisse und Standorttendenzen in einer Großstadt. Arch. f. Kommunalw. 1970, S. 21—46.

Spiegel, E.: Stadtstruktur und Gesellschaft. In: Forsch. u. Sitzber. d. Akad. f. Raumf. u. Landespl., Bd. 85. Hannover 1974, S. 111—126.

Stallony, A.: Der Einfluß der Peripheriewanderung der Wirtschaftssubjekte in Ballungszentren auf die Nutzung des Faktors Boden. Diss. Köln 1973.

Steed, G. P. F.: Centrality and locational change: printing, publishing, and clothing in Montreal and Toronto. Econ. Geogr. 1976, S. 193—205.

Stefaniak, N.: Industrial location within the urban area. Madison 1962.

Stegman, M.: Accessibility models and residential location. Journ. Amer. Inst. Planners 1969, S. 22—29.

Stein, M. R.: The eclipse of community: an interpretation of American studies. New York 1960.

Steinberg, E.: Wohnstandortwahlverhalten von Haushalten bei intraregionaler Mobilität. Inf. z. Raumentw. 1974, H. 10/11, S. 407—416.

Stierlin, H. (Hrsg.): Weltkulturen und Baukunst. München 1968.

Stokes, C. J.: A theory of slums. Land Economics 1962, S. 187—197.

Stone, D.: Industrial location in metropolitan areas. New York 1974.

Stoob, H. (Hrsg.): Die Stadt. Gestalt und Wandel bis zum industriellen Zeitalter. Köln/Wien 1979.

Struyk, R. J. / James, F. J.: Intrametropolitan industrial location. The pattern and process of change. Lexington 1975.

Struyk, R. J.: Empirical foundations for modeling urban industrial location. Journ. Amer. Inst. Planners 1976, S. 165—173.

Sussman, M. B. (Hrsg.): Community structure and analysis. New York 1959.

Sweet, D. C. (Hrsg.): Models of urban structure. Lexington 1972.

Taeuber, K. E.: Residential segregation. Scientific American 1965, S. 12—19.

Temlitz, K.: Aaseestadt und Neu-Coerde. Bildstrukturen neuer Wohnsiedlungen in Münster und ihre Bewertung. Münster 1975.

Tharun, E.: Bemerkungen zur Lage gehobener Wohnviertel im städtischen Raum. Rhein-Main. Forsch. 80. Frankfurt 1975, S. 153—160.

THEODORSON, G. A.: Studies in human ecology. Evanston 1961.
THERNSTROM, S. / SENNETT, R. (Hrsg.): Nineteenth-century cities. Essays in new urban history. New Haven 1969.
THIENEL, J.: Verstädterung, städtische Infrastruktur und Stadtplanung. Berlin zwischen 1850 und 1914. Z. f. Stadtgesch., Stadtsoz. u. Denkmalpflege 1977, S. 55—84.
THOMLINSON, R.: Urban structure. New York 1969.
THÜRAUF, G.: Industriestandorte in der Region München. Münch. Stud. z. Sozial.- u. Wirtschaftsg. 16. Kallmünz/Regensburg 1975.
TIMMS, D. W. G.: The urban mosaic. Towards a theory of residential differentiation. Cambridge 1971.
TOEPFER, H.: Die Bonner Geschäftsstraßen. Räumliche Anordnung, Entwicklung und Typisierung der Geschäftskonzentrationen. Arb. z. Rhein. Landeskde. 26. Bonn 1968.
TRICART, J.: Contribution à l'étude des structures urbaines. Rév. Géogr. Lyon 25, 1950, S. 145—156.
TUAN, Yi-Fu: Topophilia. The study of environmental perception, attitudes and values. Englewood Cliffs 1974.
TUAN, Yi-Fu: Sacred space: Explorations of an idea. In: Dimensions of Human Geography. Univ. of Chicago Dept. of Geogr. Res. Pap. 186. Chicago 1978, S. 84—99.
ULLMAN, E. L.: The nature of cities reconsidered. Presidential address. Pap. Proceed. Reg. Sci. Assoc. 9, 1962, S. 7—23.
VANCE, JR., J. E.: Land assignment in the pre-capitalist, capitalist, and postcapitalist city. Econ. Geogr. 1971, S. 101—120.
VANCE, JR., J. E.: This scene of man. The role and structure of the city in the geography of Western civilization. New York 1977.
Veröffentlichungen der Akademie für Raumforschung und Landesplanung: Die Gliederung des Stadtgebietes. Forsch.- u. Sitzber., Bd. 42. Hannover 1968.
Veröffentlichungen der Akademie für Raumforschung und Landesplanung: Stadt und Stadtraum. Forsch.- u. Sitzber., Bd. 97. Hannover 1974.
VIERECKE, K. D.: Nachbarschaft. Ein Beitrag zur Stadtsoziologie. Soziolog. Stud., Bd. 4. Köln 1972.
VIETINGKOFF, G.: Funktionsmischung und Stadtgefüge. Bauverwaltung 1975, S. 289—299.
VOGT, W. / GERHEUSER, F.: Die räumliche und soziale Struktur der Stadt. Brugg 1969.

VORLAUFER, K.: Bodeneigentumsverhältnisse und Bodeneigentumsgruppen im Cityerweiterungsgebiet Frankfurt/M.-Westend. Frankf. Wirtsch. u. Sozialgeogr. Schr. 18. Frankfurt 1975.

WALLERSTEIN, J. (Hrsg.): Social change: the colonial situation. New York 1966.

WALTON, J. / MASOTTI, L. H. (Hrsg.): The city in comparative perspective. New York/London/Sydney/Toronto 1976.

WARREN, D. I.: Black neighborhoods. An assessment of community power. Ann Arbor 1975.

WEBBER, M. J.: Information theory and urban spatial structure. 1979.

WEBBER, M. M. (Hrsg.): Explorations into urban structure. Philadelphia 1964.

WHEATON, W. L. C. / MILGRAM, G. / MEYERSON, M. E. (Hrsg.): Urban housing. New York 1966.

WHEELER, J. O.: Transport input and residential rent theory: an empirical analysis. Geogr. Annaler 1970, S. 43—54.

WIEGAND, J.: Funktionsmischung. Zur Planung gemischter Gebiete als Beitrag zur Zuordnung von Wohn- und Arbeitsstätten. Teuffen 1973.

WIENKE, H.: Citystrukturen und ihre Ursachen. Z. f. Wirtschaftsg. 1973, S. 149—157.

WILLIAMS, P. R.: The role of institutions in the inner London housing market: the case of Islington. Transact. Inst. Brit. Geogr. 1976, S. 72—82.

WILSON, A. G. (Hrsg.): Patterns and processes in urban and regional systems. Papers in Reg. Sc. 3. London 1972.

WINGO, JR., L.: Transportation and urban land. Washington, D. C. 1961.

WINZ, H.: Die soziale Gliederung von Stadträumen. Der "natural area"-Begriff der amerikanischen Stadtökologie. Tagber. u. wiss. Abh. Dt. Geogrtg. Frankfurt 1951. Remagen 1952, S. 141—148.

WIRTH, L.: The Ghetto. Chicago 1928.

WIRTH, L.: Urbanism as a way of life. Amer. Journ. of Sociol., July 1938, S. 1—24.

WISE, M. J.: On the evolution of the jewellery and gem quarters in Birmingham. Transact. Inst. Brit. Geogr. 15, 1949, S. 59—72.

WOHLFAHRT, G.: Segregation im interkulturellen Vergleich. Dipl. Arb. Göttingen 1973.

WOLF, K.: Stadtteil-Geschäftsstraßen. Ihre geographische Einordnung, dargestellt am Beispiel der Stadt Frankfurt am Main. Rhein-Main. Forsch. 67. Frankfurt 1969.

WOLF, K.: Geschäftzentren. Nutzung und Intensität als Maß städtischer Größenordnung. Rhein-Main. Forsch. 72. Frankfurt 1971.

WOLFRAM, U.: Räumlich-strukturelle Analyse des Mietpreisgefüges in Hamburg als quantitativer Indikator für den Wohnlagewert. Mitt. Geogr. Ges. Hamburg, Bd. 66, 1976.

WOLPERT, J. / MUMPHREY, A. / SELEY, J.: Metropolitan neighborhoods: participation and conflict over change. Assoc. Amer. Geogr. Comm. on College Geogr., Res. Pap. 16. Washington, D. C. 1972.

WOODS, R. E.: Aspects of the scale problem in the calculation of segregation indices. TESG 1976, S. 169—175.

WURZER, R.: Über die funktionelle Gliederung des Stadtkörpers. In: WURZER, R. (Hrsg.): Bauplanungsseminare Inst. f. Städtebau u. Raumplanung TH Wien. Wien 1967, S. 11—41.

YEATES, M. H.: Einige Bestimmungsfaktoren für die räumliche Verteilung der Bodenwerte in Chicago 1910—1960. In: BARTELS, D. (Hrsg.): Wirtschafts- und Sozialgeographie. Köln 1970, S. 323—340.

ZAPF, K.: Rückständige Viertel. Frankfurt 1969.

ZEITOUN, J.: Modèles en urbanisme. Paris 1971.

ZELLER, H.: Localisation résidentielle. Brüssel 1972.

ZORBAUGH, H. W.: The natural areas of the city. In: BURGESS, E. W. (Hrsg.): The urban community. Chicago 1926.

ZSILINCSAR, W.: Die Kärntnerstraße in Graz als Beispiel für den jüngsten Strukturwandel an einer städtischen Ausfallstraße. Mitt. Naturwiss. Ver. Steiermark 1971, S. 203—235.

Zweiter Teil

# DIE STADTSTRUKTUR IM INTERKULTURELLEN VERGLEICH

## 1. Die europäische Stadt

Die *Kleinkammerung* des europäischen Raumes, seine hohe *Besiedlungsdichte und historische Vielschichtigkeit* haben eine solche Formenvielfalt der Städte in Europa hervorgebracht, daß hier nur ein paar Wesenszüge herausgestellt werden können, die ihnen gemeinsam sind bzw. Unterschiede in den einzelnen Teilgebieten Europas anzeigen.

Das römische Erbe dokumentiert sich zwischen Atlantikküste und Schwarzem Meer und zwischen Mittelmeer und Hadrianswall in städtebaulichen Elementen wie Schachbrettgrundriß, Steinbauweise oder Laubenhaus, wiewohl die Frage der direkten Siedlungskontinuität äußerst kompliziert und nur für die einzelne Stadt individuell zu entscheiden ist.

Für die heutige Gestalt der Städte Europas sind die verschiedenen städtegründenden Kräfte, die mit der Konsolidierung politischer Macht, wirtschaftlichem Aufstieg und Bevölkerungswachstum im 8. Jh. einsetzten und seitdem *mehrere Städtegenerationen* hervorbrachten, verantwortlich. Die *stadtherrliche Kraft* (civitas) war entweder geistlicher oder weltlicher Art und manifestierte sich in Kathedralen, Kirchen, Klöstern oder in Pfalz und Burg (Adelssitz). Eine zweite Kraft war die Fernhändlerschaft (Wik), eine dritte die *Nahmarktfunktion*. „Während des 11. Jh. wachsen Civitas, Kaufmannswik und Marktsiedlung zur Stadtgemeinde zusammen, wobei die vermögenden Kaufleute bezeichnenderweise tonangebend bleiben, sich aber als Führungsschicht in die Ortsgenossenschaft eingliedern" (STOOB 1970, S. 83). Daß die *Westslawen* auch früh zur Integration dieser drei Elemente übergingen im Gegensatz zu den Ostslawen, die lange bei der Zweischichtigkeit von Handelsort und adlig-agrarer Gesellschaft verharrten, wies LUDAT an der Namensgebung nach: Während die Ostslawen bei der Bezeichnung „gorod" blieben, traten bei den Westslawen an die Stelle von „grad" / „grod" die Bezeichnungen „mesto" / „miasto" (LUDAT 1966, 1973, STOOB 1970).

Die wohl größte Stadtentstehungsschicht in Mitteleuropa stellen die *Gründungsstädte des Hochadels* wie der Askanier, Staufer, Welfen, Zähringer im 12. und 13. Jh. dar, denen es im 14. und 15. Jh. der niedere Adel nachtat, der sich freilich oft mit der Erhebung von Dörfern zu Städten begnügen mußte. Durch *Filiation* kam es zu zahlreichen Gründungen und Stadtrechtsübertragungen bis weit nach Osteuropa hinein, mit fortschreitender Technik im Laufe des 15. und 16. Jh. zur Entstehung zahlreicher *Bergbaustädte* im ganzen mitteleuropäischen Mittelgebirgsbereich.

In der mittelalterlichen Stadt weiter Teile des Abendlandes lebten die Angehörigen einer bestimmten *Zunft* in bestimmten Straßen vereint, die von diesen ihren Namen erhielten: Bäcker, Gerber, Fleischer, Schuster, Weber. Im Regensburger Viertel der Sattler, Schmiede, Schildermacher und Schwertfeger gibt es noch heute eine Schlossergasse, eine Waffnergasse, einen Hof Unter den Sporern, und früher eine Gasse Unter den Schiltern. „Und in gleicher Weise zogen sich die Zünfte der Magister und Scholaren, die einzelnen Universitates oder Fakultäten, in bestimmte Stadtviertel zurück und siedelten sich je nach Wissenschaftsgebiet in einzelnen ‚Zunftstraßen' an, die dann dementsprechend auch Schulstraße, Bücherstraße o. ä. hießen (RUECKBROD 1977, S. 37). Erst vom 15. Jh. an pflegte man für die Wissenschaft größere Neubauten zu errichten, um die sich nach und nach weitere Institutionen gruppierten.

MECKSEPER hat darauf hingewiesen, daß im hohen Mittelalter das Patriziat in *Randlage an der Mauer* zu wohnen pflegte, insbesondere in Tornähe oder bei besonders regelmäßigen Stadtanlagen in Ecklage, da die Mauer und vor allem die Tortürme den besten Schutz boten. „Insofern dienten die festen Steinhäuser und Wohntürme der städtischen Oberschicht bereits von ihrer Konstruktion her dem Schutz der Stadt" (MECKSEPER 1972, S. 54). Andererseits stellten sie als „Eigenbefestigungen" ein Pendant zur stadtherrlichen Burg dar. Im Spätmittelalter kommt es häufig, besonders bei erfolgreichem Aufstieg der Zünfte, zu einem Wandel. „Die Wohnlagen der Amtsträger, die auf dieser jüngeren Stufe der Stadtverfassung nicht mehr oder nur noch teilweise dem Patriziat angehören, finden wir jetzt vor allem an den wichtigen Haupt- und Marktstraßen sowie an den Marktplätzen. Es darf angenommen werden, daß diese Neuorientierung sich auch im Aufriß der Stadt ausgedrückt hat, indem parallel zu diesem sozialen Wandel auch die prächtigen Häuser an den großen Straßen und Plätzen entstanden, die heute noch das Stadtbild vieler Städte prägen" (MECKSEPER 1972, S. 54; vgl. auch CURL 1970).

Die mittelalterliche Stadt wuchs, wenn auch in noch bescheidenen Maßen, durch das *Ankristallisieren neuer, aber selbständiger Teile*, so wie es GRUBER für Hildesheim beschrieben hat. Den Kern bildete hier die spätkarolingische Domburg auf einem Hügel. Der Bischofssitz zog Klöster und Stifte an. So entstand u. a. ca. 1/2 km nördlich das Benediktinerkloster St. Michael. Zwischen beiden bildete sich der grundherrliche Markt des Bischofs, gekennzeichnet durch die heutige Straße „Alter Markt". Am Beginn des 12. Jh. gründete dann der Bischof eine neue Stadt, nur 1/2 km nordöstlich des Domes mit eigener Pfarrkirche, Rathaus, Krankenhaus, Marktplatz. Um 1220 entstand abermals eine Neustadt, diesmal 1/2 km südöstlich des Doms mit ebenfalls eigener Kirche und Rathaus und völlig schematischem Grundriß. Erst im ausgehenden Mittelalter wird dieser vielgliedrige Siedlungskörper von einer großen Befestigungsanlage umschlossen. Im Zeitalter des Absolutismus mit seinen ganz anderen Vorstellungen verlor dieses „Wachstumsgesetz" seine Gültigkeit (GRUBER 1977). Aber davor verlief die Entwicklung zumindest regional unterschiedlich je nachdem, ob der Adel abgeschüttelt werden konnte wie im Falle der Freien Reichsstädte, ob er überhaupt landsässig blieb wie in England, oder ob er gar in die Städte hineingezwungen wurde wie in Italien (LICHTENBERGER 1972).

Eine neue Städtegeneration bildeten die *Reißbrettstädte des Absolutismus* des 16.—18. Jh., in denen die Bevölkerung mit der Residenz des Landesherrn einen *neuen Bezugspunkt* erhielt. Eine starke Symmetrie im Grundriß zeichnet sie aus. Der Nahbereich um das Schloß wurde dem Adel zugewiesen, indem z. B. breite, für die Equipagen notwendige Toreinfahrten nur in bestimmten Baublöcken zugelassen waren. Weiter entfernt wohnte die Beamtenschaft, noch weiter entfernt die Gewerbetreibenden und übrigen Einwohner.

Drei wichtige Erscheinungen seien hier erwähnt, die mit der Stadtentwicklung im Zeitalter des Absolutismus zusammenhängen: die Verbreitung des Miethauses, die Entstehung der zahlreichen Exulantenstädte und die Be- und Entfestigung.

In den Städten keines anderen Kulturraumes haben *Miethausviertel* eine so weite Verbreitung erfahren wie in Europa. Dem waren Beamtenapparat und Hofpersonal der absolutistischen Staaten förderlich. Aus dem Italien der Renaissance verbreitete sich das Miethaus über Wien und Krakau nach Warschau und von Südfrankreich nach Paris. Für seine vertikale Verbreitung ist die kritische Größenordnung die 20 000-Einwohner-Grenze, die bis 1800 nur von wenigen Städten überschritten wurde. Seit dem ausgehenden 18. Jh. betrachteten dann Bankiers, Großhändler und Manufakturbesitzer das Miethaus als Geldanlage, ab Mitte des 19. Jh. wurde es in der Hauptsache von der stark anwachsenden Fabrikarbeiterschaft bewohnt. Innerhalb Europas gibt es im Umfang des Miethausbaus und dementsprechender Wohndichte in den Städten ein markantes *Gefälle von Italien nach England* mit seinem durchweg bevorzugten Einfamilien-Eigenheimbau (LICHTENBERGER) 1972).

Reformation und Gegenreformation hatten für ihre Zeit relativ starke Wanderungsströme in Bewegung gesetzt, in deren Folge in den aufnehmenden Staaten viele *Exulantensiedlungen* entstanden, oft in unmittelbarer Nähe zu bereits bestehenden Städten. So nahmen z. B. die letzten Kurfürsten und ersten

Könige von Preußen eigene Stadtgründungen vor und siedelten in mehreren Vorstädten Berlins, die erst zu einem späteren Zeitpunkt mit Berlin zu einer Stadtgemeinde vereint wurden, vorzugsweise Glaubensflüchtlinge aus Böhmen, Salzburg und Frankreich an.

Das dritte bemerkenswerte Phänomen sind die *bastionären Systeme und Glacis* der zu Festungen erklärten Städte. Nach dem Schleifen der Festungsanlagen kam es zu ganz bestimmten Nutzungsarten des Festungsgeländes selbst und zu späterer Überbauung des Schußfeldes, das den Rayonbestimmungen unterlegen hatte und von dauerhafter Bebauung so lange frei geblieben war. Die Art dieser Nutzung hängt mit dem Zeitpunkt der Entfestigung zusammen. Extreme sind Berlin und Wien. Da im Falle Berlins die Funktion der Verteidigung der Festungsstadt Spandau im 16. Jh. übertragen worden war, wurde die Berliner Stadtmauer schon im 18. Jh. eingerissen und das freiwerdende Gelände in einer Weise mit Wohnhäusern überbaut, daß nichts mehr im Stadtbild auf ihre Existenz hinweist. In späterer Zeit dagegen schuf man Wallgrünanlagen, Boulevards, Repräsentationsbauten, wie sie für den Bereich der Wiener Ringstraße charakteristisch sind. Die planerischen Eingriffe der Stadt in diesem Zusammenhang hat THARUN (1975) für Frankfurt beschrieben.

Die größeren Städte erlebten dann im Laufe des 19. Jh. zwei interessante Entwicklungen, nämlich die sehr verschiedenartige Ausprägung ihrer West- und Ostseiten (Eastend-Westend) und den Beginn der Citybildung in ihrem Kern. Die *Stadterweiterungen* des 19. Jh. beruhten vielfach auf Plänen, die einen recht symmetrischen Straßengrundriß und tiefe Baugrundstücke schufen, die vor allem gegen Ende des Jahrhunderts mit meist *fünfgeschossigen Mietwohnhäusern* und Seitenflügeln / Hinterhäusern zugebaut wurden, welche längere Zeit ausschließlich der Aufnahme von Gewerbebetrieben dienten, in jüngerer Zeit auch zu Wohnzwecken umgestaltet worden sind. Vielfach wurden breite Boulevards geschaffen, von denen allerdings nur wenige wie z. B. der Kurfürstendamm in Berlin von vornehmen Mietwohnhäusern mit Luxuswohnungen für die gehobenen Schichten gesäumt wurden. Letztere zogen vielmehr unter Benutzung der aufkommenden und noch sehr teuren Nahverkehrsmittel wie Pferdebahn und Straßenbahn in die gleichzeitig entstehenden, oft auf der West- oder Südseite angelegten *Landhaus- und Villenkolonien*. Während im Berlin des 19. Jh. für den Wilhelminischen Mietskasernengürtel das Paris des Barons Haussmann Pate stand, war für die Villen das englische Einfamilienhaus das Vorbild. In einigen Städten hatte die Abwanderung der wohlhabenderen Schicht aus der Innenstadt allerdings schon früher eingesetzt, so z. B. in Dublin bereits Ende des 17. Jh., also lange vor dem Prozeß der Citybildung (BUTLIN 1965).

Eine weitere Differenzierung dieser Stadt in funktionaler Hinsicht stellten die sich nun ebenfalls herausbildenden *Industrievorstädte* mit ersten größeren Konzentrationen von Fabriken dar, und am Ende des Jahrhunderts kam es zu den ersten großen Industriebetrieben an günstigen Standorten außerhalb der dicht bebauten Wohngebiete. Die verschiedenartige Ausprägung der Ost- und Westseiten bedeutet aber, daß die europäischen Städte komplizierter gebaut sind als die vom Gegensatz "city" / "suburbs" charakterisierten Städte Angloamerikas (LICHTENBERGER 1972).

Zu verschiedenen Zeitpunkten im Laufe des 19. Jh. setzte die Citybildung im Kern der großen Städte ein. LICHTENBERGER (1970, 1972) hat von der Asymmetrie der *kontinentaleuropäischen City* gesprochen und damit auf den häufigen Sachverhalt hingewiesen, daß die City zwar im allgemeinen ihren Ansatz in der Altstadt fand, sich von dieser aber im Laufe der Zeit auf die gehobeneren Wohnviertel hin, deren Bausubstanz die Kapazität zur Aufnahme verschiedenster Cityfunktionen am ehesten besaß, oder auf den Bahnhof zu weiterentwickelte, so daß sie schließlich in manchen Fällen in das Bahnhofsviertel übergeht.

Die europäische Großstadt des 20. Jh. kennzeichnet dann weiterhin, daß bei der für große Teile Europas gegebenen starken Siedlungsdichte zahlreiche Ortschaften im Nahbereich einer Kernstadt über Jahrhunderte als selbständige Gemeinden existiert und teilweise gar selbst Großstadtgröße erreicht hatten, bis sie relativ spät *eingemeindet* wurden; so wuchs z. B. das als Hauptstadt des Deutschen Reiches auffallend kleine Berlin erst mit Schaffung der sog. Einheitsgemeinde 1920 auf das 13fache seiner vorherigen Fläche!

Eine Art Gegengewicht gegen die zunehmende Miethausbebauung stellte die vor der Jahrhundertwende aufkommende *Gartenstadtbewegung* dar, die im Laufe des 20. Jh. zwar kaum echte Gartenstädte im Sinne E. HOWARDS hervorbrachte, wohl aber eine größere Zahl von *Satellitenstädten* zur Entlastung der Kernstädte der Metropolen. Zu den sog. Neuen Städten können aber auch jene *Industriegroßstädte* gerechnet werden, die insbesondere um Hüttenwerke, Automobilwerke und Werke der Großchemie herum entstanden.

Die heutige europäische Großstadt zeigt somit aufgrund früher Arbeitsteilung und früher Industrialisierung eine *komplizierte funktionalräumliche Gliederung*. Klammern wir die gewerblichen Funktionen aus und betrachten allein die Wohnbevölkerung, können wir mit LICHTENBERGER feststellen, daß, abgesehen von manchen Grenzsäumen zwischen verschiedenen europäischen Volksgruppen, wie z. B. Südtirol (für Bozen s. ACHENBACH 1975), und abgesehen von den durch die Gastarbeiter — in den Zechenorten des Ruhrgebiets schon um die Jahrhundertwende — hervorgerufenen Veränderungen, die aber bisher kaum zu einer Gettoisierung geführt haben (BORRIS 1974), Europas Städte in völkisch-rassischer Hinsicht verhältnismäßig homogen sind und daher Segregationserscheinungen weitgehend auf *sozialschichtenspezifische* Differenzierung zurückzuführen sind. Die für Angloamerikas Städte gültige *U-förmige Segregationskurve*, die für den Kern und die Peripherie die jeweils größte Homogenität in sozialer Hinsicht bedeutet, gilt im Prinzip auch für die europäische Stadt. Jedoch bestehen regional innerhalb Europas Unterschiede bezüglich der Richtung des *Sozialgradienten*, der heute schon großenteils zentripetal, jedoch in Süd- und Osteuropa und in England noch in traditioneller Weise zentrifugal ist (LICHTENBERGER 1972).

Wir wollen nun noch auf einige Besonderheiten in anderen

Teilen Europas im Gegensatz zum mittel- und westeuropäischen Bereich kommen.

In *Nordeuropa* vollzog sich das Wachstum der Städte schleppend; viele blieben lange Zeit Ackerbürgerstädte. Im gebirgigen Teil Skandinaviens waren Küsten- und Talstraßen Ansätze für Fischer-, Fähr- und Festungsstädte; in den Hafenvierteln entstanden Häuser, die zugleich als Wohn-, Boots- und Fischstapelhäuser dienten. Erst nach 1600 setzten sich in den Innenstadtbezirken der größeren Städte Stein und Backstein als Baumaterial durch. Das 17. Jh. als bedeutende Bauperiode im Ostseeraum brachte mit Straßenbegradigungen, symmetrischen Erweiterungen und Schachbrett-Neugründungen die Klarheit der Renaissance verspätet in die Städte Skandinaviens (EIMER 1961). In der Gegenwart sind für Kontinentaleuropa vor allem die modernen *Wohnvorstädte* von Stockholm zum Vorbild geworden. Solche Großwohnsiedlungen sind heute ein bestimmendes Element der großstädtischen Randzone geworden (AARIO 1951, EIMER 1961, GUTKIND 1965, JANSON 1971, PINARD 1977, TAUBMANN 1969, WESTERGAARD 1965).

In *Südeuropas* Städten fallen u. a. das Fehlen einer ausgedehnten Stadtrandzone, die häufige Akropolislage und die zahlreichen Plätze auf. Vielfach bricht die kompakte Bebauung mit mehrgeschossigen Stadthäusern abrupt ab, und unvermittelt setzt die landwirtschaftliche Nutzung ein; auch gibt es bescheidene Mittelstädte, die nur an einer Seite ihrer noch intakten mittelalterlichen Mauer mit ihren zahlreichen Türmen hinausgewachsen sind. Der Grund ist wohl darin zu suchen, daß immer noch relativ hohe Anteile der Bevölkerung mit der Landwirtschaft verbunden sind und die Schicht der hausbesitzenden Städter klein ist. Hiermit im Zusammenhang steht auch, daß das *Stadtzentrum* ganz gut intakt ist, so daß wir es mit einem zentrifugalen Sozialgradienten zu tun haben. Rein städtebaulich wird das unterstrichen durch die traditionelle *Akropolislage* und die Platzanlagen der südeuropäischen Städte. Die Stadt wurde oftmals auf einem oder gar mehreren Hügeln angelegt, ihr Kern wuchs die Hänge hinunter mit den malerischen Treppengassen und serpentinenartig geführten Fahrstraßen. Gründe für diese Lagewahl hat man im Schutzbedürfnis gegenüber Überflutungen (Torrenten!), Krankheiten in den öfter versumpften Ebenen und auch gegenüber Feinden gesehen. Die Bedeutung des Zentrums wird unterstrichen durch die *Platzanlagen* mit ihren Brunnen, Denkmälern, Kiosken und Sitzbänken, die hier mehr als im übrigen Europa in das Alltagsleben der Bewohner einbezogen sind. In Spaniens Städten gibt es neben der zentralen Plaza mayor meist noch etliche Plätze, und wo aus der Maurenzeit das Gassengewirr der Altstadt zu wenig Raum geboten hatte, wurden zumindest randliche Straßendurchbrüche und jüngere Platzanlagen nachträglich geschaffen (GUTKIND 1967, 1969, JÜRGENS 1916, MEYER 1969, VIOLICH 1962).

Wie in Nordeuropa ging auch in *Osteuropa* die Stadtentwicklung schleppend vor sich. Nach dem 15. Jh. nahm die Zahl der Mediatstädte sehr zu, was zu einem dichten Netz städtischer Siedlungen führte, die aber in erster Linie Marktfunktionen und kaum ein Gewerbe von überörtlicher Bedeutung besaßen. Folglich hatten sie nur einen kleinen dichter überbauten Kern, und die Anrainergrundstücke des Marktplatzes gingen häufig direkt in die offene Feldmark über. Aus hygienischen und verkehrlichen Gründen verlegte man zumindest den Bauernmarkt später an den Rand. WERWICKI hat ein Modell der heutigen polnischen Mittelstadt am Beispiel von Bialystok entworfen, demzufolge sie konzentrische wie auch sektorale und polynukleare Elemente besitzt. Das konzentrische Element besteht in der Abfolge von Kern, Übergangszone, innerer Mischzone von Wohnen und Gewerbe, Randzone und Außenzone, das sektorale im Nebeneinander von reinen Wohngebieten, reinen Industriegebieten und Mischgebieten innerhalb der inneren Mischzone, das polynukleare im Vorhandensein von Siedlungskernen und Gewerbekonzentrationen in der Rand- und Außenzone (WERWICKI 1973, S. 145).

Wieweit gab und gibt es Tendenzen im Städtebau von Ostmittel-, Ost- und Südosteuropa, die den Begriff der „sozialistischen Stadt" rechtfertigen würden? Dafür sei beispielhaft der Städtebau der DDR angeführt. Abgesehen von den Neustädten wie Eisenhüttenstadt, Hoyerswerda, Schwedt, Halle-Neustadt (SCHÖLLER 1974, SINNHUBER 1965) zeigt er bisher folgende bemerkenswerte Unterschiede zum Städtebau in der Bundesrepublik Deutschland: 1. Längere Zeit wurde dem Stadtzentrum besondere Aufmerksamkeit geschenkt. Für alle Stadtzentren wurden gleiche Dominanten und Fixpunkte der Gestaltung verbindlich gemacht: ein großer zentraler Platz für Kundgebungen, eine Hauptmagistrale für Aufmärsche, Akzentsetzung durch Partei- und Kulturhochhäuser. 2. Der Einzelhandels- und Dienstleistungssektor wurden ganz stark auf das Stadtzentrum konzentriert, das eine vergleichsweise größere Versorgungsleistung zu erbringen hat, während sich nachgeordnete Sekundärzentren nur schwach entwickeln konnten. Dabei wird die City von größeren, standardisierten (da im Regelfall staatlichen) Läden und meist ebenfalls staatlichen Dienstleistungsinstitutionen (Staatsbank, staatliche Handelsorganisationen, staatliche Reisebüros etc.) bestimmt im Gegensatz zu der Vielfalt der oft kleinen und hochspezialisierten, weitgehend privaten Geschäfte und Dienstleistungsbetriebe der City einer westdeutschen Stadt. Auch ist die Durchmischung mit der Wohnfunktion noch stark, die Hauptachse ist zugleich Wohn- und Einkaufsmagistrale. 3. Die noch großen Altbauviertel mit stärker verfallender Bausubstanz stehen in deutlichem Gegensatz zu den monotonen, in Montagebauweise aufgeführten neuen Großblöcken. 4. Die Städte in der DDR kennen keine solche Auflösung der Stadtgrenze, wie sie als Auswirkung des Bodenmarktes in den Städten der Bundesrepublik üblich ist (Bauakademie 1975, GOLDZAMT 1975, GÜNTHER 1977, HEINEBERG 1978, HEINZMANN 1975, KRENZ et al. 1969, LICHTENBERGER 1976, PIORO et al. 1965, RICHTER 1974, SCHÖLLER 1967, 1974, WALLERT 1974).

Es gibt aber auch Anzeichen für Konvergenzen mit den Städten des übrigen Europa. Die Magistrale spielt nicht mehr die Rolle wie in der frühen DDR-Stadtplanung der 50er Jahre. Auch in den neuen Großsiedlungen der DDR (z. B. in Rostock-Lüttenklein) findet man wieder zum Baublock in veränderter Form zurück. Die neuen Großsiedlungen weisen keine eindeutige Zuordnung zu den Arbeitskomplexen mehr auf; das Pendlerwesen nimmt bei steigendem Motorisierungsgrad zu. Ebenfalls sind das genossenschaftliche Wohnungswesen und die Eigentumswohnung im Vordringen. Die heute erkennbaren Tendenzen in Osteuropa wie auch in der UdSSR (vgl. Kap. II, 2) legen es nahe, den Begriff der sozialistischen Stadt mit der gebotenen Vorsicht zu benutzen.

## 2. Die russisch- sowjetische Stadt

Die russisch-sowjetische Stadt zeigt, von jüngeren Neugründungen und regionalen Besonderheiten abgesehen, die Elemente dreier Epochen, nämlich die durchaus ähnlichen Anlageprinzipien der Städte des Kiever Staates vom 9.—13. Jh. und des zentralisierten russischen Staates vom 15.—17. Jh., die Planformen der kolonialrussischen Epoche des ausgehenden 18. und des 19. Jh. und die Grundzüge des sowjetischen Städtebaus des 20. Jh.

Strategischen Gesichtspunkten entsprechend finden wir viele bedeutende Städte auf den westlichen Steilufern von Flüssen mit dem *Kreml*, der Burg, als Kern und einer niedrigen, lockeren, in die ländliche Umgebung auslaufenden Bebauung auf der Ostseite. Während der Kreml-Bezirk selbst symmetrisch ist, sind die von Händlern und Handwerkern bewohnten „posady", die Handels-Vorstädte, entsprechend dem auf sie zulaufenden Feldwegenetz von einem radial oder radial-konzentrischen Grundriß bestimmt. Dann kamen weitere Vorstädte, „slobody" genannt, hinzu, in denen die übrige Bevölkerung nach Berufszugehörigkeit und Sozialstatus getrennt wohnte. Im Laufe der Zeit erhielten diese neuen Stadtviertel ihre eigene Befestigung, womit der Kreml eine Befestigung innerhalb der Stadt wurde. Oft wurden eine *zweite und dritte konzentrische Stadtmauer* errichtet und weit draußen zusätzlich *befestigte Klöster* angelegt. So verlor der Kreml nach und nach seine strategische Funktion und wurde zu einem Verwaltungs- und Kulturzentrum der Stadt (BUNIN 1961). In Moskau schloß sich östlich an den Kreml die „Kitai gorod" (befestigte Stadt) als Geschäftsstadt mit unregelmäßigem

Straßennetz und konzentrischen Wachstumsringen an, zu der später die „Bjely gorod" (weiße Stadt, wegen des hellen Baumaterials) als Wohnort des Adels und der wohlhabenden Bürger und die „Semljanoi gorod" (Erdstadt, wegen ihrer sie umgebenden Erdwälle) als Wohnort der Bediensteten hinzukamen (KARGER 1965).

„Obwohl unter Peter I. keine besonderen Erlasse über eine Aufteilung des Stadtgebietes nach der sozialen Zugehörigkeit oder nach Berufen ergangen waren, kam es in der Praxis doch zu einer solchen gegenseitigen Absonderung. Als herrschende Oberschicht bemächtigten sich die Adelsfamilien der besten Stadtteile, während die ‚gemeinen' Leute in Seitenstraßen und Randgebiete abgedrängt wurden. Die Kaufleute siedelten sich in der Nähe der Kaufhöfe, Handelshäfen und Marktplätze an, während die Handwerker sich je nach der Art und den Bedürfnissen ihres Handwerks in dem einen oder dem anderen Viertel niederließen oder sich über die ganze Stadt verstreuten" (BUNIN 1961, S. 106).

In der *kolonialrussischen Epoche* entstanden Städte mit *fächerförmigem* Grundriß, wie Tula, oder mit *abgewandeltem Schachbrettgrundriß*, wie z. B. Odessa, wo zwei rechteckige Straßennetze unter einem Winkel von etwa 45° aufeinandertreffen. Stadterweiterungen wurden in derselben Manier vorgenommen (BUNIN 1961, FEDOR 1975).

Der Gegensatz zur traditionellen Altstadt wird da besonders augenfällig, wo diese von ganz anderen Volksgruppen und Kulturen wie in *Mittelasien* gestaltet worden waren. Eindrucksvolle Beispiele hierfür liefern Samarkand und Taschkent, in denen neben die alte Sardenstadt aus der orientalisch-aralischen Kultur mit ihren Moscheen, Medressen, ihrem Bazar, Seidenwebereien und Teppichknüpfereien und dem wirren Sackgassengrundriß etwa ab 1840 die kolonialrussische Neustadt trat mit im Falle von Samarkand fächerförmigem Grundriß. Den Ansatzpunkt bildete eine umfangreiche Garnison auf dem Burggelände auf der Westseite der Altstadt. An sie schloß sich die Beamten- und Kaufmannstadt mit breiten Radialstraßen an. Das Bahnhofsviertel mit Baumwollfabriken und Arbeiterwohnsiedlung zeigt einen schachbrettartigen Grundriß. Während dieser Zeit veränderte aber auch die Sardenstadt ihr Gesicht durch mehrere große Straßendurchbrüche. Aschchabad, Alma-Ata und Frunse dagegen sind reine Neustädte dieser Epoche, wo vorher lediglich kleine Dörfer existierten (FICK 1971, GELLERT-ENGELMANN 1967, MÜLLER-WILLE 1978).

Ein wiederum anderes Gesicht erhielten die Neugründungen der *Sowjetzeit*, während die existierenden Städte entsprechende Umgestaltungen erfuhren. Hierbei kamen einige wichtige *Grundsätze* zum Ausdruck: Verstaatlichung des Bodens und Ausschaltung des Konkurrenzkampfes um ihn, Betonung des Stadtzentrums als gesellschaftlicher Mittelpunkt der Stadt, Kollektivierung der persönlichen Dienstleistungsaufgaben wie Zubereitung von Mahlzeiten und Kinderbetreuung, sinnvolle Zuordnung von Funktionen und den entsprechenden Nutzflächen zueinander, Schaffung autarker Stadtteile und Reduzierung von Pendlerwegen, eine möglichst gleichmäßige Versorgung der Bevölkerung und entsprechende Verteilung der dazu nötigen Einrichtungen, Steuerung des Stadtwachstums und Anbindung von Neubaugebieten an das öffentliche Nahverkehrsnetz (AFANASJEV / KHAZANOVA 1963, BARANOW 1971, GRADOW 1971, GUTNOV 1968, HRUSKA 1965, KOPP 1972, KORFMACHER 1975, MELLOR 1963, OSBORN / REINER 1962, PARKINS 1953, SCHWARIKOW 1968).

Die *Eliminierung der Bodenpreisfrage* hat den sowjetischen Planern vor allem bei der Gestaltung des Stadtzentrums bessere Möglichkeiten als in Ländern mit Privateigentum am Boden verschafft, aber gleichzeitig zu negativen Folgeerscheinungen geführt, zu denen das Auftreten auch *unerwünschter* Nutzungsarten und eine weitverbreitete *niedrige* Bauweise, die allmählich als Verschwendung von Boden angesehen wurde, gehören. Um ein gewisses Maß an Effizienz in der räumlichen Organisation des Stadtgebietes zu erzielen, gibt es seit Beginn der 70er Jahre Bestrebungen, ein künstliches Bodenpreisgefälle zu konstruieren, wobei dem Stadtkern der drei- bis vierfache Preis im Vergleich zum übrigen Stadtgebiet zugewiesen wird, ein spezifisch auf den Städtebau bezogener marktwirtschaftlicher Denkansatz, wie er neuerdings allgemein in der Sowjetwirtschaft zum Ausdruck kommt (vgl. BATER 1977).

Dem *Stadtzentrum* wird besondere Beachtung geschenkt, und in der Gestaltung seiner Straßen, Plätze und Gebäude manifestieren sich einige Grundvorstellungen sozialistischen Städtebaus. Wichtige Elemente sind große zentrale Platzanlagen und Aufmarschstraßen für Massenkundgebungen, wiewohl man von der anfänglich obligaten Magistrale seit einiger Zeit wieder abgekommen ist. Hinzu kommen die Parteizentrale, der Kulturpalast und andere Großbauten mit repräsentativem Charakter.

In den erwähnten mittelasiatischen Städten hat man Stätten für Kunst und Wissenschaft und Verwaltungsneubauten bewußt in den Bereich zwischen Altstadt und kolonial-russischer Stadt gelegt und zugleich die Verkehrsverbindungen zwischen beiden verbessert, um eine Verschmelzung dieser verschiedenen historischen Stadtteile zu fördern.

Zur *Kollektivierung* der persönlichen Dienstleistungsaufgaben gehören vor allem die Gemeinschaftsgroßküchen und Gebäude der Jugendorganisationen. Die korrelate Form für diese Hinausverlegung häuslicher Funktionen aus der Privatsphäre ist die knappe Bemessung des Wohnraumes in den vielfach in Fertigbauweise erstellten Großwohnblocks.

Die sinnvolle *Zuordnung* der Funktionen zueinander unter Berücksichtigung auch der zu vermeidenden Beeinträchtigung der Wohngebiete durch die Industrie war ein relativ frühes Anliegen des sowjetischen Städtebaus. Es kam schon 1930 in MILJUTINS Buch ›Sotsgorod‹ (vollständiger Titel: Problema stroitjeltswa sozialistitscheskich gorodow = Probleme des Baus sozialistischer Städte) zum Ausdruck (engl. Ausgabe: MILJUTIN 1974). Unter Beachtung der vorherrschenden Windrichtung wurde eine *bandartige* Anordnung von Wohnbereich, Grünzone, Industriezone und Eisenbahnanlage angestrebt mit günstiger Zuordnung der Folgeeinrichtungen wie Schulen und Krankenanstalten. MILJUTIN selbst machte zu bereits bestehenden Entwürfen für die Gestaltung von Magnitogorsk in seinem Buch einen entsprechenden

Gegenvorschlag, und später wurde diese Idee beim Wiederaufbau des kriegszerstörten Wolgograd (Stalingrad) verwirklicht.

Der Reduzierung des innerstädtischen Pendlerverkehrs sollte vor allem das Konzept des *Mikrorayons* dienen. Dieser ist eine Art Stadtlandschaftszelle, mit 6000—25 000 E. etwa der Nachbarschaftsgröße entsprechend, eine Voraussetzung auch für den erstrebten Gemeinschaftsgeist. Theoretisch ist hiermit eine weitgehende Funktionsmischung gegeben. Jedoch muß man berücksichtigen, daß nur rund die Hälfte der Stadtbevölkerung der UdSSR in solchen Mikrorayons lebt, und daß in diesen die Planvorstellungen durchaus nicht voll verwirklicht werden konnten, so daß entgegen diesen häufig die Häuser höher, die Räume kleiner, die Grünflächen knapper und mit zunehmender Entfernung vom Stadtzentrum die Versorgungseinrichtungen unzureichender sind (FROLIC 1963/64, BATER 1977).

Für die möglichst gleichmäßige Versorgung der Bevölkerung wurden bestimmte städtebauliche Normen der Grundausstattung für jede Stufe einer hierarchischen Ordnung von Gebietseinheiten festgelegt. 3—4 Mikrorayons (Wohnkomplexe) auf je 60—80 ha Fläche mit Fußläufigkeit für die Folgeeinrichtungen bilden einen Wohnbezirk, der auch die für ca. 80—100 000 E. notwendigen Einrichtungen des periodischen Bedarfs aufweist; darüber stehen das Planungsgebiet mit 250 000—400 000 E. und die Planungszone mit ca. 1 Mio. E. Seit Beginn der 70er Jahre ist man allerdings davon abgegangen, diese Gliederung als starres Planungsschema anzusehen (KORFMACHER 1975).

Noch ist in den Städten der UdSSR im allgemeinen der Anteil der Benutzer von öffentlichen Nahverkehrsmitteln hoch. Oft hat nur die Hälfte der Stadtstraßen eine feste Decke. Der Individualverkehr ist noch relativ gering. Jedoch dürften die zunehmende Motorisierung und ihre Begleiterscheinungen und die erwähnte veränderte Bodenbewertung zu wachsenden Ähnlichkeiten mit den Städten in westlichen Industriestaaten führen (BATER 1977).

## 3. Die chinesische Stadt

Von allen Ländern der Welt hat China die längste Tradition einer *Stadtkosmologie*, da sie tief im Wesen des Chinesen verwurzelt ist, in die chinesische Herrschaftsideologie Eingang fand (Kaiser als Himmelssohn, China als Reich der Mitte), und da die Stadtgründungsepoche vor der Mongolenherrschaft (1280—1368) und die Ming-Zeit danach (1368—1614) Perioden der Rückbesinnung und die Architekten überaus konservativ im städtebaulichen Denken waren (WRIGHT in SKINNER 1977).

Während die Stadt in China nach archäologischen Funden auf die Shang-Zeit (1450—1111 v. Chr.) zurückreicht und ihre Anfänge vermutlich im *Zeremoniellen* liegen und erst in einer späteren Phase der Säkularisierung ein Herrscher, der als Gott-König zugleich die religiösen und weltlichen Belange wahrnimmt, die weitere Stadtgestaltung mit Palastbauten und Grabmälern und oft einer eigenen ummauerten, „verbotenen" Stadt bestimmt, findet sich der uns geläufige chinesische *Archetyp mit rechteckigem*, zuweilen gar quadratischem Grundriß, von dem EBERHARD vermutet, daß er aus *Militärlagern* ähnlich den in Deutschland auf die römischen „castra" zurückzuführenden Städten hervorgegangen sein könnte, in der Chou-Zeit (1111—221 v. Chr.) (CHANG 1963, EBERHARD 1956, KOLB 1963).

Bevor ein Stück Land als Teil der Natur bewohnt werden konnte, mußte es geweiht und geordnet werden, es mußte künstlich gestaltet werden, sich dabei aber in Harmonie mit dem Weltganzen befinden. Zu den *geomantischen Regeln* gehörte, daß das künstliche Gebilde Stadt ein Abbild des Kosmos bzw. der Erde sein mußte. Als solches wurde das Quadrat angesehen. Entscheidend wurde daher die *Mauer*, die in ihren Umrissen ein Quadrat, zumindest aber ein Rechteck nachzeichnete. Die Mauer wurde zuerst errichtet, die Stadtfläche damit fixiert, die Fläche innerhalb der Mauer oft gar nicht für Behausungen voll benötigt und überbaut, sondern es verblieben Freiflächen für landwirtschaftliche Nutzung und Wasserkörper, beide wichtig als Nahrungsgrundlage in kriegerischen Zeiten. In *N- und NW-China*, dem ursprünglichen China der Chou-Dynastie, d. h. in den ebeneren Landesteilen des späteren Großreiches und in der Nachbarschaft der von N + NW einfallenden Steppenvölker, waren die regelmäßig-rechteckigen Formen besonders häufig und die Abmessungen besonders groß. Auch zeigten höchstrangige Städte wie Provinz- und Präfekturhauptstädte eher reguläre Formen als nachgeordnete Städte. Im späteren, mehr bergigen südchinesischen Kolonisationsraum wurden die Formen unregelmäßiger und die Abmessungen geringer. In ganz China schwanken die Größen der ursprünglichen ummauerten Altstadt zwischen 300 × 300 m und 8000 × 4000 m (CHANG in SKINNER 1977, ERDBERG-CONSTEN 1969, THILO 1977, WHEATHLY 1971).

Durch jüngere Ausbauten kam es dann zu unregelmäßigeren Umrissen, doch im Kern blieb der regelmäßige Grundriß erhalten. In verschiedenen Fällen kam es auch zu *Doppelstädten* oder gar noch mehr Siedlungskernen, die jeder für sich ummauert waren. Das trat in Flußlagen ein, wenn sich auf beiden Ufern oder zwischen mehreren Flußarmen Siedlungen bildeten, oder wenn eine Stadt zugleich Sitz einer Provinzverwaltung und einer Präfekturverwaltung war, so daß zwei Bereiche durch Mauern gegeneinander abgegrenzt wurden, sodann im Zusammenhang mit historischen Ereignissen: Im 17. Jh. erstrebten die Manschus bei ihrer Besetzung von Teilen Chinas aus militärischen Gründen eine Segregation gegenüber der einheimischen Bevölkerung an; beim Vordringen Chinas in mongolische Gebiete im NW im 19. Jh. strebten sie selbst eine Trennung gegenüber der moslemischen Bevölkerung an; beim Zustandekommen der Vertragshäfen und amerikanisch-europäischen Konzessionen im 19. Jh. kam es zu separaten Stadtgebieten (CHANG 1970, CHANG in SKINNER 1977).

Weiter gehörte zu den geomantischen Regeln die Ausrichtung der Mauern auf die *Haupthimmelsrichtungen*. Die bevorzugte Richtung war Süden, die mit dem Bösen in Verbindung geglaubte der Norden. Daher wurden z. B. in Peking je 3 Tore an den verschiedenen Seiten angebracht, an der Nordseite jedoch nur zwei, und zwar auch gegenüber denen an der Südseite etwas versetzt, und das Nordtor der „Verbotenen Stadt" führte auch nicht auf ein Tor an der Nordseite der Mauer zu. Selbst die Straßen wurden etwas abgeknickt geführt, um keinen ganz durchgehenden *Straßenverlauf* zu bieten. Die zentrale Nord-Süd-Achse galt als die wichtigste Straße, hatte auch die Funktion einer Prozessionsstraße, und an ihr reihten sich viele der bedeutendsten Gebäude auf (BOYD, 1962, WHEATLEY 1971).

Nach der vorangegangenen Feudalzeit mit zahlreichen Lehensstaaten bauten die Chin- und Han-Dynastien (221 v. Chr.—221 n. Chr.) ein zentralistisches Reich mit einer *umfangreichen Beamtenschaft* auf, die fortan zur tragenden Schicht im Staate wurde. Die Bedeutung der einzelnen Stadt hing von der Rangstufe des innerhalb ihrer Mauern residierenden Mandarins und dem Umfang seines Beamtenapparates ab. Die Beamten benötigten für ihren Lebensunterhalt zahlreiche Güter und Dienste von den zu Gilden zusammengefaßten Kulis und waren die Förderer von Gewerben und Künsten, die in China zahlreiche europäische Erfindungen um Jahrhunderte vorwegnahmen. "Probably in no other country has political influence in city development operated in such pure fashion, and, at the same time, so strongly and so continuously through the centuries, as in China" (TREWARTHA 1952, S. 82/83).

Die chinesische Stadt zeigt in ihrem Innern *keine so klare Anordnung* bestimmter Funktionen und Bevölkerungsgruppen wie die Städte in vielen anderen Kulturräumen. Das liegt u. a. darin begründet, daß, wie erwähnt, innerhalb der Mauern oft *mehr Raum* verfügbar war als für den Hausbau benötigt wurde, daß die *Leichtbauweise* aus Holz, Lehm oder halbgebrannten Ziegeln keine langfristige Investition darstellte, und daß die chinesische Stadt *keine deutlichen Bezugspunkte* besaß, da die Gebäude mit der Ausnahme von Pagoden und den mehrgeschossigen Torbauten im Verlaufe der Mauer alle niedrig waren und keinerlei Besonderheit in Aussehen und Abmessungen aufwiesen. *Der Handel hatte keinen fixierten Platz.* Vielmehr bildeten sich Ladenzeilen und/oder periodische Märkte meist an mehreren Punkten heraus, so in der Nähe von Tempeln und bei den Stadttoren (CHANG

1970). In Peking z. B. entstand das Hauptgeschäftszentrum außerhalb der südlichen Tore der Inneren Stadt *fernverkehrsorientiert* auf dem Gebiet der erst später gesondert ummauerten Äußeren Stadt. Dieses Geschäftszentrum ist keine City im europäischen und kein CBD im amerikanischen Sinn. Der größte Teil desselben weist wenig Geschoßfläche für ausschließliche Geschäftsnutzung auf. Vielmehr tritt hier neben dem Konkurrenzkampf um die zentrale Lage noch ein solcher um die Erdgeschoßflächen auf. Ähnlich wie in den Städten Indiens oder des von Indern beeinflußten Afrika haben wir hier eine enge Verflechtung von Laden/Gewerbe und Wohnen, und oft werden im meist zwei- bis dreigeschossigen Haus des Geschäftszentrums die Verkaufs- und Arbeitsräume zugleich als Eß- und Schlafräume für die männlichen Beschäftigten genutzt. Dieser "shophouse-core", der von JACKSON (1974) auch für die malayischen Städte beschrieben worden ist, ist ein Element der chinesischen Stadt, das auch in Neubaugebieten und bei Sanierungsvorhaben immer wieder auftritt (PANNELL 1976, SKINNER in SKINNER 1977).

In einiger Entfernung vom "shophouse-core" bildete sich in Peking im östlichen Drittel der Inneren Stadt das bevorzugte Wohngebiet der "gentry", hauptsächlich der Beamtenschaft, in der Nähe von konfuzianischen Schultempeln, Akademien und Buchhandlungen heraus. Wie Peking haben auch andere Städte *zwei Kerne*, zwischen denen eine *Übergangszone* mit starker Durchmischung von Gewerbe und Wohnfunktionen liegt. *Randlicher*, mehr zu den Mauern und vor allem zu den Ecken hin, sammelte sich die untere Schicht, zu der Träger und Transportarbeiter, Hausierer, Musikanten und alle möglichen anderen Berufe gehörten. Da das Gruppenzusammengehörigkeitsgefühl des Chinesen stärker als der Wunsch nach Absonderung ist, erscheinen ihm auch größere Wohndichten akzeptabel (PANNELL 1976).

Für die innere Gliederung der Wohngebiete spielten die aus Straßenabschnitten bzw. Straßenzügen sich bildenden *nachbarschaftlichen Kultgemeinschaften* (neighborhood cult associations) eine große Rolle. Ihre Mitglieder fühlten sich einem Tu-ti-king (Erdgott) verbunden, zu dessen Ehre und Unterhaltung sie Jahresfeste veranstalteten, hielten aber auch ihre Nachbarschaft sauber und friedlich, indem sie für Brandbekämpfung und Müllbeseitigung, Schlichtung von Streitigkeiten u. a. m. sorgten. Für 3—4 solcher Nachbarschaften war ein Tempel der gemeinsame Bezugspunkt (SCHIPPER in SKINNER 1977).

Im 19. Jh. vollzogen sich in vielen chinesischen Städten größere Veränderungen. Die Küsten- und Flußstädte des Ostens erhielten mit den sog. *Konzessionen* europäisch gestaltete Viertel. Während die alte Chinesenstadt in überschwemmungssicherer Entfernung vom Fluß lag, entstand direkt am Wasser ein modernes *Hafen-, Handels- und Industrieviertel*. Da die Ausländer auch nicht in der Chinesenstadt wohnen sollten oder wollten, andererseits die Nähe zu ihren Wirtschaftsunternehmen suchten, bildete sich ebenfalls in Flußnähe, unter Umständen am Gegenufer, ein *Ausländerwohn- und Konsulatsviertel* heraus. Unabhängig von dieser direkten Einflußnahme der überseeischen Mächte wurde in einigen Städten die Mauer geschleift und die Sonderstellung der „Verbotenen Stadt" abgeschafft, und es wurden Straßendurchbrüche durchgeführt und mehrgeschossige Bauten nach europäischem Vorbild errichtet.

In der VR China sind die provinz- und kreisunmittelbaren Städte wie auch die drei der Zentralregierung direkt unterstehenden (Peking, Shang-hai, Tian-jin) hierarchisch gegliedert. Die Haushaltungen bilden *Einwohnergruppen*, mehrere solche ein *Einwohnerkomitee*, das im ländlichen Bereich der Produktionsbrigade entspricht, mehrere Einwohnerkomitees bilden die kreisunmittelbare Stadt oder ein *Straßenkomitee* einer provinzunmittelbaren Stadt. Damit hat die chinesische Stadt ein neues *zellulares Grundmuster* erhalten, und zugleich ist es zu einer starken Dezentralisierung gekommen, indem die Betriebe großenteils die Produktionsmittel selbst erzeugen, die Sozialleistungen vergeben und den Wohnplatz vermitteln. Die Rolle des Betriebes erhellt aus der Tatsache, daß dank hoher Frauenbeschäftigung die Beschäftigungsquoten in den chinesischen Städten hoch liegen. Wiewohl sich das Städtewachstum wegen der verbesserten Lebensverhältnisse auf dem Lande und der Reglementierung des

Zuzugs in Grenzen hält, kommt der Wohnungsbau, meist in Form mehrgeschossiger Häuserzeilen, nicht mit dem Bedarf mit und liegt die dem einzelnen zur Verfügung stehende Wohnfläche etwa zwischen 3 und 5 1/2 m²/Person (JEFFREY / CALDWELL 1977, FRANK 1977, KÜCHLER 1976).

## 4. Die orientalische (und israelische) Stadt

Kulturgeschichtlich ist der Orient zwar das geschlossene Hauptverbreitungsgebiet des Islam von Marokko im Westen bis nach Pakistan im Osten, doch wollen wir hier nicht von der islamischen oder orientalisch-islamischen Stadt, sondern von der orientalischen Stadt sprechen, da alle ihre wesentlichen Elemente altorientalisch, also *vorislamisch* sind mit der einzigen Ausnahme des Bazars; aber selbst dessen einzelne Elemente dürften größtenteils in der vorislamischen Stadt vorhanden gewesen sein und wurden lediglich mit gewissen Umformungen zu dem neuen Gebilde des zentralen Geschäfts-, Handels- und Handwerkerviertels der orientalischen Stadt zusammengefügt (DE PLANHOL 1975, WIRTH 1975). Dagegen versuchen ETTINGHAUSEN (in BROWN 1973) und BIANCA (1975) Argumente dafür beizubringen, daß der Islam doch in erheblichem Maße den Städtebau des Orients beeinflußt habe, u. a. die Hauptmoschee und ihre Rolle als Bezugspunkt für wirtschaftliche Nutzungen und Bevölkerungsgruppierungen. Diese Frage um den Begriff ist eingebettet in das übergeordnete Problem der *Kontinuität* von altorientalischer und orientalisch-islamischer Stadt sowie ihrer gemeinsamen Wurzel und relativ großen Ähnlichkeit mit der abendländischen Stadt, was von ROTHER (1972) und STEWIG (1966, 1977) im wesentlichen verneint, von EHLERS (1978) und WIRTH (1975) im wesentlichen bejaht wird (s. auch LAPIDUS 1967, 1969).

Der Sackgassengrundriß und das Innenhofhaus sind mit Sicherheit, die Struktur der ethnischen Wohnquartiere mit großer Wahrscheinlichkeit vorislamisch, die Suks gehen auf die Kolonnaden, die Karawanserei auf die Basilika, der Hammam auf die Thermen der antiken Stadt im Mittelmeerraum zurück. „Nur der Bazar ist offensichtlich eine große eigenständige Kulturleistung des islamischen Mittelalters. Gerade er aber hat als das Zentrum von Handel und Gewerbe von allen Einrichtungen der orientalischen Stadt mit dem Islam als Religion wohl am wenigsten zu tun ... Es wäre immerhin denkbar, daß der Islam als Religion die orientalische Stadt zwar nicht wesentlich geprägt hat, daß die mit ihm verbundene Rechts- und Sozialordnung aber entscheidend mit dazu beitrugen, die Erscheinungsformen der Stadt, wie sie sich im Alten Orient herausgebildet haben, in der ganzen vom Islam beherrschten Welt zu verbreiten" (WIRTH 1975, S. 88).

STEWIG sieht eine Kontinuität allerdings insoweit gegeben, als die orientalische Stadt auch in islamischer Zeit *Herrschaftssitz* mit Abhängigkeitsverhältnissen über den Rentenkapitalismus im Sinne BOBEKs bleibt, so daß ihr im Gegensatz zur europäischen Stadt des Mittelalters das freie Bürgertum fehlt (v. GRUNEBAUM 1955, HOURANI 1970, STEWIG 1977).

Für die in islamischer Zeit erfolgten Städteneugründungen sieht MOMENI (1976) als Ausgangspunkt die *Stiftung* von Bazaren, Moscheen und Hammams und Bereitstellung von Landbesitz für deren Finanzierung seitens einzelner Potentaten an, eine Erscheinung, die aber ihr Gegenstück in den hinduistischen Tempelbauten und den mitteleuropäischen Klosteranlagen hat.

Einen *Schlüssel* für die Struktur der orientalischen Stadt bietet ihr Grundriß, wobei jüngst wieder intensiv darüber diskutiert wird, ob ein absolut regelloses Sackgassengewirr der orientalische Stadtgrundriß schlechthin sei und wie er in seiner Entstehung zu erklären ist. Unbestritten sind große Teile vieler orientalischer Städte durch ein *baumartig verzweigtes System von Sackgassen, Knickgassen und überwölbten Tunnelgassen* gekennzeichnet. Sie führen in oft unregelmäßig begrenzte und unübersichtlich überbaute Baublöcke hinein, deren innere Häuser anders nicht erreichbar wären. Doch darf man nicht übersehen, daß es auch einzelne breitere und einigermaßen gerade verlaufende *Durchgangsstraßen* als Verbindungen zwischen den Stadttoren gibt, ja, daß einzelne Stadtteile und ganze Städte, insbesondere Teile des Bazarbereichs ein *Gitternetz geradliniger Straßen* aufweisen, von denen Sackgassen abzweigen. Damit ist die erste der beiden Fragen bereits verneint. Wie aber kam es zu der immerhin weiten Verbreitung des Sackgassengrundrisses?

Als Voraussetzung sieht STEWIG zunächst die ungeplante, ganz der *Privatinitiative* überlassene Entwicklung der Grundbesitzstruktur mit ständigem Anwachsen der Bevölkerung und Zunahme der Überbauung (STEWIG 1977), letzteres in Anlehnung an SCHMIDT, der die Sackgassen als Reste früher größerer unregelmäßiger Freiflächen einer locker und zufällig bebauten *dörflichen Siedlung* sieht (SCHMIDT 1963, WIRTH 1975). WIRTH (1966) bringt dieses auch in Zusammenhang mit dem Aufgeben des antiken Verkehrs mit Wagen zugunsten des weniger Platz beanspruchenden *Tragtierverkehrs*. Vielfach ist sogar nachweisbar, daß Durchgangsstraßen an einer Stelle verbaut und damit erst zu Sackgassen wurden. WIRTH weist auch auf die *besondere Rechtsqualität* der Sackgasse als einem gemeinschaftlich-privaten Bereich hin, der zwischen den öffentlichen Flächen (Durchgangsstraßen, Plätze, Bazare etc.) und den privaten Häusern angesiedelt ist. So „ist die Sackgasse eben nicht nur ein Zufallsprodukt, das beim Wildwuchs einer sukzessiven Bebauung von Wohngebieten fast automatisch anfällt. Als ein städtisches Areal mit ganz eigengearteter Rechtsqualität kommt sie dem allgemeinen Bestreben nach Sicherung und Ausdehnung der Privatsphäre so sehr entgegen, daß die Sackgasse von den Bewohnern der orientalischen Stadt bewußt angestrebt, vielfach sogar von Anfang an in die Planung städtischer Wohnviertel mit einbezogen wird" (WIRTH 1975, S. 71). Mit der Einbeziehung der „Sicherung und Ausdehnung der Privatsphäre" sind wir aber wohl zum entscheidenden Punkt gekommen: Die beschränkte Zugänglichkeit ganzer Hausgruppen und größerer Baublöcke über eine einzige sich verzweigende Sackgasse kommt dem *Prinzip der Absonderung*, das ja auch im Innenhofhaus realisiert ist, besonders entgegen. Schon auf *Heerlagergruppen* der altorientalischen Stadt zurückgehend haben sich die in der orientalischen Stadt ansässig gewordenen *Sippen-*

*verbände* verschiedenster Herkunft aus dem doppelten Wunsch heraus, sich gegen den andersgearteten Nachbarn abzusondern und sich vor Feinden, auch *inneren Feinden* angesichts des im Stadtgebiet lebenden Völkergemischs, zu schützen, eng begrenzte, früher sogar mit Toren abschließbare Quartiere (arab. *harat*, pers. *hitat*) geschaffen.

So legen sich um die zentral im Stadtgebiet gelegene Hauptmoschee und den großen Bazar die *nach Ethnien und Religionen getrennten Wohnquartiere* der Sunniten, Schiiten, Armenier, Berber, Türken, Perser, Griechen, Christen, Juden, und jedes für sich hat gewisse, nur dieser Gruppe dienende Einrichtungen, d. h. ein Gotteshaus der entsprechenden Konfession, ein kleineres Geschäftszentrum, ggf. Medressen (Koranschulen), Hammam (öff. Bad) und Armenküchen. WIRTH (1975) hat darauf hingewiesen, daß diese Zersplitterung der orientalischen Stadt in zahlreiche Quartiere im Grunde genommen dem islamischen Prinzip von der Gemeinschaft aller Gläubigen sogar zuwiderlief, jedoch anfängliche Versuche, in jeder Stadt nur eine einzige Freitagsmoschee zu bauen, an der Durchschlagskraft dieser Fraktionierung der Wohnbevölkerung und Quartierstruktur gescheitert sind.

Der wirtschaftliche Mittelpunkt der orientalischen Stadt ist der zentrale *Bazar*, der in einigen Städten des Orients bis ins 11. Jh. nachweisbar ist, d. h. in die Zeit des Hochmittelalters fällt. Die Wohnfunktion wurde aus ihm verdrängt, da häufig der Wunsch bestand, ihn ganz oder Teile von ihm nachts und feiertags abzuschließen. Seinen verschiedenen gewerblichen Funktionen entsprechend weist er offene oder *überdachte Bazargassen für Einzelhandel* und Handwerk, *Khane* (Sarais), d. h. absperrbare Gebäudekomplexe mit einem meist arkadenumgebenen Innenhof für den *Großhandel*, z. T. auch für andere Funktionen, u. a. die Beherbergung der Fernkaufleute (orientalische Stadt als Karawanentreffpunkt!), *Bedesten*, d. h. von meist mehreren gleich großen Kuppeln überdachte Hallen zur *Lagerung* und Verkauf besonders wertvoller Waren wie Tuche auf.

Ein wesentliches Merkmal des Bazars ist die *Branchensortie-*

*rung* entsprechend der Wertschätzung der verschiedenen Waren. In den zentralsten Gassen nahe dem Haupteingang der Großen Moschee werden Weihrauch, Kerzen, Parfüme, Brokatstoffe, Goldschmuck, Lederarbeiten, Bücher gehandelt, etwas weiter ab Süßwaren, Naturfarben, Spezereien, Teppiche, Schuhe, in peripherer Lage finden sich die Gewerbe, die Lärm verursachen oder wegen offener Flammen Brandgefahr mit sich bringen, wie Grob- und Kupferschmiede, Sattler, Töpfer, werden Blech- und Seilerwaren und aller möglicher Hausrat gehandelt. Jüngere Erweiterungen, aber ebenfalls je in dichter Nachbarschaft auf eine oder mehrere bestimmte Bazargassen konzentriert, sind die Händler von Industrieerzeugnissen wie Autoteilen, Fahrrädern, Nähmaschinen. In den größten Städten gibt es neben dieser Branchensortierung noch eine Gliederung nach der Herkunft, so in Damaskus einen Griechenbazar, in Kairo einen der christlichen Kaufleute und einen für Waren aus dem Sudan. In gewissem Sinne ist die Branchensortierung eine Widerspiegelung der Zugehörigkeit der Händler und Handwerker der einzelnen Branche zu je einer *zunftähnlichen Korporation* mit weitgehend ethnischer und religiöser Bindung und gewissen Verwaltungsaufgaben, womit der Herrscher Beamte einsparen konnte (WIRTH 1966). Von den jüngsten Arbeiten über den orientalischen Bazar seien hier besonders der umfassende Überblick von WIRTH (1974/75) und die Spezialstudien über die Bazare von Bagdad von AL-GENABI (1976) und Isfahan von GAUBE / WIRTH (1978) genannt.

Es kann hier nur angedeutet werden, daß die orientalische Stadt insbesondere in den *peripheren* Gebieten des großen orientalischen Kulturraumes etwas unterschiedliche Ausprägung besitzt. Das ist u. a. von DETTMANN für die Stadt im hinduistisch-orientalischen Grenzbereich (1970), von KREISER (1974) und ROTHER (1972) für den türkischen, von WINTERS für den sudanesischen Bereich (1977), von LE TOURNEAU (1955, 1957) und LAWLESS / BLAKE (1976) für die maghrebinischen Städte dargestellt worden. In den vom Islam überformten Städten Vorderindiens ist der Bazar nicht frei von Wohnbevölkerung, und die Erweiterungen des vorigen Jahrhunderts sind die von den Briten bestimmten "cantonments" und "civil lines" mit dem Sadr-Bazar (vgl. Kap. II, 5). In den sudanesischen Städten kommt die vorislamische, schwarzafrikanische Tradition vor allem darin zum Ausdruck, daß sie nicht um den Bazar, sondern den *Palast* des regionalen Herrschers zentriert sind; daß für ihre Physiognomie und Gliederung die *Grabmäler der Marabuts* sehr wichtig sind, ein sichtbares Zeichen für die Hagiolatrie der Völker des Sudans und Maghreb, Grabmäler, deren unmittelbare Umgebung teilweise von Freiflächen für Festivitäten und Zeremonien oder von Vierteln bestimmter Sekten mit ihren Lehrstätten eingenommen wird; daß die Landwirtschaft mit entsprechenden Flächenanteilen ähnlich wichtig wie in den Yorubastädten ist (vgl. Kap. II, 7); daß angesichts dieser Verhältnisse die Wohnbevölkerungsdichten verhältnismäßig gering sind. Z. T. treffen diese Feststellungen auch auf den Maghreb zu. Für diesen hat LE TOURNEAU (1955, 1957) ein Modell der funktionalen und sozialen Differenzierung entworfen.

Durch die vorübergehende *Kolonialherrschaft* der Briten und Franzosen, in Marokko der Spanier, entstanden in den Städten vieler orientalischer Länder nicht nur moderne *Europäerviertel* (ensanches, villes nouvelles) mit regelmäßigem Straßennetz, repräsentativen Plätzen, zwei- bis viergeschossigen Appartementhäusern, vereinzelt sogar Hochhäusern, und Villenvierteln in bevorzugten Randlagen, sondern es kam auch zur Modernisierung von Altstadtbereichen durch Straßendurchbrüche mit Neubebauung sowie funktionalen Umorientierungen. Im Laufe der „Verwestlichung" ist die orientalische Stadt häufig zu einer *zweipoligen Stadt* geworden mit dem Bazar als der traditionellen Mitte und einem modernen CBD in geringer Entfernung vom ersteren (SEGER 1975, KOCH in SCHWEIZER 1977).

Der Bazar ist weitgehend auf die Einheimischen und unter diesen vor allem auf die Unterschicht und teilweise die Mittelschicht eingestellt, während ein Teil seiner Geschäfte an den Rand gezogen ist, um vom Touristenstrom zu partizipieren, und während die auf die gehobene Schicht und die Ausländer besonders ausgerichteten Geschäfte im CBD und an seinem Rande liegen. Der

Übergangsbereich zwischen beiden ist keinem von ihnen eindeutig zuzuordnen; während hier die Ansätze für moderne westlich orientierte Geschäfte lagen, macht er im Zuge fortschreitender CBD-Entwicklung eine gewisse Rückentwicklung zum traditionellen Bazar durch (SEGER 1975). Außer der Konkurrenz vom CBD erlitt der Bazar auch dadurch einen Funktionsverlust, daß sich der Großhandel z. T. aus den Khanen hinaus in fernverkehrsorientierte periphere Stadtteile verlagerte. Eine gewisse Umorientierung der Wohnbevölkerung brachte auch Veränderungen für die Wohngebiete mit sich, indem die gehobenere Schicht aus der Altstadt abwanderte und sich in bevorzugten Vororten niederließ. An den Hauptausfallstraßen haben sich oft kompakte Industriegebiete gebildet.

Aus diesen wenigen Ausführungen dürfte schon deutlich geworden sein, welche regional verschiedenartigen Züge die orientalische Stadt in einzelnen, vor allem peripheren Teilen innerhalb des großen Kulturraumes des Orient trägt. Auf einige räumlich enger begrenzte Arbeiten sei daher noch besonders hingewiesen. U. a. befaßten sich mit den maghrebinischen Städten NIEMEIER (1956), PELLETIER (1955), WAGNER (1973), WICHE (1957), mit ägyptischen LATIF (1974), mit sudanesischen BORN (1968) und MCLOUGHLIN (1963/64), mit türkischen BARTSCH (1952), BENEDICT et al. (1974), deren Buch ein umfangreiches Kapitel über die Squattersiedlungen enthält, GÖCER (1973), GREIF (1972), HÖHFELD (1977), der die Kleinstädte untersucht und konstatiert, daß diese zu etwa 70 % das Ergebnis junger administrativer Aufwertungs- und Verlagerungsentscheidungen sind, so daß die von den Großstädten abgeleiteten Modellvorstellungen nur mit Einschränkungen Gültigkeit besitzen, KIENITZ (1972), RITTER (1972), ROTHER (1972), SEN (1972), mit libanesischen KOCH (1977) und RUPPERT (1969), mit persischen AHRENS (1966), ANSCHÜTZ (1967), BÉMONT (1969), COSTELLO (1973), EHLERS (1972), ENGLISH (1966), GAUBE (1978), KOPP (1973), SCHWEIZER (1972). SEGER (1975), mit afghanischen GRÖTZBACH (1975, 1976) und WIEBE (1978), der darauf hinweist, daß hier die traditionellen Strukturen noch weitgehend erhalten und jüngere

Veränderungen nur „oberflächenstrukturell", d. h. die materielle Kultur betreffend, sind, und daß Veränderungen nicht allein aus Europa oder Amerika kommen, sondern in den afghanischen Städten auch von der „mittleren Gruppe" der Inder und Philippinos.

Nachdem zunächst von DETTMANN (1969, S. 203) im Rahmen seiner Damaskus-Arbeit ein Idealschema der islamisch-orientalischen Stadt entworfen worden war, haben SEGER (1975, S. 36) ein Modell der zweipoligen orientalischen Stadt unter westlichem Einfluß, KOCH (in SCHWEIZER 1977, S. 121) eines speziell für Tripoli und EICHLER (1976) eines für das Algier der Entkolonisierungszeit entworfen.

Innerhalb des großen orientalischen Kulturraumes stellt die israelische Stadt eine Besonderheit dar. In diesem Zusammenhang sei nur auf die Arbeiten von AMIRAN / SHAHAR (1961), GONEN (1972), KLAFF (1973), der speziell auf die im Einwandererstaat Israel sehr interessante ethnische Zusammensetzung und Segregation der Stadtbevölkerung eingeht, ORNI (1970) und SPIEGEL (1966) verwiesen.

## 5. Die indische Stadt

Für das Verständnis der indischen Stadt sind drei Phasen ihrer Entwicklung wichtig, die lange Tradition des hinduistischen (brahmanistischen) Städtebaus, die Epoche der britischen Kolonialherrschaft mit der Errichtung von "cantonments" und "civil lines" und den hier außer Betracht bleibenden "hill stations" sowie die jüngste Epoche staatlicher Eigenständigkeit.

Die *Hindustadtkultur* basiert auf den hinduistischen Vorstellungen von Raumgestaltung und der Fraktionierung der Hindugesellschaft im Kastenwesen. Der ganze Komplex der mythologischen und kosmischen Raumvorstellungen des Hinduismus in seiner Bedeutung für den Städtebau kann hier nur ganz grob skizziert werden; er ist eingehend bei PIEPER (1977) dargestellt. Diese Stadtkultur ist in ihrem Wesen *archaisch-ritualistisch* im Gegensatz zur klassisch-ästhetischen Stadtkultur der griechisch-römischen Antike und deren Nacheiferern. Ihre physische Ausprägung ist ein Symbolgefüge, das aus einem mythischen Weltverständnis herrührt. Um den unstrukturierten Raum zu ordnen, bedient sich der Hindu verschiedener Meditationshilfen, zu denen die „mandalas", „Meditationsbilder mit kreisförmiger Anordnung der Motive", und „yantras", „Symbole oder geometrische Diagramme" gehören. „Hindustädte sind meistens sowohl „mandala" als auch „yantra", also Gebilde mit einem Straßennetz, das mit geometrischer Regelhaftigkeit angelegt ist und mit Gevierten, die nach einem genauen ikonografischen Plan mit Tempeln (d. h. Gottheiten) besetzt sind" (PIEPER 1977).

Der Zahl Vier kommt bei der Aufteilung der originären Stadtanlage ebenfalls symbolhafte Bedeutung zu. Sie wiederholt sich in zahlreichen Phänomenen, so auch in der *ursprünglichen Kastengliederung* in die vier Kasten der Priester (Brahmanen), der Krieger und Herrscher mit ihren Beamten (Kshatriya), der Händler (Vaisya) und der Bauern (Sudra). Die Parallelisierung dieser Vierteilung geht aber so weit, daß zugleich bestimmte Teile des Stadtgebietes jeder dieser vier Kasten zugewiesen wurden, derart, daß die Brahmanen und der Herrscher mit seinem Gefolge in zentraler Lage in dem großen Palastbezirk mit dem Haupttempel lebten und die anderen weiter draußen, oder auch daß die Brahmanen im Norden, die Kshatriyas im Nordosten und Osten, die Vaisyas im Süden und die Sudras im Westen ansässig waren.

Die Hindukultur basierte auf den zahlreichen kleinen Königreichen in den Stromebenen der nördlichen niederschlagsarmen und periodisch trockenen Landesteile des Subkontinents und der sich daraus entwickelnden hydraulischen Gesellschaft; die ihr zugehörige Stadt ist eine *Herrschaftsstadt*. Der Herrscher ist Eigentümer des Bodens und des Wassers. „Daraus ergibt sich ein fundamentaler Unterschied zur Feudalordnung des mittelalterlichen Europa: Im hydraulischen Staat sind die Beamten die herrschende Klasse. Ihr Status ist ausgezeichnet durch Privilegien und nicht durch Lehen und Grundbesitz" (PIEPER 1977). Dem

Herrscher mit seinem Beamtenapparat und der Priesterschaft stehen die Handwerker und Händler gegenüber. Daher nahm der Palastbezirk mit dem Haupttempel zwischen einem Drittel und der Hälfte der ganzen ursprünglichen Stadtfläche ein. Dazu kam ein ausgedehntes Handwerkerviertel, da das Handwerk eine große Rolle für einen solchen Hofstaat spielte.

Kaufleute im europäischen Sinne gab es dagegen kaum, da der Händler eine Art Agent im Dienste des Herrschers zur Beschaffung fremder Luxusartikel war, so daß die Hindustadt kein Markt mit Warenaustausch war. Somit spielten auch Hafenorte nur eine untergeordnete Rolle: Die Hindustädte waren fast ausnahmslos *Binnenstädte*. Aufgrund dieser Gesellschaftsstruktur mit ihrer Kastengliederung hat sich ein autonomes Bürgertum als tragende Schicht in der indischen Stadt bis ins 20. Jh. hinein nicht entwickeln können.

Während die vier genannten Hauptkasten als aus verschiedenen Körperteilen der Gottheit Vishnu entsprungen angenommen werden, haben sich über die Zeiten durch Machtkämpfe, Migration, Abspaltung und Berufsauffächerung unzählige weitere *Unterkasten* gebildet. Nach Nissel (1977) gibt es deren über 3000, und diese sogen. „jatis" sind gekennzeichnet durch Endogamie ihrer Mitglieder, eine relativ enge Konzentration im Raum, eine stark begrenzte Berufszugehörigkeit mit Vererbung des Berufs im Generationswechsel und einem bestimmten Rang innerhalb der sozialen Hierarchie. Der heute starke Zuzug in die Großstädte hat nicht zu einem Abbau der Kastenschranken und der Segregation geführt. Aus ungeklärten Gründen sind religiöse Minoritäten überdurchschnittlich an der Migration in die Großstädte beteiligt (Nissel). Hilfestellung für die Neuankömmlinge ist nur im Rahmen der eigenen Kaste üblich, u. a. die Beschaffung eines Arbeitsplatzes. Durch diese Kastenbindung sind Umfang und Reichweite innerstädtischer Wanderungen sehr begrenzt, und selbst bei Slumbewohnern ist die *Wohnsitzpersistenz* hoch (Blenck 1974; Blenck/Wiertz 1975). Die *geringe Berufsmobilität* ist der Segregation auch gegenwärtig noch förderlich (Hasan 1976). Moderne *Gemeinschaftseinrichtungen* wie "community centers" in den Wohnvierteln einer bestimmten Kaste verfestigen noch die Kasten-Solidarität (NISSEL). Wo eine Bevölkerungsumschichtung stattgefunden hat, erkennt man noch in Viertelsbezeichnungen die ursprünglich dort ansässige Kaste, so in dem Namen „Dompara" das ehemalige Viertel der Bambusarbeiter (dom) und in „Haripara" das der Landarbeiter (hari) in Calcutta. Das Eigenimage der Brahmanen ist so vom Prestigedenken bestimmt, daß der Gewohnheit folgend bei einem Hausverkauf den Mitgliedern der eigenen Sippe, in zweiter Linie denen der eigenen Kaste das Vorkaufsrecht zusteht. Allerdings haben auch die höheren Einkommensgruppen der „Neo-Elite" von Managern der Wirtschaft und leitenden Büroangestellten eine größere Möglichkeit der Wohnstandortwahl, und zwischen ihnen und der übrigen Bevölkerung tut sich eine Schere auf (HASAN).

Während in der orientalischen Stadt das Wohnen im Sippenverband die Abgeschlossenheit kleinerer Wohnbereiche um eine der zahllosen Sackgassen herum als adäquate Behausungsform entstehen ließ, steht in Indien die *Kaste über der einzelnen Sippe*. Bei dieser anderen Größenordnung ist der orientalische Sackgassengrundriß nicht praktikabel. Vielmehr sind zwischen den kleinsten Wohnbereichen Durchbrüche und Verbindungsgassen nötig. Zwar gibt es Knick- und Sackgassen wie im Orient, aber nicht die dort üblichen baumartigen Verästelungen des unüberschaubaren Sackgassennetzes.

Im einzelnen sind die Wohnbereiche einer Kaste sehr unterschiedlich groß; z. B. variieren die jeweils von einer Kaste bewohnten Blocks in Ahmadabad, die sogen. *Pols*, zwischen 5 und über 60 Häusern, wobei jedes Pol von einer Mauer umgeben und nur über zwei Tore an den Enden seiner Hauptstraße zugänglich ist, an denen wegen der hygienischen Kontrolle die beiden öffentlichen Latrinen lokalisiert sind. Neben einer gewissen Selbstverwaltung besitzt das einzelne Pol dank der Berufsgebundenheit seiner Bewohner auch eine Monopolstellung im Wirtschaftsgefüge der Stadt (PIEPER). In einem so abgeschlossenen Wohnviertel leben reichere und ärmere Mitglieder derselben Kaste in leicht unterschiedlich gestalteten Häusern beieinander.

Zum Wesen der archaisch-ritualistischen Stadtkultur gehörte „die Annäherung an eine orientierte, als ideal empfundene Umrißform mit einer ausgeprägten Betonung des Zentrums" (PIEPER). Diesem Hindu-Idealtyp entspricht weitgehend der *reguläre indische Netzgrundriß* im Sinne NIEMEIERS (1961). Er ist gekennzeichnet durch ein orientiertes Hauptstraßenkreuz, einen Zentraltempel und eine randlich zur Altstadt gelegene, z. T. in die Stadtmauer einbezogene Palastburg. Abweichungen von diesem Idealtyp sind die Unregelmäßigkeit des Umrisses, der zwar häufig eine Annäherung an ein Quadrat, aber eben keine absolut geometrische Form zeigt, und das Knickgassensystem der Seitenstraßen. Streckenweise verlaufen bei der *irregulären indischen Netzform* die Hauptstraßen bogig oder schiefwinklig und, bedingt durch vorgeschobene Veranden oder Verkaufsstände, in wechselnder Breite. PIEPER sieht in diesen beiden etwas voneinander abweichenden Grundrissen „zwei verschieden weit fortgeschrittene Degenerationsstufen des Hindu-Archetypus", wobei der irreguläre, der in dem vom Islam beeinflußten Norden häufiger als südlich der Satpura-Kette vorkommt, die dem Islam zugeschriebenen Merkmale der Knickgassensysteme und des der Kreisform angenäherten Grundrisses aufweist (PIEPER). Entsprechend wird das Nebeneinander beider Grundrißformen in manchen Städten der Existenz hinduistischer und islamischer Stadtteile aufgrund der dort gegebenen Bevölkerungszusammensetzung zugeschrieben.

In krassem *Gegensatz* zu dieser Hindustadt entstand ab Mitte des 19. Jh. mit der britischen Besetzung Indiens die *angloindische Station* in der Nachbarschaft und zugleich in deutlicher räumlicher Trennung von der bestehenden indischen Altstadt. Diese Absonderung dokumentiert sich oft in einer entsprechenden *Trassierung der Eisenbahn*, deren Gleiskörper geeignet war, die Station von der Altstadt baulich zu trennen, was sowohl aus hygienischen Gesichtspunkten als aus einem Sicherheitsbedürfnis der Briten heraus zu erklären ist.

Der Begriff „Station" soll schon auf einen vor 1600 so von den Portugiesen bezeichneten Ankerplatz an der indischen Küste zurückgehen. Die Station bestand im allgemeinen aus dem "*cantonment*", also den militärischen Anlagen und Wohnungen der Offiziere, und den sogen. "*civil lines*", den Verwaltungsgebäuden des Distrikts mit den Wohnungen für die Beamten des Indien Civil Service. Rein äußerlich kontrastierten diese Stationen außerordentlich gegen die Altstadt: große Grundstücke bei Einwohnerdichten um 50/ha gegenüber dem Fünfzigfachen in der indischen Stadt, eingeschossige Häuser, breite, baumbestandene Straßen und alle erdenklichen infrastrukturellen Einrichtungen der Ver- und Entsorgung und Freizeitgestaltung. An der Hauptstraße, meist "The Mall" genannt, lagen die wichtigen öffentlichen Gebäude sowie die dem europäischen Bedarf entsprechenden Geschäfte, Banken, Hotels, Kinos, Schulen.

Das gegenüber dem Inder andere Wohnverhalten der Briten, die keine Großfamilie unterzubringen hatten, andererseits mehr haben wollten als nur einen simplen Schutz gegen Wetter und fremde Beobachter, und ihr Gefühl der *Andersartigkeit* der einheimischen Bevölkerung gegenüber standen einer Übernahme des indischen Hauses entgegen. Aber auch gegenüber der eigenen Heimat wollte man sich abheben. Aus dieser Situation heraus entstand als neuer Haustyp der *Bungalow:* eingeschossig, pyramidenförmiges Dach aus Ried oder Ziegeln, quadratischer bis rechteckiger Grundriß, umlaufende Veranda mit Pfeilern, die den Dachüberhang tragen, das Haus selbst auf Pfeilern zum Schutz vor Überflutungen während der heftigen Monsunregen, Räume, die wegen besserer Luftumwälzung ineinander übergehen, mit hohen, sich nach allen Seiten auf die Veranda öffnenden Türen (PIEPER). In der Nähe, etwas unter Bäumen und Büschen versteckt, lagen die Häuser der zahlreichen Bediensteten und das Küchenhaus. Alle zusammen machten den sogen. "Bungalow compound" aus. Ein Bungalow kostete Ende des Jahrhunderts „das Dreizehnfache der Behausung eines Inders mit gleichem Einkommen und vergleichbarem Repräsentationsbedürfnis" und hatte in seiner Art „als freistehendes, nach allen Seiten sich präsentierendes Gebäude inmitten eines weitläufigen Gartens ... in England nur eine *inhaltliche* Parallele, nämlich die Landsitze des englischen Adels" (PIEPER). Die Truppen wurden je nach Dienstgrad in verschiedenen Haustypen untergebracht, dabei noch getrennt nach Nationalität (britische Truppen gesondert von den indischen) und Waffengattung.

Die *britische Gesellschaft* in Indien zerfiel ihrerseits in vier „Klassen" von unterschiedlichem Status, der sich in ihrer ganzen Lebenshaltung, nicht zuletzt in ihren Behausungen, ausdrückte: die Gouverneure mit ihrem Beamtenapparat, die Militärs, die privaten Geschäftsleute mit ihren persönlichen wirtschaftlichen Interessen in Indien, und die Bediensteten. Zeitgenössische Beobachter der indischen Szene wollten diese Vierteilung mit dem Vorbild der ursprünglichen indischen Kastengliederung in Verbindung bringen (KING 1976).

Eine Besonderheit innerhalb der Stationen stellte der Sudder oder *Sadr-Basar* dar, der neben dem Geschäftsviertel an der Mall zunächst für die Versorgung der einheimischen Truppen eingerichtet wurde, denen das Betreten der Altstadt verboten war; in Form und Funktion zeigte er große Ähnlichkeit mit dem Altstadt-Basar.

Während der britischen Besetzung traten nun gleichzeitig ein gewisser *Verfall* der Hindustadtkultur und eine allmähliche *bauliche Umgestaltung* der Hindustadt ein. So verfielen die Tempel, die ja hervorragende Bezugspunkte für die einheimische Bevölkerung gewesen waren, einfach aus Mangel an Geld, das von den Fürsten und anderen Mäzenen aufgebracht worden war und jetzt großenteils über die Besteuerung den finanziellen Belangen der Kolonialmacht zugeführt wurde. Die Umgestaltung der Altstadt erfolgte z. T. aufgrund des Vorbildes, das die Station bot, die aber nicht das Produkt von Architekten, sondern von *Ingenieuren* war (PIEPER).

Die Entwicklung einer City im zentralen Stadtgebiet vollzog sich nur zögernd und weniger umfassend als in europäischen Städten. Die Inanspruchnahme einer Reihe von Einrichtungen durch die Mitglieder nur einer einzigen Kaste läßt dagegen die dispers gelegenen speziellen Dienste besondere Bedeutung erlangen. Da die britische Kolonialmacht die Verwaltungsfunktion aus dem Zentrum der einheimischen Altstadt fernzuhalten trachtete, fehlt diese weitgehend der City (BRONGER 1969, LATA TANEJA 1971).

Im Verlaufe des weiteren Städtewachstums sind diese verschiedenen Elemente zu einem größeren Stadtkörper verschmolzen, während sich auch nach der Eigenstaatlichkeit die baulichen, funktionalen und sozialen *Differenzierungen weitgehend erhalten* haben. „Mit einer Hartnäckigkeit, die kaum verständlich ist, besteht der allein dem Verteidigungsministerium verantwortliche Cantonment Board auch heute noch auf der Wahrung der einstigen Ordnung und entzieht die ausgedehnten Hausbauten der britischen Zeit jeder sinnvollen Überplanung" (DETTMANN 1970). Damit ist auch der Wohnwert bestimmter Lagen im Stadtgebiet festgeschrieben und unterliegt nicht dem sonst möglichen und von innerstädtischen Wanderungen begleiteten Wandel. Selbst der Sadr-Basar ist neben dem modernen Geschäftsviertel weiterhin erhalten, jedoch auf einen Kundenkreis mit deutlich niedrigerer Kaufkraft, der das einstige "cantonment" bewohnt, zugeschnitten. Im modernen Geschäftsviertel hat sich ein *Verdichtungsprozeß* mit Überbauung vieler Garten- und Freiflächen, weniger eine horizontale Ausdehnung, abgespielt. Seine Läden finden ihre Kunden in den besseren Teilen des "cantonments" und in neuen vornehmen *Neubaugebieten* außerhalb der "cantonments" oder am Rande der Altstadt (DETTMANN).

Als eigenständige Siedlungen entstanden in der britischen Epoche noch die *Railway Colonies* etwa ab 1870 und *Industriestädte* wie Jamshedpur um das 1907 gegründete Stahlwerk; andere sind noch jüngeren Datums wie Rourkela. Sie sind nach *moderneren Prinzipien* angelegt, weitflächig selbst in ihrem Kern und mit geringer Bevölkerungsdichte, mit deutlicher Funktionstrennung und folglich weiten Pendlerwegen bei teuren öffentlichen Verkehrsmitteln, mit Märkten nach europäischem Vorbild ohne Berücksichtigung von Kaufkraft und -gewohnheiten der

Bevölkerung, und mit peripher sich entwickelnden Hüttenvierteln (STANG 1970).

## 6. Die südostasiatische Stadt

Südostasien ist ein Raum *großer völkischer Vielfalt* mit Siedlungen von *sehr unterschiedlicher historischer Tiefe*. Unter Einflüssen aus Indien und China entstanden heilige Städte, in ihrer räumlichen Ordnung an kosmische Vorbilder angelehnt, und Hafenstädte. Bedeutung als königliche Residenzen mit großen Palastanlagen und Tempelbauten erhielten sie zu sehr unterschiedlichen Zeiten: das in Ruinen liegende Angkor schon im 9. Jh., Phnom Penh in Kambodscha im 14. Jh., Rangun in Burma Mitte des 18. Jh., Bangkok in Thailand Ende des 18. Jh.

Größere Impulse, die sich durch Handelsbeziehungen und entsprechendes Wachstum, vielfach aber auch in Neugründungen von Städten äußerten, kamen *vom 16. Jh. ab von den europäischen Mächten*, die hier ihre Interessen absteckten: Es entstanden oder gestalteten sich unter britischem Einfluß Städte wie Kuala Lumpur, Rangun, Singapur, unter französischem Phnom Penh, Hanoi, Saigon, unter niederländischem die Städte Indonesiens, unter spanischem die Städte auf den Philippinen.

Zwischen die von der jeweiligen europäischen Kolonialmacht gestellte Elite und die Einheimischen schob sich, ähnlich wie in Tropisch-Afrika die Inder und Libanesen, eine *Zwischenschicht*, hier weitgehend von den Auslandschinesen gebildet, z. T. auch von Indern. Vor dem Zweiten Weltkrieg betrug der Anteil der Inder an den Einwohnern Ranguns über 50 %; er sank auf etwa 20 % ab. Singapur ist zu rund 80 % chinesisch, Bangkok zu etwa 50 %, Phnom Penh bis zu den Ereignissen der 70er Jahre zu 30 %, von der Doppelstadt Saigon-Cholon erstere zu 25 %, letztere zu 50 % (JEROMIN 1966).

Entsprechend der Alters- und Bevölkerungsvielfalt tragen die Städte Südostasiens ein unterschiedliches Gesicht. In Bangkok, im Deltabereich des Menam mit zahlreichen Wasserläufen und

Kanälen, spielt sich ein großer Teil des Lebens am und auf dem Wasser ab: Zahllose Häuser wurden als *Pfahlbauten* errichtet, Tausende von Händlern und Handwerkern wohnen in einstöckigen Häusern auf *Bambusflößen*, die an eingerammten Pfählen befestigt sind. Saigon, das erst in der Kolonialzeit von einem Dorf zu städtischen Ausmaßen wuchs, zeigt einen schachbrettartigen Grundriß und lange Häuserzeilen in geschlossener und massiver Bauweise. Das stark von Briten bestimmte Singapur und Rangun sind voll von viktorianischen Bauten für die Behörden, die Banken, Handelshäuser und Reedereien. Manila weist sich mit seiner Plaza als spanische, Djakarta mit seinen Grachten als niederländische Gründung aus.

Die *City* der südostasiatischen Großstadt ist ein Element, das sie allein der jahrzehntelangen Anwesenheit und den Aktivitäten der Europäer zu verdanken hat. Mit diesen am Handel interessierten Fremden war auch der Ausbau des *Hafengebietes* verbunden und der sich in Hafennähe bildenden Europäerviertel. Vielfach lagen ihre Wohnviertel aber weiter außerhalb, oftmals in Hanglage, gekennzeichnet durch großzügige Villen und Parkanlagen. Um die Europäerviertel herum lagerten sich die *Chinatowns*, Inder- und ggf. Araberviertel.

Südostasiens Städte zeigen eine starke Durchmischung von Wohnen, Gewerbe und Handel und eine große Beengtheit und Geschäftigkeit. Die übrige Bevölkerung lebt außerhalb des dicht überbauten Stadtgebiets in Siedlungen, die meist aus alten Dörfern hervorgegangen sind und noch viel von ihrem nichtstädtischen Charakter behalten haben. Man kann sie weder als städtisch noch als vorstädtisch bezeichnen, sie liegen einfach nahe dem eigentlichen Stadtgebiet, ohne vielfach die städtischen Annehmlichkeiten und Versorgungseinrichtungen aufzuweisen, "they are in the city but not of it", wie THOMLINSON (1971) sagt: Es sind die *Kampungs oder Kampongs*. Doch wird diese Bezeichnung auch auf neuere Viertel angewendet, die etwas peripher und in lockerer Bauweise angelegt sind.

Der Kampung ist meist deckungsgleich mit den Verwaltungsbezirken der heutigen Stadt. Jedoch wird in Indonesien dieses

Wort, obwohl malaiischen Ursprungs, durch andere Bezeichnungen ersetzt, da es unliebsame Assoziationen mit der Kolonialepoche hervorruft. Im Gegensatz zum engeren Stadtgebiet hatten die Holländer für die Kampungs keinen Kataster, da sie diese als Einheimischenreservate betrachteten, in denen die Einheimischen selbst ihre Grundbesitzfragen zu regeln hatten. Die Kampungs führen weitgehend ihr Eigenleben, ihre Bewohner identifizieren sich sehr mit ihrem jeweiligen Kampung und fühlen sich kaum als Einwohner der übergeordneten Stadtgemeinde. In Djakarta, das daher mehr den Eindruck einer Ansammlung von Dörfern macht, wirken auch die Boulevards bzw. Ausfallstraßen trennend, und die Versorgungseinrichtungen reichen eigentlich nur für ein Zehntel der Stadtregion aus. Alles das fördert das Eigenleben der Kampungs, wenn auch ihre Bewohner, die vor der Zuwanderung zu fast der Hälfte in der Landwirtschaft beschäftigt gewesen waren, heute zu zwei Dritteln tertiärwirtschaftlichen Tätigkeiten nachgehen, während die Landwirtschaft im Kampung praktisch inexistent ist (DORLÉANS 1976), mit Ausnahme der Kampungs in der äußersten Stadtrandzone der erst jüngst eingemeindeten ländlichen Gebiete.

KRAUSSE (1978) setzt die Kampungs mit den *Squatter-Siedlungen* gleich, die z. B. weit über das ganze Stadtgebiet von Djakarta verbreitet sind. Sie sind ganz verschieden ausgeprägt, je nach ihrer Lage innerhalb des zentralen Geschäftsbezirks, der übrigen Innenstadtzone, des anschließenden Grüngürtels oder der Außenzone. Nur in den beiden letzteren Zonen haben die Kampungs noch mehr dorfartigen Charakter und verdienen auch im traditionellen Wortsinn die Bezeichnung Kampung.

Die Gesamtzahl der in den Hüttenvierteln hausenden, von verschiedenartigsten, meist unregelmäßigen Tätigkeiten lebenden, oft von den Behörden vertriebenen und sich dann erneut ansiedelnden Menschen geht in die Hunderttausende und soll in Djakarta, wo das Phänomen am ausgeprägtesten ist, zeitweilig an eine volle Million herangereicht haben.

Zwischen den Hütten der Squatter und den Bungalows der gehobenen Schicht steht in der indonesischen Stadt das weitverbreitete „Kampung-Haus" aus Bambus und früher mit Gras- oder Palmenblättern, heute oft mit Ziegeln gedeckt, eng gedrängt entlang oft ungepflasterter Straßen, bewohnt von den Malaien der unteren und mittleren Schichten. Etwas besser ist das „Petak-Haus" aus dauerhafterem Material, langgestreckt, mit zehn oder mehr Wohneinheiten, aber eingeschossig, unter einem sehr langen Dach vereinigt, in den Straßen, die an die Geschäftsdistrikte grenzen. Es dient vor allem den weniger begüterten Chinesen als Unterkunft. Größer, meist zweigeschossig aus Stein und alleinstehend in offener Bauweise, ist das „Toko-Haus" auf schmalem, aber tiefem Grundstück, zur Straße hin der offene Toko, der Laden, mit Werkstatt, dahinter Lager- und Büroräume, an langen Hinterhöfen Anbauten mit dem eigentlichen Wohnteil, oft mit Atrium und ganz hinten weitere Räume für die malaiischen Hausbediensteten. In diesen *Tokodistrikten* konzentrieren sich die größeren Handelsbetriebe und Warenhäuser, vielfach von Chinesen, die Tokos auch von Indern und Malaien, die Warenhäuser vom Staat betrieben, während die mehr abseits gelegenen *Pasars* Ansammlungen von kleinen fahrbaren Läden, Ständen und Buden sind, die größerenteils von Malaien betrieben werden (FICHTER 1972). Sozial unterhalb der Pasarhändler rangieren die Straßenhändler, die hawkers, denen MCGEE eine eingehende Studie gewidmet hat (MCGEE 1977).

Die große Rolle der *Chinesen* als wesentliche Träger des Handels in den Städten Südostasiens basiert auf mehreren günstigen Voraussetzungen: Die Lösung aus der eigenen Tradition in China ermöglichte eine Änderung der Wertvorstellungen zugunsten von Reichtum gegenüber der Bildung als ursprünglich „höchstem Wert der sozialen Hochachtung"; Beschränkungen bezüglich Grunderwerb und Staatsdienst führten zu den Alternativen Lohnarbeit oder Gewerbe; der von den Kolonialmächten garantierte Schutz des Privateigentums war der Unternehmerinitiative der Chinesen sehr förderlich; die europäischen Handelsfirmen bedienten sich mangels Informationen und Sprachkenntnissen gern chinesischer Mittelsmänner bei Geschäften mit den Einheimischen (JEROMIN 1966).

Auch in der Phase der *Entkolonialisierung* haben viele Chinesen ihre Positionen im Handel trotz behördlicher Nationalisierungsversuche gehalten, sei es über Einbürgerung und Mischehe, oder weil heimische Bewerber um Geschäftsbetriebe aus verschiedenen Gründen ihre Lizenzen veräußert haben. In Bandung zogen die chinesischen Händler und andere wohlhabende Chinesen, Fabrikbesitzer oder Angehörige freier Berufe, *in die ehemaligen Europäerviertel um,* wo sie nun schon über ein Drittel der Bewohner neben den Angehörigen der malaiisch-stämmigen Oberschicht bilden. In peripheren Vierteln sind sie nur dort vertreten, wo sich Konzentrationen des *Einzel- und Großhandels* herausgebildet haben.

Die Ober- und die Mittelschicht sind z. T. auch in *neu nach dem Kriege entstandene Wohnviertel* gezogen, jedoch nur in solche, die einen Anschluß an die Europäerviertel der Kolonialzeit haben (GLAESSER 1976). Im Geschäftsleben der südostasiatischen Städte ist es zu einem gewissen Dualismus gekommen, der als "bazar-centered" und "firm-centered" bezeichnet worden ist (GEERTZ 1963, MCGEE 1969).

## 7. Die Stadt in Tropisch-Afrika

Zwei Dinge sind für das Verständnis der Städte Tropisch-Afrikas wichtig. Die heutige Situation ist gekennzeichnet durch den Umstand, daß *kaum 25 %  der Stadtbevölkerung in Städten geboren* wurden, der weitaus größte Teil also erst durch junge Zuwanderung in diese gelangte und bisher nur wenig Möglichkeit hatte, in die Stadt wirklich integriert zu werden.

Dem steht die Tatsache gegenüber, daß vor allem in Westafrika die Stadt eine lange Tradition hat. Die Frage, ob die *afrikanische Stadt autochthon* ist, ist bisher umstritten gewesen und in jüngster Zeit wieder stärker in den Vordergrund gerückt (HULL 1976, MANSHARD 1977, VORLAUFER 1978). Arabische Einflüsse sollen im Küstensaum Ostafrikas bis auf den Beginn unserer Zeitrechnung zurückreichen. Aber die *Araber* gründeten nur wenige Handelsposten und mischten sich mit der einheimischen Bevölkerung. Für Tansania verneint VORLAUFER die Existenz vorkolonialzeitlicher städtischer Siedlungen, räumt aber ein, daß es in Buganda und im West-Sudan einige gegeben haben könnte. In West-Afrika dürften auch vor der mindestens bis zum Jahre 1000 zurückreichenden Berührung mit dem Islam autochthone Großsiedlungen existiert haben. Kontrovers ist dabei nach wie vor, ob man, auch unter den Maßstäben der damaligen Zeit, den *Yorubasiedlungen* im südlichen Nigeria Stadtcharakter zugestehen darf (BRAY 1969, CAMARA 1971, HOFFMANN-BURCHARDI 1964, KRAPF-ASKERI 1969, MABOGUNJE 1962, MANSHARD 1977). Wegen ihres hohen Anteils an agrarisch orientierter Bevölkerung hat SCHMITZ (in KAYSER / HETZEL 1973) sie als *Agrostädte* bezeichnet. Die Großsiedlungen der alten Sudanreiche dagegen fungierten meist als *Häuptlingssitze*, Lokalmärkte oder Knotenpunkte von Karawanenstraßen. Die *Guinealänder* gerieten vom 16. Jh. ab unter den Einfluß des Überseehandels und verloren ihre ursprüngliche Orientierung nach Norden. In Ostafrika gewannen ab etwa 1500 unter portugiesischen Aktivitäten die *Inder* Einfluß, die sich zunächst nur zeitweise als Händler betätigten, meist nach gewisser Zeit in die Heimat zurückkehrten, sich nicht wie die Araber mit der ansässigen Bevölkerung mischten, selbst aber auch keine Stadtgründungen vornahmen. Eine differenzierte Betrachtung der verschiedenen Teilbereiche Tropisch-Afrikas ist wichtig zur Beurteilung der Frage, inwieweit eine *Notwendigkeit zur Anlagerung* der Kolonialgründungen an autochthone Großsiedlungen bestand.

Übereinstimmend weisen mehrere Autoren darauf hin, daß die vorkolonialzeitlichen Großsiedlungen eine *größere ethnische Homogenität* und angesichts einer stark agrarisch orientierten Bevölkerung *geringe funktionale Differenzierung* aufgewiesen haben im Gegensatz zu den Kolonialgründungen mit von Anbeginn stärkerer völkischer und funktionaler Differenzierung. Im Laufe der Entwicklung konnte es dazu kommen, daß die Kolonialgründung die Afrikanersiedlung zur Satellitenstadt degradierte oder daß die Afrikanersiedlung neue Volksgruppen und Funktionen auf sich zog und dominierend wurde, schließlich daß sich zwischen beiden ein Gleichgewicht einstellte (VORLAUFER in BERGER 1968, HETZEL in KAYSER / HETZEL 1973, MANSHARD 1977). Dieses alles ist hauptsächlich für Westafrika zutreffend, da es in Ostafrika außer Kampala keine autochthone Großsiedlung gegeben hatte.

Von den sehr frühen Einflüssen aus anderen Kulturerdteilen, insbesondere aus dem orientalischen durch Araber und Perser, abgesehen, kannten die Siedlungen im Haussagebiet seit jeher eine *spezifische Form der Absonderung*. Es war Fremden mit ihren Karawanen nicht gestattet, in die Siedlungen hineinzugehen, so daß sich im Laufe der Zeit fremde Händler vor den Stadttoren ansässig machten. Auf diese uralte Gewohnheit soll das nigerianische *Sabon-gari-System* zurückgehen. In der Sprache der Haussa bedeutet „Sabon gari" soviel wie „Neue Stadt" zur Bezeichnung eines Fremdenviertels für die fremden Zuwanderer von weither, z. B. für die Ibo aus Süd-Nigeria. Neben der Haussa-Altstadt gab es sogen. „Tudum Wada" für andere aus Nord-Nigeria stammende Leute und als drittes Element die eben genannten „Sabon garis". Ebenso bildeten sich, mehr allerdings aufgrund eigener Absonderung, Haussa-Viertel in den Yorubastädten.

Das Sabon-gari-System übernahm die britische Kolonialverwaltung mit Hinweis auf den Zuzug aus dem Süden und der Begründung, „daß diese meist christlichen ‚Händler' eine eigene Schicht bilden würden, von der man befürchtete, daß sie zur Zerstörung der alten Sitten und Gebräuche des Nordens beitrügen" (MANSHARD 1977, S. 24).

Im Gefolge der Eigenstaatlichkeit Nigerias drohte das Haussa-Viertel in Ibadan seine Sonderstellung zu verlieren; es fand zu neuer Identität durch den Übertritt der meisten seiner Bewohner zu einer Sekte (GUGLER / FLANAGAN 1978, S. 91 ff.).

Die bewußte *Rassentrennung* zu Beginn der britischen Kolonialherrschaft wurde später, nach dem Ersten Weltkrieg, aus hygienischen Gesichtspunkten von der Stadtplanung fortgesetzt. Die « villes blanches », die französischen Kolonialstadtgründungen, umgaben sich ebenfalls mit einem « cordon sanitaire ». Auch das Reichskolonialamt war darauf bedacht, daß z. B. die Eisenbahn die Europäersiedlung deutlich von den Wohngebieten der Afrikaner und Inder trennte (VORLAUFER 1978). Was die funktionale Differenzierung betrifft, wurden zunächst neben der Übernahme der von den Arabern gegründeten Orte *monofunktionale* Stationen angelegt aus rein strategischen Gesichtspunkten, bald auch aus verwaltungstechnischen, danach ab etwa 1910, im Zusammenhang mit Bahnbau und wirtschaftlicher Erschließung entsprechend interessanter Gebiete, mehr aus verkehrsmäßigen und wirtschaftlichen Gesichtspunkten von vornherein als *multifunktionale* Zentren geplante Siedlungen.

Die *Europäer* kamen als Militärs, Regierungsbeamte, Wirtschaftsmanager von Filialen europäischer Firmen, Leiter von technischen Bauten wie Staudämmen und Kraftwerken. Oft wurden sie nach einer gewissen Zeit ausgewechselt. Ihre Gesamtzahl blieb klein, so daß z. B. 1956 in der Stadt Jinja (Uganda) das Verhältnis von Europäern zu Indern und Afrikanern wie 1 : 8 : 18 war. Das sagt jedoch nichts über die Größe ihrer jeweiligen Siedlungsfläche aus, da die Europäerviertel mit ihrem Gartenstadtcharakter selten Wohndichten von 2 Familien/ha überschritten, während die Afrikanerviertel aus einer unüberschaubaren Fülle kleiner Häuser bei großer Beengtheit bestanden. Den Afrikanern war oftmals städtischer Bodenerwerb verboten; sie waren auf ihnen zugewiesenes Gelände beschränkt. Europäer wie auch Inder errichteten Wohnkomplexe und öffentliche Gebäude entsprechend ihren Vorstellungen mit ihrem Kapital und verdrängten bei erhöhtem Flächenbedarf Afrikanerhäuser, die den von ihnen gesetzten Normen nicht entsprachen und nicht in den fremdländischen Baukörper integrierbar waren. Die Bedrohung, die in der möglichen zwangsweisen Umsetzung lag, war mit ein Grund für die Unlust der Afrikaner zu Investitionen im städtischen Hausbau (LARIMORE 1958, 1969). Die Europäer besetzten die günstigeren Wohnlagen und bauten bungalowartige Häuser mit umlaufenden Veranden und dazu kleine kubische Nebenhäuser für das Personal. Das ganze Wohnquartier war meist im Schachbrettmuster angelegt. Ihren Bedarf an Waren des gehobeneren Bedarfs deckten sie großenteils durch Einkäufe während des Heimaturlaubs.

Die Zwischenschicht, auch im Sinne sozialer Verhältnisse eine Mittelschicht zwischen europäischer Elite und Einheimischen-Unterschicht, bildeten vielfach in Ostafrika die *Inder,* in Westafrika die *Levantiner.* Lange Zeit blieb ihre Zahl recht klein; eine größere Anzahl kam erst in der Epoche des Eisenbahnbaus als Bahnarbeiter. Von ihnen kehrten zwar viele auch wieder in die Heimat zurück, die verbleibenden übernahmen vorwiegend Positionen im Handel, Verkehrswesen und mittleren Verwaltungsdienst. Oft setzten sie sich mit ihren Behausungen an der Nahtstelle zwischen Wohn- und Gewerbevierteln an. Vielfach lebten noch bis in die Gegenwart verheiratete Söhne und Brüder mit ihren Verwandten als Großfamilie in einer Wohneinheit, und in den Indervierteln von Dar-es-Salaam wurde eine Dichte von 10—20 Familien/ha erreicht (SCHNEIDER 1965). Allerdings bilden die Inder *keine geschlossene Gruppe,* sondern erweisen sich bezüglich Sprache, Endogamie, Nahrung, Kleidung und anderer Lebensgewohnheiten so traditionsbewußt, daß sie weitgehend ihr eigenes Gemeindeleben geführt haben mit eigenen Tempeln, Schulen, Klubs, Festlichkeiten. Nur von der Regierung unterhaltene Einrichtungen wie Krankenhäuser dienen allen diesen Teilgruppen, andere Einrichtungen wie Verwaltungsbehörden, Polizei, Verkehrswesen der gesamten Stadtbevölkerung (SCHNEIDER 1965, MANSHARD 1970).

Eindrucksvoll sind die indischen Bazare mit ihren nach der Straße hin geöffneten, säulengetragenen Veranden. Zur Nacht werden sie mit einem Bretterverschlag verschlossen. Diese *Dukas* sind dem jeweiligen Kundenkreis angepaßt und weisen, anders als in der indischen Heimat, keine Branchensortierung auf. Die auf europäische Kundschaft zugeschnittenen Läden haben Schaufenster mit ausgepreisten Warenauslagen. Oft liegt noch in der traditionellen Weise die Wohnung über oder neben dem Geschäftsraum. Dies gilt selbst für zentrale Lagen, wo erst langsam in der Nachkriegszeit die Wohnungen im Obergeschoß von Büroräumen verdrängt werden. In Nairobi besteht weiterhin das indische Geschäftszentrum vom Duka-Typ neben dem modernen "shopping center" nach europäischem Vorbild. Nach Erlangung der Eigenständigkeit haben sich z. T. Maßnahmen der neuen Regierungen auch gegen diese asiatische Zwischenschicht gerichtet.

Die größte Gruppe bilden die *Afrikaner*, die zunächst häufig als Bedienstete der Fremden in die Stadt kamen und in Extrahäusern innerhalb von deren Wohnbereichen lebten. Heute bilden sie die große Mehrheit in den Städten Tropisch-Afrikas. Ihre Wohnweise ist innerhalb einer einzelnen Stadt sehr verschiedenartig. Vor allem mit zunehmender „Afrikanisierung" des Dienstleistungssektors, in zweiter Linie auch mit zunehmender Industriebeschäftigung, bieten sich immer mehr Afrikanern in der Stadt Arbeitsplätze und verschieden hohe Einkünfte. Die ursprüngliche, in europäische Oberschicht, indische Mittelschicht und autochthone Unterschicht gegliederte Gesellschaft in den ostafrikanischen Städten zeigt heute Übergänge zur sozioökonomisch strukturierten „westlichen" Gesellschaft (MANSHARD 1970).

Das Verhältnis der afrikanischen Bevölkerungsteile untereinander hängt im einzelnen vom Grad der Mischung und räumlichen Isolierung ab. Wenn ein bestimmter Stamm die *Mehrheit* bildet, ergeben sich für die aus anderen Stämmen bestehenden Minoritäten, die meist kleine *Eigenviertel* bilden, bestimmte Lebensumstände, u. a. auch unliebsame Konfliktsituationen. Dadurch ist es zu Hilfsorganisationen, die auf der Stammeszugehörigkeit basieren, gekommen, was manchmal zu einer Überbetonung der Stammestraditionen in der Stadt, zur *Retribalisierung,* führen kann (MANSHARD 1977).

Der unterschiedlichen Kaufkraft der afrikanischen Bevölkerung stehen die von Stil, Baumaterial und Ausstattung *verschiedenartigen Bauweisen* im Stadtgebiet gegenüber und wirken steuernd auf Migrations- und Segregationsprozesse. Die Häuser aus traditionellem Material um das Stadtzentrum induzieren einen allmählichen Austausch der Wohnbevölkerung, wie er in nigerianischen Städten zu beobachten ist (ONOKERHORAYE 1977).

Ein Teil der afrikanischen Bevölkerung, ebenfalls meist stammesorientiert, lebt in den sogen. *Kanistervorstädten* oder Squattersiedlungen. Anders als in vielen Teilen Lateinamerikas und Asiens ist dieser Bevölkerungsanteil aber geringer und immerhin soweit integriert, als die meisten dieser Menschen regelmäßige Beschäftigung und Einkünfte haben. Ein wesentliches Problem ist darin zu sehen, daß die Behörden diese Viertel oft nicht tolerieren und die Hütten immer wieder abreißen lassen, so daß den Bewohnern kein auch noch so langsamer Aufstieg möglich ist. Ein vernünftiges "planned squatting" wäre der Situation förderlicher als auf Beseitigung angelegte Eingriffe (MANSHARD 1977). Speziell mit afrikanischen Squattersiedlungen beschäftigten sich NORWOOD 1975, PEIL 1976 und ROSS 1973.

LÜHRING (1976) hat in seiner Arbeit über Ghana darauf hingewiesen, daß es in den einzelnen Afrikanervierteln sehr große Unterschiede der Wohnbevölkerungsdichte gibt, je nachdem, ob in der Hauptsache Männer zuwandern oder ob am Großfamilienverband festgehalten wird.

Einen *Sonderfall* stellen die von *befreiten Negersklaven* an der Guineaküste besiedelten Städte wie Monrovia oder Freetown dar. In Monrovia stellen die Küstenstämme wie Kru und Bassa etwa die Hälfte der Stadtbevölkerung, abzulesen an den Bauweisen und Viertelsnamen wie Old Kru Town oder Bassa Community. In der von Engländern initiierten Siedlung Freetown gibt es Viertel wie Portuguese Town mit Einwohnern, die von befreiten Sklaven aus Brasilien abstammen, und Maroon Town mit Rücksiedlern aus Jamaica. Neben mehreren hundert Europäern gibt es hier eine etwa doppelt so starke Gruppe von Libanesen (BANTON 1957).

Einen raschen Überblick über das neuere Schrifttum zum Städtewesen in Tropisch-Afrika bieten die Bibliographie von L. G. DAVIS (1977) und das Buch von GUGLER / FLANAGAN (1978), das eine Art rezensierender Betrachtung über eine Reihe von Spezialarbeiten aus verschiedenen Disziplinen mit einem 19 Seiten umfassenden Literaturverzeichnis darstellt.

## 8. Die lateinamerikanische Stadt

Die gegenüber Angloamerika frühere Besitzergreifung von Teilen Mittel- und Südamerikas durch Portugiesen und Spanier und deren weniger in der Landwirtschaft liegende Interessen sorgten dafür, daß im spanischen Amerika bereits um 1600 über 200 Städte existierten. Wichtige Voraussetzungen waren die *Zuteilung von Land und Indianern* an jeden spanischen Bürger bei einer Stadtgründung und das *Encomienda-System*, ein Lehnsverhältnis zwischen spanischem Grundbesitzer und indianischen Landarbeitern, die für die Ernährung der Stadtbevölkerung sorgten.

Die Portugiesen, die als Kaufleute und Pflanzer in die Neue Welt kamen, legten Städte an der Küste für die Aufrechterhaltung der *Verbindung zum Mutterland* an und nutzten vielfach die ihnen aus der Heimat vertraute amphitheatralische Hanglage. Die Spanier gründeten militärische und religiöse Stützpunkte z. T. in Anlehnung an die bestehenden Schwerpunkte der von ihnen eroberten Indianerreiche, einige in großer Höhenlage. In vielen Städten des Binnenlandes spielten Klöster und Klosterländereien eine stadtbildprägende Rolle. Später wurden häufig die einstigen Gebiete der Audiencias zu selbständigen Staaten, ihre Mittelpunkte zu deren Hauptstädten. Für den überseeischen Kontakt bedurften sie ebenfalls der Küstenstädte, so daß es zur Duplizität von Hauptstadt und Hafenstadt kam: Caracas — La Guaira, Bogotá — Cartagena, Quito — Guayaquil, Lima — Callao (WILHELMY 1958).

Die Mehrzahl dieser Städte war eine Art *Fremdkörper* in Bezug auf das umgebende Land, der in erster Linie mit dem fernen Mutterland und mit den übrigen Städten kommunizierte, insofern auch keine nennenswerte Grundlage für Binnenhandel und Handwerk bot, sondern deutlich nach außen gerichtete Funktionen besaß. SANDNER (1971) hat in diesem Zusammenhang von der „herodianischen Struktur" der kolonialspanischen Stadt gesprochen.

In zweierlei Hinsicht bedarf die bisher weit verbreitete Ansicht von der Anlage der Städte Lateinamerikas einer Korrektur. Zum einen spielen die *heimische Bevölkerung* als auch die Mischlinge von Indios und Weißen für die Zusammensetzung der Einwohnerschaft eine nicht zu unterschätzende Rolle im Gegensatz zu Angloamerika oder Australien, wo die Ureinwohner lange Zeit viel stärker dezimiert und auf Reservationen verwiesen wurden, so daß SCHNORE (1965) zu Recht von *Indo-Latein-Amerika* spricht. Das wirkt sich u. a. in Gebieten mit größeren indianischen Bevölkerungsanteilen wie Mittelchile in der Existenz jener teilweise zu städtischer Größe und Differenzierung gewachsenen *Gruppensiedlungen* aus, die zwischen den Einzelsiedlungen und spanischen Stadtgründungen vermitteln (ROTHER 1977).

Zum zweiten ist die Anwendung des Schachbrettgrundrisses auf die neuspanischen Städtegründungen immer noch oder jetzt wieder kontrovers. 1521 erließ Kaiser Karl V. eine Generalinstruktion, derzufolge alle spanischen Stadtgründungen in der Neuen Welt nach dem Schachbrettmuster vorzunehmen seien, welches in der Renaissancezeit auch bei einigen Neugründungen von Städten im spanischen Mutterland Anwendung fand (WILHELMY 1952, VIOLICH 1944). Nun hat in jüngster Zeit NEWIG überzeugend dargelegt, daß die Ciudad de Mexico in ihrem Kern gar nicht den ihr nachgesagten absolut regelmäßigen quadratischen Grundriß besitzt, sondern in den Baublockabmessungen Abweichungen bis zu 60 m vorkommen, und daß nachweislich Cortés den Befehl zum Wiederaufbau des zerstörten Tenochtitlan zu einem Zeitpunkt gegeben hat, als die Generalinstruktion noch keine Wirkung gehabt haben kann. Wenn man nun das indianische Vorbild im Gegensatz zum altweltlichen akzeptiert, so dürfte doch NEWIGs Schlußfolgerung zu weitgreifend sein, daß, wenn man davon ausgeht, „daß Mexico den Grundriß der folgenden spanischen Gründungen maßgebend beeinflußt hat, so gilt diese Aussage auch für die lateinamerikanische Stadt im allgemeinen" (NEWIG 1977, S. 262).

In zentraler Lage blieb eine « cuadra » für die *Plaza* mit den beherrschenden Bauwerken von Kathedrale, Cabildo (Bürgerratsgebäude), Gerichtsgebäude und anderen öffentlichen Gebäuden ausgespart. Ihr kamen je nach Stadtgröße und sozialökonomischer Komplexheit die Funktionen des Marktplatzes, des zeremoniellen Zentrums, der gesellschaftlichen Begegnungsstätte, der städtischen Grünanlage und des Verkehrsknotens zu (GADE 1976). FOSTER (1960) hat darauf hingewiesen, daß in Spaniens Städten die Plaza eigentlich wenig Bedeutung besitzt, zum Promenieren kaum benutzt wird und in ihrer monumentalen Gestaltung eine jüngere Erscheinung sei, so daß man in der lateinamerikanischen Plaza nicht eine simple Übertragung, sondern die Anwendung eines Gestaltungsprinzips auf eine neuartige Umgebung zu sehen habe, und ELBOW (1975) hat den Parkcharakter betont, während der Markt besonders in Städten mit größerem Anteil von Indio- und Ladinobevölkerung nicht auf dieser abgehalten wird.

Den Städten des portugiesisch kolonisierten Brasilien fehlt ein derart dominierender Platz im Zentrum; sie hatten nur eine Straßenverbreiterung oder eine nicht besonders gestaltete offene Fläche in zentraler Lage.

Die zentral *um die Plaza gelegenen Blöcke* pflegten in vier Teile (solares) aufgeteilt und den reichsten Familien zur Errichtung ihrer palastartigen Wohnhäuser übereignet zu werden. Die *um diesen Kern gelegenen Blöcke* wurden dann das Wohngebiet für die Beamten, Händler und Handwerker mit ihren Patiohäusern, die, je weiter nach draußen, desto weniger aufwendig in Größe und Gestaltung waren. Ganz *randlich* schlossen sich die Lehmhütten der armen Bevölkerungsschicht einschließlich der am Stadtrand Landwirtschaft betreibenden Indios an.

Daß diese traditionelle, aus der kolonialzeitlichen Epoche herrührende Struktur sich noch weitgehend hat erhalten können, hat eine ganze Reihe von Gründen, die THOMLINSON zusammenzutragen versucht hat. 1. Die lateinamerikanische Stadt ist in höherem Maße ein politisches Zentrum und weniger kommerzialisiert, so daß Preisgefälle und Verdrängungsprozeß zugunsten höherrangiger Funktionen weniger ausgeprägt sind als in Angloamerikas oder Westeuropas Städten. 2. Der Boden ist wertvoll an sich, in ihm wird ein begehrtes Anlageobjekt, weniger eine Einkommensquelle gesehen. 3. Der Einfluß der Öffentlichen Hand war seit jeher größer, so daß sich planerische Ideen früher durchsetzen konnten, es daher auch in der Innenstadt weniger zur Herausbildung von grauen Zonen kam und die wohlhabendere Schicht weniger Veranlassung zur Stadtflucht hatte. 4. Die Patiobauweise wirkt auf erträgliche Bevölkerungsdichten hin und dem Verfall und der Verslumung entgegen. 5. Lange Zeit hatten die lateinamerikanischen Städte kein gut entwickeltes Verkehrssystem, so daß die zentrale Wohnlage als Privileg anzusehen ist; auch befähigt sie einen dazu, seine Siesta zu Hause zu verbringen. 6. Straßendurchbrüche, die man in der Altstadt mit ihren engen, schlecht durchlüfteten Straßen schon im 19. Jh. vornahm, oft im Zusammenhang mit der Kanalisierung von Flüssen zur Bannung der Seuchengefahr, sowie auch die Anlage neuer Boulevards und Diagonalen in der Innenstadt im 20. Jh., brachten dieser eine Aufwertung ihres Wohnbaubestandes und erhielten die Anziehungskraft für die wohlhabendere Schicht. 7. Das nach innen gekehrte Patiohaus wirkt unscheinbar nach außen und hat nicht die Rolle eines Statussymbols wie im angloamerikanischen Kulturraum angenommen, so daß es für die Wohlhabenderen keine Motivation dafür gibt, nach draußen zu ziehen und ihr Eigenheim zur Schau zu stellen: "Social mobility is therefore not tied to geographic mobility" (THOMLINSON 1969, S. 167). 8. Die sozial Schwächeren bevorzugen z. T. aus steuerlichen Schwierigkeiten das Wohnen außerhalb der Stadtgrenze und erzeugen keine so hohe Nachfrage nach innenstädtischem Wohnraum (s. a. AMATO 1970).

Seit der Jahrhundertwende ist es allerdings trotz der genannten Wertvorstellungen und Kräfte in vielen Mittel- und Großstädten zu einem *baulichen und sozioökonomischen Differenzierungsprozeß* gekommen, der auf eine gewisse Umkehr der traditionellen Struktur hingewirkt hat. Mit zunehmender Kommerzialisierung wurden zunächst die herkömmlichen Patiohäuser aufgestockt, oder es wurde der *Patio überdacht* und in die nun gewerbliche Nutzung des Gebäudes einbezogen. Dann aber wurden von vornherein für Produktion oder Lagerhaltung bestimmte Bauten als *Hallen- oder Barackenbauten* aufgeführt, und die zunehmende Trennung von Fertigung und Verwaltung brachte dem Stadtzentrum den *Edificio,* das mehrgeschossige Bürohaus (GORMSEN 1964).

Der *Wolkenkratzer* hielt mit etwa 50jähriger Phasenverschiebung gegenüber USA Einzug in die City der lateinamerikanischen Stadt, nicht zuletzt unter dem Druck der Bodenpreise, die aus der erwähnten Wertschätzung des Bodens als Kapitalanlage und dem damit verbundenen nicht nachfragegerechten Grundstücksangebot resultierten. Kubische Formen überwiegen, und die Silhouette ist ruhiger als die "skyline" der US-amerikanischen Stadt. Es waren hauptsächlich europäische Architekten, die das der südamerikanischen Umwelt angepaßte Tropenhochhaus schufen. „Die kassettierte Fassade stellt einen ‚Sonnenrost' dar, in dem bewegliche Aluminiumlamellen eine Beschattung und Kühlhaltung der Fensterflächen ermöglichen" (WILHELMY 1958, S. 293).

Der Ansatz zur Citybildung ist hier, anders als bei der westeuropäischen Stadt, nicht an dem randlicher gelegenen Markt, sondern an einer von der *Plaza ausgehenden Straßenachse* gegeben (LICHTENBERGER 1972). Auch ist die *Intensität der Citybildung geringer* als in vergleichbar großen Städten Europas und Angloamerikas, so daß selbst in Großstädten viele Häuser im innersten Kern erst im Erdgeschoß von gewerblichen Funktionen erfaßt sind und noch viel mehr Wohnbevölkerung vorhanden ist (BÄHR 1976).

Zugleich bildeten sich hinter den mit Ornamenten, Kuppeln und Türmchen überladenen Häusern der innenstädtischen Prachtstraßen dicht bewohnte, *sackgassenartige Gängeviertel* heraus, in Chile „conventillo", in Mexico „vecindad" genannt. Der „conventillo"-Typ des Hauses hat einen langen, schmalen Gang, von dem eine große Zahl primitiver, fensterloser Einzimmerwohnungen abgeht. Bevorzugt ziehen hier alleinstehende männliche Migranten hinein, die oft bei Familiengründung oder auch erst im Laufe der Familienvergrößerung in einer zweiten Wanderungsphase in die Außenviertel übersiedeln. Außerdem etablieren sie sich auch auf Dächern, auf denen sie einfache Verschläge oder Zelte aufstellen. Nur in Einzelfällen sind sie identisch mit rassischen Minoritäten, so z. B. in Saō Paulo, wo sie sich z. T. aus Negern und Mulatten rekrutieren. Diese Abwertung plazanaher Wohnviertel tritt aber offensichtlich erst von einer solchen Stadtgröße ab ein, wenn die Fahrt von Außenvierteln zu Arbeitsplätzen in die Innenstadt zu aufwendig wird (BÄHR 1976).

Viele Städte zeigen in einer Übergangsphase neben dem noch zentralen vornehmen Wohngebiet die Entstehung *weiterer* solcher Viertel, in denen sich u. a. Ärzte, Juristen, leitende Angestellte konzentrieren, so z. B. in Sucre nordwestlich von der Altstadt. In Santiago de Chile waren die Wohlhabenden bereits seit der Jahrhundertwende abgewandert, und das Wohnviertel der Vornehmen erfuhr ähnlich dem Westend europäischer Großstädte eine mehrfache *Verlagerung* in Richtung auf den Andenfuß zu (BORSDORF 1978). Manchmal bildet sich damit gleich auch ein *zweites*, auf den speziellen Bedarf dieser Schicht abgestimmtes *Geschäftszentrum* heraus. Diese Entwicklung bringt ein *sektorenartiges Element* in die ansonsten weitgehend konzentrisch ausgerichtete Stadtstruktur. Dasselbe gilt auch für die Orientierung der Industrie entlang von Bahnlinien, Flußläufen und Straßen (BÄHR 1976).

In den neuen randlichen Wohnvierteln der gehobenen Schicht, in denen sich immer häufiger auch Ausländer, unter ihnen viele US-Amerikaner, ansässig machen, haben villenartige *Quintas* die Stelle des Patiohauses eingenommen. Vielfach baut man bei stark steigenden Bodenpreisen allerdings kleine, kompakte Häuser im Chaletstil mit geringer Zimmerzahl und Fenstern auf den Außengarten hin. Oft sind sie in Rückbesinnung auf die kolonialspanische Tradition mit geschnitzten Balken, schmiedeeisernen Fenstergittern, überdachten Balkonen und Arkaden, Rundgängen und Außentreppe und mit einem Ziegeldach ausgestattet (WILHELMY 1950/51).

Eine besonders mit der Urbanisierungswelle der Nachkriegszeit verstärkte Entwicklung haben die *randstädtischen* "*shanty towns*" oder Squattersiedlungen erlebt, die man in Peru „barriadas", in Chile „callampas", in Brasilien „favelas" (hier eigentlich: Negersiedlung), in Mexico „jacales", in Venezuela „ranchos", in Argentinien „villas miserîas" nennt; anderweitig sind weitere Bezeichnungen in Gebrauch.

In diese Hüttenviertel mit ihrer *Rancho-Bebauung* aus gerade vorhandenem Material ziehen vorzugsweise aus den ländlichen Gebieten oft mit einer Wanderungsunterbrechung in Kleinstädten, kinderreiche Familien, die in den „conventillos" schlecht unterkommen, und Angehörige dort bereits Ansässiger sowie in einer zweiten Wanderungsphase Familien aus den „conventillos". Generelle Aussagen über diese wenig integrierten Menschen, die zwar nicht mehr in ihrem ländlichen Herkunftsmilieu verhaftet sind, aber trotz Schwierigkeiten der Beschaffung von Futter und Wasser doch Hühner, Schweine und Ziegen auf Balkonen oder Veranden halten und so in ihrer Versorgung teilweise autark und relativ immobil sind, lassen sich kaum machen. In Bogotá z. B. leben nur 1,1 % der Gesamtbevölkerung in den wilden Ansiedlungen (barrios de invasión), dagegen 50 % in sogen. „barrios piratas", d. h. auf vertraglich erworbenen Grundstücken, wenn auch meist nicht im Einklang mit der Stadtentwicklungsplanung (MERTINS 1978). Man kann hier weitgehend wie in seinem Herkunftsgebiet leben, tagsüber vor der Hütte auf der Straße Kontakte pflegen und manchmal noch im Sippenverband leben, dabei aber doch Möglichkeiten der Gelegenheitsarbeit und der besseren Schulausbildung für die Kinder wahrnehmen. Für die Kontakte mit der Außenwelt sind die Busbahnhöfe von besonderer Bedeutung. Zur Frage der Squattersiedlungen äußerten sich besonders BÄHR (1976), BORSDORF (1978), EYRE (1972), FRIEDMANN (1969), MANGIN (1967), MERTINS (1978), NICKEL (1975), STADEL (1975), ZSILINCZAR (1971).

Zur Aufnahme eines Teils dieser Bevölkerung, aber auch zur Behausung von Beamten und Angestellten des umfangreichen Behördenapparates haben meist öffentliche Baugesellschaften ebenfalls in randlicher Lage „poblaciones", einförmige Wohnsiedlungen von niedrigen, oft auch vielgeschossigen Wohnhäusern errichtet. Meist werden dabei verschiedene Sozialgruppen in jeweils anderen „poblaciones" untergebracht, womit *behördlicherseits der Segregation Vorschub geleistet* wird.

Die *zellenartige Auflösung* der Stadtrandzone in Wohnviertel verschiedensten Standards sowie auch die erwähnte Entstehung eigener Geschäftszentren in den Wohnvierteln verschiedener Sozialgruppen führen dazu, daß die lateinamerikanische Stadt „ihre aus der Kolonialzeit überkommene, kompakte Geschlossenheit mit klarer Ausrichtung auf eine funktionsstarke städtische Mitte" verliert (BÄHR 1976, SANDNER 1971).

SCHNORE hat im Hinblick auf die Entstehung von Wolkenkratzerzentren von einer *Amerikanisierung* und im Hinblick auf die "shanty towns" von einer *Afrikanisierung* der lateinamerikanischen Stadt gesprochen, während SANDNER in Anbetracht des etwa 4 %igen Bevölkerungswachstums jährlich bei entsprechend hohem Zuzug aus dem ländlichen Raum von einer *Verländlichung ihrer Randzonen* spricht. Das Hauptproblem besteht in einem Aufbrechen der statistischen Hierarchie seit Mitte der 30er Jahre und einem explosionsartigen, weitestgehend auf die jeweilige Hauptstadt (Primatstadt) gerichteten Bevölkerungszuwachs. Daß dabei jedoch von Staat zu Staat beträchtliche Unterschiede bestehen, hat SANDNER (1969, 1971) insbesondere für die zentralamerikanischen Großstädte aufgezeigt unter Hinweis auf die heute schon große Differenziertheit von Sozialmerkmalen und Verhaltensweisen der mehr oder weniger breit aufgefächerten Mittelschicht.

## 9. Die angloamerikanische Stadt

In den kolonialzeitlichen Siedlungsgebieten verraten die Städte auch heute noch ihre Tradition durch markante Elemente wie die Plaza der spanischen und den Common der englischen Gründungen. Im spanischen Bereich wurde ausschließlich, im französischen und englischen gelegentlich der Schachbrettgrundriß angewendet, so daß man, wie BOESCH (1957) betonte, von einer *Konvergenz der Grundrißgestaltung* schon vor der 1785 eingeführten quadratischen Landvermessung der Amerikaner sprechen kann.

Der neuenglische *Common* konnte sich vielfach über seine Nutzung als Allmendweide und später Truppenexerzierplatz vor der Überbauung retten. Ihm benachbart entstanden *meetinghouse und Schulhaus*, denen neben kirchlicher und Bildungsfunktion eine allgemeine gesellschaftliche Bedeutung zukam. Dasselbe gilt für die in der amerikanischen Zeit meist in zentraler Lage einer County angelegten Gerichtsorte, in denen das "*county courthouse*" den nicht nur administrativen, sondern auch kulturellen und kommerziellen Mittelpunkt für einen größeren ländlichen Raum darstellte (LOCKRIDGE 1970, NOSTRAND 1973).

Jedoch stand die Marktfunktion des "courthouse square" weit hinter der des Marktplatzes einer europäischen Stadt zurück; die ihn einfassenden Häuserzeilen nahmen nur wenige Geschäfte und Dienstleistungsbetriebe auf, während diese sich entsprechend einer andersartigen Verhaltensweise des Amerikaners entlang der *Main Street* aufreihten: "The Spanish Plaza and the Italian Piazza serve both involvement and polychronic functions, whereas the strung-out Main Street so characteristic of the United States reflects not only our structuring of time, but our lack of involvement in others" (HALL 1966, S. 163).

RIFKIND (1977) hat dem Phänomen der Main Street ein ganzes Buch gewidmet, in dem er auf S. 73 schreibt: "From the New England coast to the California citrus fields, the image of Main Street was easy to conjure: a dominant axis within a grid; a transportation and communication artery; a familiar sequence of function and activity. Main Street was both a shopping place and a corridor, a pedestrian space and a through road. And Main Street thrived only as long as this equilibrium was maintained." Gegenwärtig ist die Bedeutung der Main Street umstritten. Moderne "plaza-type shopping centers" in den Vororten, aber auch im Stadtzentrum, bieten ihr heftige Konkurrenz, während sie selbst sich durch teilweise Umgestaltung in eine Mall (Fußgängerzone) einem veränderten Einkaufs- und Freizeitverhalten der Bevölkerung anzupassen trachtet. Auf die Eigenheiten der Städte in den älter kolonisierten Randgebieten Nordamerikas kann hier nicht eingegangen werden. Hingewiesen sei auf eine kürzlich erschienene Arbeit über die Stadt in Pennsylvania (ZELINSKY 1977).

In dem weiten Raum westlich von Appalachen und St. Lorenz-Strom fielen viele Städtegründungen *mit dem Eisenbahnbau zeitlich zusammen*, ja, oftmals waren die Bahngesellschaften selbst die Gründer, die nach einheitlichem Gitternetzplan einen Ort wie den anderen völlig gleichartig auslegten. Zwei Begleiterscheinungen dieses Siedlungsprozesses kennzeichnen daher bis heute diese Städte. Erstens *zerschneidet* die Bahn den Stadtkörper ganz zentral, und *niveaugleiche Kreuzungen* behindern den jetzt starken Kraftfahrzeugverkehr; zweitens siedelte sich an der Bahn die Industrie an, so daß kompakte *Fabrikenviertel* nicht selten direkt an die City (downtown) stoßen und diese in ihrer Ausdehnung beschränken.

Die bauliche Begrenzung des CBD wurde unterstrichen durch den lange Zeit allein auf ihn konzentrierten *Wolkenkratzerbau*, mit dem die typische "skyline" der amerikanischen Stadt entstand. Nachdem durch Stahlskelettbauweise und elektrischen Aufzug die baulichen Voraussetzungen geschaffen waren und der rasch wachsende Binnenmarkt eine hohe Nachfrage des Dienstleistungssektors in zentraler Lage entstehen ließ, eroberten sich die Wolkenkratzer, die erste eigenständige architektonische Leistung der Amerikaner und von Soziologen als Symbol der amerikanischen Gesellschaft angesprochen, seit 1885 das Stadtzentrum. Der Wolkenkratzer wurde 1916 aufgrund von Vorschriften über das Zurückweichen der Außenwände zwecks besserer Belichtung und Durchlüftung von Gebäuden und Straßen als Terrassen- oder Turmbau aufgeführt, in neuerer Zeit wird er unter Verwendung von viel Glas auf der Basis der Geschoßflächenzahl wieder gerade hochgezogen. Die Wolkenkratzerkonzentration brachte eine *Massierung von Arbeitsplätzen* auf engstem Raum mit Parkraumnot und Verkehrsstauungen mit sich, was erheblich zum wirtschaftlichen Verfall vieler Citygebiete in der Nachkriegszeit innerhalb nur weniger Jahre beigetragen hat (GERLING 1949, GOTTMANN 1966).

Hinzu trat als zweiter Faktor der schon ein Jahrhundert andauernde, aber seit einem halben Jahrhundert sich zu einem riesenhaften Strom verstärkende *Fortzug der sogen. WASPs*, der alteingesessenen wohlhabenden Schicht von vornehmlich mittel- und westeuropäischer Herkunft und protestantischer Religionszugehörigkeit aus den der City benachbarten alten Wohnvierteln in die städtische Randzone.

Dieser zahlungskräftigen Kundschaft folgten Handels- und Dienstleistungsbetriebe nach, die sich in den neuen *"shopping centers"* etablierten, welche für große Bevölkerungsteile die City entbehrlich gemacht und zu einer mehr polyzentrischen Struktur und *Atomisierung der Stadtregion* geführt haben. So hat dieser Exodus nicht nur die innenstädtischen Wohnviertel selbst verändert, sondern auch zu den Mißständen in der City und schließlich zu dem Ausufern (urban sprawl) der Städte in ihren Randzonen beigetragen.

Begünstigend für diese zentrifugale Migration waren die hohe *Wanderungsbereitschaft und Mobilität* großer Bevölkerungsteile und die ständige Nachfrage nach Wohnraum in den Innenstadtvierteln seitens sozial schwächerer Schichten, oft Angehöriger ethnischer Minoritäten. Der Amerikaner zieht durchschnittlich achtmal in seinem Leben um, oftmals in ein anderes eigenes Haus. Für diese hohe Wanderungsbereitschaft gibt es bestimmte Voraussetzungen: das Nachwirken der Pioniersituation; das große Staatsgebiet mit seiner stärkeren landschaftlichen Differenzierung; die erhebliche Größe der Einfamilienhäuser, die z. B. Leute im Rentenalter stark zum Umzug, oft in ein "mobile home", bewegen; die erleichterte Umzugsmöglichkeit wegen der vielen Einbaumöbel; die relativ leichte Erwerbsmöglichkeit eines Eigenheims, das oft von der Baugesellschaft selbst bis zu 95 % vorfinanziert wird.

Dazu kommt der bis Ende der 60er Jahre noch äußerst preisgünstige Immobilienmarkt, nicht zuletzt wegen der weit verbreiteten *Holzbauweise*. Das aus Böhmen-Mähren und Skandinavien nach Nordamerika übertragene *Blockhaus* entwickelte sich allmählich unter Hinzufügung des englischen Kamins und der holländischen Veranda zu dem in Sparbauweise, d. h. mit dachziegelartig übereinander gefügten Brettern (balloon frame house), gebauten Eigenheim. Erst nach 1965 wurde auch in USA Holz teuer, so daß sich während des folgenden Jahrzehnts der durchschnittliche Marktwert eines Eigenheimes verdoppelte. Weiter kam die rasche *Motorisierung* hinzu, die den privaten Pkw-Bestand von 1945 bis 1975 von rd. 25 Mill. auf 100 Mill. sich vervierfachen ließ.

Seit über hundert Jahren haben sozial Schwächere, vielfach *Einwanderer* geringen Bildungsgrades und ohne gute Kenntnis der englischen Sprache, nach Wohnraum in den Innenstadtvierteln gefragt. Im Zeitalter der beginnenden Industrialisierung, etwa seit Ende des Bürgerkrieges 1865, waren es in zunehmendem Maße Einwanderer aus Süd- und Osteuropa, die oft nur sporadisch Arbeit fanden, sich häufig neu auf Arbeitssuche begeben mußten, wegen der hohen Straßenbahnpreise nahe den hauptsächlichen Arbeitsstätten wohnen und für das Wohnen relativ wenig Geld aufwenden wollten, um ihre Ersparnisse in die Heimat zu schicken oder Familienangehörige nachkommen zu lassen (WARD 1968, 1969, 1971).

Im Laufe mehrerer Jahrzehnte ist es dabei zu einer *Sukzession* gekommen, indem die eine Gruppe durch sozialen Aufstieg ihre Wohnwünsche besser realisieren konnte und einer nachfolgenden, sozial schwächeren Gruppe ihr Viertel überließ; so folgten z. B. den Deutschen und Iren, die relativ früh integriert wurden, Polen und Italiener nach, diesen wiederum Puertoricaner, Mexikaner oder Neger. Das hängt mit sich verbesserndem Lebensstandard wie auch mit abnehmender *Endogamie* zusammen. Nach BIGELOW (1976) ist bei den polnischen Einwanderern die dritte Generation die kritische, in der schon so weitgehend nach außerhalb der eigenen Gruppe, und zwar dann nicht nur der Volksgruppe, sondern bereits in andere Religionsgemeinschaften, geheiratet wird, daß sich das Viertel grundlegend verändert.[4] Die völkische Herkunft ihrer Bewohner verraten Viertelsbezeichnungen wie Chinatown, Dagotown (Italiener, Portugiesen, Spanier), Greektown, Deutschland[5], Germantown, Little Italy, Little Sicily, Little Tokyo u. a.

Etwas anders ist die Situation der *Negerviertel*, der "harlems", "bronzevilles" oder "black belts". Sie zeigen meist ein rasches Wachstum und hohe Stabilität, da der größte Teil ihrer Bewohner niemals den Weg aus dem Negergetto herausfindet, während ein kleiner Prozentsatz hohe Mobilität zeigt und sehr bald eine Wohnortveränderung vornimmt. Vielfach gibt es auch eine Durchmischung mit den "poor whites", so daß die Segregation stärker auf sozioökonomischer Basis beruht. In den Städten der Südstaaten dagegen wurden von vornherein bestimmte Viertel für die Negerbevölkerung geplant und die Segregation auf rassischer Basis konzipiert. Seit den 60er Jahren ziehen mehr und mehr Neger aber auch in den Ring der inneren Vororte, innerhalb dessen es erneut zu lokalen Konzentrationen in Abhängigkeit von der Nähe zu schon existierenden Negervierteln und von der Wohnraumnachfrage seitens der weißen Bevölkerung kommt.

---

[4] Die These von der für den Assimilierungsprozeß kritischen dritten Generation geht schon auf M. L. Hansen: The problem of the third generation immigrant. Rock Island 1938, zurück. Damit im Zusammenhang steht die sogen. "triple melting pot"-These, die besagt, daß die Anerkennung eines Menschen in USA sehr von der Zugehörigkeit zu einer der drei großen Religionsgemeinschaften Protestantismus, Katholizismus und Judentum abhängt, und daß nach Rückgang der Endogamie innerhalb der Volksgruppe weiterhin eine hohe Endogamierate innerhalb einer dieser drei Religionsgruppen besteht. Siehe hierzu auch: R. J. R. Kennedy: Triple Melting Pot. 1944; W. Herberg: Protestant, Catholic, Jew. An essay in American Religious Sociology. Neuaufl. Garden City 1960; N. M. Gordon: Assimilation in American Life. The role of race, religion, and national origins. New York 1964, Neuaufl. 1975.

[5] Speziell das Wohngebiet der bessergestellten, aus dem Getto abgewanderten Juden deutscher Abstammung in Chicago.

Im einzelnen läuft diese Entwicklung sehr unterschiedlich ab. Während in einigen dieser Vororte dieselben Zustände und Probleme wie in den Innenstadtvierteln auftreten, gibt es andere, in denen die Eigentumsrate im Hausbesitz bei den Negern über 75 % liegt und hier eine Mittelklassensiedlung entsteht (RABINOVITZ 1977). Die besten Arbeiten zur Frage der Negerbevölkerung in den Städten der USA stammen von ERNST / HUGG (1976), MORRILL (1965, 1972), ROSE (1969, 1970, 1972) und TAEUBER / TAEUBER (1965); speziell über die Städte in den Südstaaten von KELLOGG (1977), SCHNORE / EVENSON (1966) und SUMKA (1966); über das "busing" von Schulkindern von LORD (1977); über die Neger in Vororten von FARLEY (1970), KAIN (1974) und SUTKER / SUTKER (1974), mit speziellem Bezug auf die Einzelstädte Cleveland von KUSMER (1976), Detroit von DESKINS (1972) und SINCLAIR (1976), Los Angeles von RABINOVITZ (1977), New York von KANTROWITZ (1973) und Philadelphia von LEY (1974). Die Ausstattung der Minoritätenviertel mit eigenen Läden, Gaststätten und anderen Dienstleistungsbetrieben hat LIGHT (1973) untersucht.

Die innenstädtischen Minoritätenviertel sind weitgehend kongruent mit den Gebieten *überdurchschnittlicher Raumbelegung und Mietwohnverhältnisse und stärksten Verfalls der Bausubstanz*. Die fortgezogenen Eigentümer der einstigen Ein- oder Zweifamilienhäuser haben diese mehrfach unterteilt, so daß sich mehrere Mietparteien in einem solchen Haus zusammendrängen, was andere Mißstände wie mangelnde Hygiene, überfüllte Schulen, hohe Arbeitslosigkeit, Jugendkriminalität und Familienzerwürfnisse nach sich zieht. Selbst bei gutem Willen kann der Hauseigentümer häufig keine Investitionen für Renovierung und Modernisierung vornehmen, da er in einem solchen Gebiet als nicht kreditwürdig gilt; oft hat er aber auch kein Interesse daran, da der ständig abnehmende Gebäudewert der Grundsteuer zugrunde liegt und diese so dem Verfall Vorschub leistet, bis, was häufig geschieht, die Steuerzahlung ganz eingestellt wird und die Zahl der völlig *leerstehenden* Häuser steigt (HARVEY 1972, STERNLIEB 1973). In einzelnen Städten ging die Verwaltung dazu über, vergleichbar der Landvergabe aufgrund des Heimstättengesetzes von 1862, gegen eine Anerkennungsgebühr ein solches aufgelassenes Haus einer renovierungswilligen Familie zu übereignen: dieses "urban homesteading" hat schon manches Viertel erheblich verbessern geholfen.

Das Phänomen der Versäumnis, die Grundsteuer zu zahlen, hat OLSON für Cleveland und St. Louis sehr genau untersucht (OLSON / LACHMAN 1976), während CLARK / RIVIN (1977) die bisherigen Auswirkungen des "urban homesteading" in 11 Städten erforscht haben. Sie analysieren dabei eingehend die hiermit zusammenhängenden Prozesse und Stadien des Wandels. Als Prozesse werden der physische Verfall, der ethnische Wandel, der Verlust des Vertrauens der Bewohner in die Zukunft eines Gebietes, das Aufhören der Investitionstätigkeit und der sozioökonomische Abstieg der Bevölkerung herausgestellt. Die fünf Stadien des Wandels werden wie folgt charakterisiert: Gesunde Nachbarschaft; Nachbarschaft mit beginnenden Verfallserscheinungen; Nachbarschaft mit deutlichen Verfallserscheinungen; Nachbarschaft mit raschen Verfallserscheinungen; nicht mehr lebensfähige und vom raschen Fortzug betroffene Nachbarschaft.

In allen drei Bereichen, der City, den Innenstadtwohnvierteln und der Randzone, kam es seit den 50er Jahren zu zahlreichen Maßnahmen, um die erwähnten Mißstände zu beseitigen. In der City vieler Städte bildeten Geschäftsleute, Hoteliers und freiberuflich Tätige sogen. *Downtown Development Associations.* Manche engagierten einen ausgebildeten Stadtplaner und traten mit eigenen Erneuerungsplänen an die Stadtplanungsbehörde heran. Meist wurden autofreie Zonen konzipiert, neue *Großblöcke* aus mehreren traditionellen Baublöcken gebildet und jedem eine bestimmte Funktion zugewiesen, Einkaufszentren in Analogie zu den suburbanen "shopping centers" und "downtown motels" in der City gebaut, auch moderne Community Centers mit Konzert-, Sport-, Kongreß- und Ausstellungshallen zentral im Stadtgebiet angelegt. Als begleitende Maßnahme wurde auch hier eine umfangreiche Restaurierung von Einzelobjekten durchgeführt, z. B. die Umwandlung aufgelassener Fabriken wie Ghirardelly Square in San Francisco in Einkaufs- und Vergnügungszentren oder ganzer Altstadtbereiche wie in Savannah oder Williamsburg. Privateigentümer schützenswerter Bauten wurden über ein besonderes Finanzierungssystem Transfer of Development Rights (TDR) für Verluste aus unterlassenem Abriß und Verzicht auf höhere Neubebauung entschädigt. Die Revitalisierung der "downtown" befindet sich in vielen Städten in fortgeschrittenem Stadium, wenn es auch zuweilen der Koordinierung der verschiedenen Projekte ermangelt, was TUNNARD (1968) als "project approach" kritisiert hat.

Die innenstädtischen Wohnviertel stellen den Bereich dar, in dem die *flächenhafte Sanierung* angesetzt hat, was jedoch als rein bauliche Maßnahme nichts an der Gesamtsituation ihrer Bewohner änderte. Eine gewisse *Polarisierung* von sozial schwächster und gehobenerer Schicht kam dadurch zustande, daß man nahe der "downtown" teure *Wohnhochhäuser* (high-rise apartment buildings) errichtete, die sich aber nur für Einzelpersonen oder kinderlose Ehepaare mit hohem Einkommen und Arbeitsplatz in der City eignen. Mit solchen Hochhäusern, wie auch mit Bauten aus *Modulen*, versucht man wenigstens lokal eine etwas größere Einwohnerdichte zu erreichen, die die bisher noch weitgehend fehlende Voraussetzung für ein rentables Nahverkehrssystem darstellt.

In der ausfernden Randzone mit ihren Zehntausenden von Ein- und Zweifamilieneigenheimen hat seit den 60er Jahren die US-Gesundheitsbehörde die weitere Bebauung ohne Anschluß an die städtische *Kanalisation* unterbunden. Eine gewisse raumordnende Wirkung ging auch von den autobahnähnlichen Interstate Highways aus, die bevorzugte Bereiche für neue Wohnsiedlungen, "*shopping centers*" und *Industrieparks* um die Auffahrtrampen herum schufen und die den "*commercial strips*", jenen kilometerlangen Zeilen von Tankstellen, Imbißstuben, Motels und "drive-in"-Einrichtungen entlang der Ausfallstraßen entscheidende Konkurrenz und Abbruch taten. Seit Mitte der 60er Jahre sind in den Randgemeinden in Anpassung an die steigenden Bevölkerungsanteile im Rentenalter und der etwa

20—25jährigen Neuhaushaltgründer auch größere *Blöcke mit Miet- und Eigentumswohnungen* entstanden. Ebenso haben sich Dienstleistungsbetriebe vom Citystandort gelöst und hier ihre *Bürohochhäuser* errichtet, so daß es nach und nach zu den Zuständen kommt, denen die Innenstadtbewohner bisher zu entfliehen trachteten. Bei vielen entsteht daher schon eine Bereitschaft, wieder in die Innenstadt zu ziehen. Schließlich konzentrieren sich in den Randgemeinden die *Wohnwagenparks*, zu deren Dauerbewohnern heute schon rd. 9 Millionen US-Amerikaner gehören dürften (s. bes. MULLER 1976).

In diesen ganzen Wandel haben seit mehreren Jahrzehnten in immer steigendem Maße die Behörden eingegriffen. Besonders empfehlenswert zum Studium der Flächennutzungsgesetzgebung und ihres Einflusses auf das städtische Nutzungsgefüge sind die Arbeiten von BABCOCK (1966) und R. H. NELSON (1977).

Bei aller Ähnlichkeit weisen *Kanadas* Städte einige bemerkenswerte Unterschiede auf. Ihre City hat sich als lebensfähiger erwiesen als die vieler US-amerikanischer Städte. In den Innenstadtvierteln, aber wegen umfangreichen öffentlichen Wohnungsbaus auch in Teilen der Randzone, ist die Einwohnerdichte größer und die Voraussetzung für ein rentables U-Bahn-Netz günstiger. Hauptsächlicher Grund hierfür dürfte sein, daß die Industrialisierung erst nach der Jahrhundertwende einsetzte und der dann erst größere Zustrom von Einwanderern weitgehend in mehrgeschossigen Mietwohnhäusern (tenements) aufgefangen wurde. Sie haben dadurch eine Vielzahl 3-4geschossiger Miethäuser bei hohem Mietwohnanteil der Wohnbevölkerung und eine verhältnismäßig hohe Bevölkerungsdichte mit einem kräftigen Dichtegefälle nach außen.

Blieb die Einwanderung ohnehin weit hinter der der USA zurück, so kamen Neger kaum in nennenswertem Maße über die kanadische Grenze, so daß das Minoritätenproblem hier in abgeschwächter Form auftritt. Dagegen gibt der bedeutende frankophone Bevölkerungsanteil insbesondere den Städten der Provinz Quebec ein eigenes Gepräge. HECHT (1977) hat einem Konzept von HALL entsprechend die Stadt in der Provinz Quebec als "*city culture*"-Stadt im Gegensatz zu der im übrigen Angloamerika verbreiteten "*suburban culture*"-Stadt bezeichnet. Ein zu starkes Ausufern der kanadischen Stadt haben die außerordentlich hohen Bodenpreise verhindert, die dadurch zustande kamen, daß in Kanada die großflächige Stadtentwicklung ganz in das Automobilzeitalter gefallen ist.

## 10. Die südafrikanische Stadt

In Anbetracht der gesetzlich verankerten Rassentrennung und der unter weißer Vorherrschaft sich ergebenden Kombination von europäisch-amerikanischen mit nachkolonialen afrikanischen Urbanisierungsprozessen hebt sich innerhalb Afrikas das Gebiet der Republik Südafrika, Nambias und Rhodesiens als ein Kulturraum für sich heraus. Seine besonderen Merkmale sind der Gegensatz zwischen *herrschender weißer Minderheit in den Städten* und schwarzer Mehrheit hauptsächlich in den ländlichen Gebieten sowie die Konzentration der Wirtschaftskraft auf kaum ein Dutzend Städte.

Der *Urbanisierungsgrad der vier rassischen Bevölkerungsgruppen* entwickelte sich von 1904 bis 1970 folgendermaßen in der Republik Südafrika: bei den Afrikanern von 10,4 % auf 33,1 %, bei den Mischlingen von 49,2 % auf 74,0 % bei den Asiaten (hauptsächlich Inder in Natal, Chinesen in den Minengebieten, Indonesier in der Kapprovinz) von 36,5 % auf 86,9 %, bei den Weißen von 53,6 % auf 86,9 %. Das eigentliche Städtewachstum setzte spät ein, nach den Diamantenfunden von 1861 und den Goldfunden von 1886, und vollzog sich ohne Landflucht: Bantu und Buren blieben großenteils in den ländlichen Gebieten; die eigentlichen Städter waren die Engländer und fremden Zuwanderer. Zur Landflucht kam es erst im Gefolge von Burenkrieg, Rinderepidemien, Dürren und der Beendigung des Trekburenwesens (HOLZNER 1970, 1978).

Die wenigen Bantustädte in der Republik Südafrika haben zum größten Teil den Charakter von Schlafstädten, da ihre

Bewohner zu den Arbeitsstätten ihrer weißen Arbeitgeber pendeln, und 1970 lebten erst 11,7 % der gesamten schwarzen Stadtbevölkerung in den "homelands" (SMIT / BOOYSEN 1977).

Die *Rassentrennungspolitik* geht in Südafrika bereits auf Maßnahmen im 2. Jahrzehnt unseres Jahrhunderts zum Schutz der "poor whites" zurück. Soweit Afrikaner in den Städten ansässig waren, lebten sie weitgehend unkontrolliert und verstreut in Hinterhäusern bei ihren weißen Arbeitgebern, in Wasch- oder Lagerhäusern oder, als Kontraktarbeiter von Fabriken oder Bahn- und Hafenarbeiter, in einfachen, für sie errichteten Unterkünften innerhalb sog. "compounds". Danach regelte eine Reihe von Gesetzen das Verhältnis der Rassen zueinander und damit auch die Wohnweise der Afrikaner. Die wichtigsten seien kurz genannt.

Der ›Native Land Act‹ 1913 verbot den Afrikanern Grunderwerb außerhalb der ihnen zugewiesenen Gebiete (ursprünglich Reservate, später "homelands"). Die Städte wurden als Domäne der Weißen angesehen. Der ›Natives‹ oder ›Urban Act‹ 1923 erschwerte Afrikanern den Dauerzuzug in Städte. Er belegte sie mit einer Aufenthaltsbeschränkung von 72 Stunden, soweit sie nicht legal in der Stadt lebten. Letztere durften, sofern sie nicht als Hausgehilfen in Haushalten der Weißen lebten oder unter andere Ausnahmen fielen, nur für sich, von den Weißen getrennt, in sog. *Lokationen* wohnen oder in eigens für sie eingerichteten Herbergen (Hostels) oder anderen genehmigten Einrichtungen nahe ihren Arbeitsstätten. Ergänzungen des ›Natives Act‹ brachten immer mehr Restriktionen. Die sog. "Indian penetration", eine Unterwanderung von Afrikanervierteln in Durban durch die Inder Anfang der 40er Jahre, wurde seitens der Behörden heftig bekämpft. Nach dem Sieg der burischen Nationalpartei 1948 wurde die offizielle Apartheidspolitik im Bereich des Wohnens durch den ›Group Areas Act‹ 1950 und den ›Natives Resettlement Act‹ 1954 in die Praxis umgesetzt. Aufgrund des ersteren hat jede größere südafrikanische Stadt ihre "black townships" für die afrikanischen Dauerbewohner, während die vorübergehend ansässigen Wanderarbeiter in eigenen Unterkünften leben, aufgrund des letzteren erfolgten in den 50er und 60er Jahren umfangreiche *Umsiedlungsaktionen*, die z. B. in Johannesburg und Durban jeweils über 10 000 Afrikanerfamilien betrafen (HOLZNER 1970).

Die offizielle Politik geht dahin, daß jede Rasse für sich wohnt, in einem Areal, das nicht nur groß, sondern auch auf längere Sicht erweiterungsfähig ist, durch Pufferzonen von anderen Stadtteilen abgeschirmt ist und es ermöglicht, daß seine Bewohner zu ihren Arbeitsplätzen gelangen können, ohne das Wohngebiet einer anderen Rasse passieren zu müssen (FAIR 1966).

Zuvor hatten starker Arbeitskräftezuzug in die Stadt und die seit der Weltwirtschaftskrise sehr reduzierte Wohnbautätigkeit zu ausgedehntem "shackfarming" geführt. So war z. B. Cato Manor, ein Bezirk von Durban, ursprünglich ein Bananenplantagengebiet weißer Siedler, das dann in das Eigentum von Indern übergegangen war, ab 1928 mit Hütten vollgebaut worden, deren es 1952 rund 10 000 gab, in denen etwa 90 000 Menschen, davon 70 000 Afrikaner, hausten, während sich unter den indischen Landeigentümern eine Schicht von "slum landlords" herausbildete, die mit dem "shackfarming" mehr verdienten als mit Landwirtschaft. Eine öffentliche Siedlungsgesellschaft erwarb hier 226 ha Land für ein Notlager, das als Übergangslösung für eine Umsiedlungsaktion in mehr periphere Stadtgebiete 13 Jahre existierte. Während zunächst viele der afrikanischen Bewohner wegen der dann längeren Pendlerwege zu ihren Arbeitsstätten der Aktion Widerstand leisteten und auf den Räumungsbefehl hin sogar eine Revolte ausbrach, waren sie danach eher zur Kooperation bereit und offensichtlich begierig, sich möglichst frühzeitig ein Haus in den neuen Wohntrabanten zu sichern (MAASDORP / HUMPHREYS 1975).

Bei dieser Umsiedlungsaktion wurde wiederum eine so weitgehende Segregation vorgenommen, daß nicht nur Zulus von Nichtzulus getrennt angesiedelt wurden, sondern auch innerhalb der Zulugruppe selbst noch eine Trennung nach Arbeitsstätten und Arbeitsverhältnissen zustande kam, d. h. eine räumliche

Ausrichtung auf bestimmte Arbeitgeber und die Konzentration nach den Einkommensverhältnissen.

Eine Gemeinsamkeit mit einzelnen Städten Tropisch-Afrikas ergab sich durch die Anwendung des "Site-and service scheme" wie z. B. in Soweto, der Afrikanerstadt von Johannesburg. Dabei stellen die Behörden Grundstücke und Infrastruktureinrichtungen zur Verfügung und leisten Hilfestellung bei der Beschaffung von Baumaterial für provisorische Behausungen, die die Afrikaner in Eigenarbeit auf dem hinteren Teil ihres Grundstückes aufbauen. Zu einem späteren Zeitpunkt wird von der Behörde auf dem straßennahen Grundstücksteil ein einfaches, aber dauerhaftes Haus errichtet. Auf diese Weise wurden in Soweto rd. 35 000 Hütten durch feste Bauten ersetzt.

Die neuen Afrikanerviertel wurden nach dem Prinzip der Nachbarschaft mit lokalen Einkaufszentren, Schulen und Kirchen und einem für das ganze Viertel fungierenden Verwaltungszentrum angelegt. Eine gewisse Konsolidierung der Afrikanerbevölkerung in der Stadt und das Erreichen eines Reifestadiums, in dem die Wanderarbeiter weitgehend durch Familien ersetzt sind, zeigt sich in der Entwicklung des Geschlechterverhältnisses in Durban. Von 1921 bis 1970 veränderte sich das Verhältnis Männer : Frauen von 6,6 : 1 auf 1,2 : 1 (MAASDORP / HUMPHREYS 1975).

Eine gewisse Sonderstellung nimmt Durban ein, das mehr Inder als Weiße zählt, und wo das große indische Geschäftsviertel deutliche Anklänge an die Zentren indischer Metropolen zeigt. Etliche Arbeiten befaßten sich mit dem Wohnen der rassischen Gruppen in Durban (BROOKFIELD / TATHAM 1957, KUPER et al. 1958), Johannesburg (BRAUN 1973, BROWETT / HART 1977, DAVIES 1964, HELLMANN 1967, HOLZNER 1971, MAASDORP / HUMPHREYS 1975) und Kapstadt (TALBOT 1959, WILSON / MAFEJE 1963).

Daß auch die Weißen getrennt nach Abstammung wohnen, zeigt sich an der Stadtregion Kapstadt, wo in der Stadt selbst und den Gemeinden Camps Bay und Wynberg 73 % der Einwohner Englisch als Muttersprache haben, während in den Gemeinden

Bellville, Parow und Goodwood 72 % Afrikaans angeben (TALBOT 1959).

Die wenigen großen Städte dieses Raumes zeigen seit den 30er Jahren darüber hinaus Wachstumsmerkmale der europäisch-amerikanischen Städte zur Multifunktionalität und stärkeren inneren Differenzierung mit deutlich sektorenhaften Zügen, da "each function sought easy and direct access to the original central urban nucleus" (HOLZNER 1970, S. 83).

## 11. Die australisch-neuseeländische Stadt

Die Städte Australiens und Neuseelands sind weniger als 200 Jahre alt, da die "aboriginals" Australiens vor der Anlage der ersten Sträflingskolonie 1788 im Stadium des Sammler- und Jägertums in Stammesgruppen über weite Flächen verstreut lebten, wie auch die Maoris Neuseelands. Andererseits lebt heute die weitestgehend aus Europa eingewanderte Bevölkerung zu über 85 % in Städten.

Doch sind Größe und Verteilung der städtischen Siedlungen in den beiden Staaten durchaus verschiedenartig. In *Australien* konzentrieren sich rd. 60 % der Gesamtbevölkerung auf das halbe Dutzend Großhäfen, denen ihre Rolle als *Primatstädte* des jeweiligen Einzelstaates dadurch zufiel, daß sie nicht nur Vorposten des vom weit entfernten britischen Mutterland aufrechterhaltenen überseeischen Verbindungsweges, sondern zugleich Refugien für die Rückwanderer aus dem weiten Landesinnern waren, das nur schwer und spärlich agrar- und bergwirtschaftlich zu erschließen war. Auf den langgestreckten, von dicht bewaldeten und schlecht überwindbaren Bergen durchzogenen *neuseeländischen* Inseln dagegen bildeten sich in den zahlreichen *abgeschlossenen Küstenvorhöfen* viele kleine Städte heraus, von denen sich nur wenige zu Großstadtgröße entwickelten: 1860 gab es über 100 Häfen, davon allerdings nur 26 mit Überseeverkehr (ROSE 1973, JOHNSTON 1973).

Anders als in USA mit seiner großen Bedeutung der Privatinitiative auch im Bereich des Siedlungswesens kam hier die *Regierungstätigkeit* zum Tragen, am deutlichsten in den sog. "*parkland towns*" von South Australia. Eine wohl auf Robert OWENS Gedanken zurückgehende Verfügung des Commissioner of Crown Lands and Immigration wies die Landvermesser an, die Stadt Adelaide 1836 und danach weitere 250 Orte nach einem bestimmten Muster anzulegen. Der Kern der Siedlung, das "*town land*", sollte von einem etwa 800—900 m breiten Grüngürtel eingefaßt sein, dem "*park land*", an das sich nach außen das "*suburban land*" der Wohngebiete anschloß, welche sich an radiale Ausfallstraßen mit sie rechtwinklig schneidenden Nebenstraßen orientieren sollten. Während sich im Laufe der Zeit die Ausmaße von Kern und Grüngürtel änderten, und zwar kleiner wurden, um die Siedlung kompakter zu gestalten, wurde das Grundprinzip noch bis zum Ersten Weltkrieg beibehalten. Auch einige Städte Neuseelands wie z. B. Wellington wurden als "parkland towns" angelegt. Die Grünzone diente u. a. als Staubfilter und Windschutz. Nachteilige Begleiterscheinungen dieses Anlageprinzips waren die Zäsur im Baukörper und die unterbrochenen Verkehrslinien zwischen "townland" und "suburban land" (Sackgassen, Umgehungsstraßen). Nicht nur diese negativen Erfahrungen, sondern auch Finanzschwierigkeiten, die zur Veräußerung und Überbauung des Grüngeländes veranlaßt hatten, führten 1920 zur endgültigen Abkehr von diesem Siedlungsprinzip (WILLIAMS 1966).

Im Gegensatz zu dieser Gestaltung der Stadt während der britischen Kolonialzeit trägt die *moderne Vergroßstädterung eher amerikanische Züge*. Die Struktur der heutigen australischen und neuseeländischen Mittel- und Großstadt ist gekennzeichnet durch eine von Wolkenkratzern bestimmte City, eine Übergangszone mit Cityhilfsfunktionen, Gewerben und Wohnen in starker Durchmischung und baulichem Verfall, dem man z. T. wie in USA mit dem Bau mehrgeschossiger Appartementhäuser begegnet, durch Industrieanlagen in typischer Lage im Hafen- und Bahnbereich, ältere citynahe und Vorortwohngebiete. Übereinstimmend ist auch der großzügige Flächenkonsum für Verkehrs-,

Sport- und Grünanlagen und das daraus resultierende Ausufern und Siedeln auf noch unerschlossenen Flächen ohne Anschluß an die städtische Kanalisation. Ein gutes Beispiel hierfür bietet Sydney, wo das Verhältnis von Wohnbevölkerung der Stadt zu der der Metropole etwa 1 : 10 ist (Stadt 200 000 E., Metropolis 2,1 Mio. E.).

Eine *breite Mittelschicht* mit ausgeprägtem Eigenheimideal und *leichter Hauserwerb*, unterstützt durch umfangreichen staatlich geförderten Hausbau, führten zu einer gegenüber USA wohl noch stärkeren *Dominanz des Eigenheims* und gewaltiger Ausdehnung der Vorortzone. Bevorzugte Wohngebiete der gehobenen Schicht sind erstens *Gebiete am Wasser*, selbst in der Nähe von Industrieanlagen, zweitens die grüne, *hügelige Umgebung* der Hafenstädte, drittens aber auch, anders als in USA, relativ zentrale, *citynah gelegene*, von ausgedehnten Wohngebieten der breiten Mittelschicht umgebene Wohnviertel (JOHNSTON 1973, MCGEE 1969).

Ähnlich wie in USA nimmt mit einer Veränderung der Altersstruktur und Wohnverhaltensweise der Bevölkerung die Nachfrage nach Hauseigentum ab und die nach *Wohnungsbesitz und -eigentum* zu, so daß sich innerhalb eines Jahrzehnts von 1960 bis 1970 der Anteil der Wohnungen an den neu begonnenen Wohneinheiten von 5 % auf 20 % steigerte. In innerstädtischen Sanierungsgebieten werden immer häufiger alte Einfamilienhäuser durch mehrgeschossige Wohnbauten, aber auch, einer zunehmenden Nachfrage folgend, durch kleine Doppelhäuser, von denen alleinstehende Ehepaare gern eine Hälfte erwerben, ersetzt (JOHNSTON 1973).

Mehr als in Australien spielt in Neuseeland die *nichtbritische Einwanderung* eine Rolle, abgesehen von dem Umstand, daß nach und nach auch fast die Hälfte der wieder kräftig anwachsenden Maoribevölkerung in die Städte gezogen ist. 1966 waren von 2,677 Mio. E. 325 000 Fremdbürtige, davon 245 000 aus Großbritannien, 45 000 aus Australien und 20 000 von den zum British Commonwealth gehörenden Pazifikinseln. Meist nach vorübergehender Tätigkeit in Bergbau oder Landwirtschaft pflegen sie in einer zweiten Wanderungsphase in bestimmte Städte zu übersiedeln: nach Auckland die Jugoslawen, Asiaten und Polynesier, nach Wellington die Polen, nach Wellington und Hastings die Griechen (CURSON 1970, JOHNSTON 1973, JOHNSTON / TRLIN 1970).

Aus verschiedenen Gründen tendieren diese *Minoritäten zu räumlicher Konzentration* und damit zur Segregation, obwohl das in USA allgemein beobachtete Phänomen, daß sich Minoritäten auf die älteren Innenstadtviertel konzentrieren, selbst für die Maori und Polynesier nur teilweise zutrifft. Vielmehr sind zahlreiche Maori und Polynesier auch direkt in die Vororte auf Aucklands Südseite zugezogen. Während bei ihnen die traditionellen *Sippenbindungen* zum Zusammenleben auch in der neuen städtischen Umwelt veranlassen, ist bei den europäischen Einwanderern die von der Einwanderungsgesetzgebung geforderte *Bürgschaftsübernahme* für Arbeitsplatz und Unterkunft seitens eines bereits ansässigen Verwandten oder Bekannten dem Zusammenleben der einzelnen Nationalitätengruppe förderlich (CURSON 1970, JOHNSTON 1973, ROWLAND 1972).

## 12. Die japanische Stadt

Als einziger hochindustrialisierter Staat ohne europäische Wurzeln darf Japan nicht zuletzt hinsichtlich seines Städtewesens unser besonderes Interesse erwarten. Doch brachte die Öffnung Japans für den Welthandel 1868 und der damit initiierte gesellschaftliche und wirtschaftliche Umbruch so grundlegende Veränderungen mit sich, daß wir die Entwicklung vor und nach diesem Zeitpunkt gesondert betrachten wollen.

Für die Zeit *vor* dem Umbruch ist festzustellen, daß kaum in einem anderen Kulturraum die Stadtentstehung so eng mit *einer jeweils ganz spezifischen Funktion* verknüpft war wie in Japan.

An erster Stelle ist dabei die *Burgstadt* (jokamachi) zu nennen. Ihre Bedeutung wird offensichtlich aus dem Umstand, daß 1890 von 43 Präfekturhauptstädten 29 ehemalige Burgstädte waren und daß 1950 rd. die Hälfte aller japanischen Städte auf Burgstädte zurückging (zur Kontinuität der Burgstadt siehe FUJIOKA 1959 und KORNHAUSER 1976). Sie entstanden im Zuge der kriegerischen Umwälzungen des 15. und 16. Jh., bei denen nach Zerstörung der damaligen Hauptstadt und dem Abzug des Hofadels sich dieser in der Provinz zu behaupten versuchte. Zugleich bildete sich eine Klassengesellschaft heraus, deren räumliches Abbild die Burgstadt mit ihrer Zonengliederung wurde. Der *zentrale Burgbezirk*, umgeben von einem mehrfachen Graben- und Wallsystem und erhöht gelegen, war in sich gegliedert mit dem Palast des Daimyo im Kern und den Wohnbereichen der höheren und weiter nach außen der niederen *Samurai* (Krieger) darum herum. Außerhalb der Graben- und Mauerringe lagen die *Choninmachi*, Wohngebiete der Handwerker und Händler, und die *Tempelareale*. Ähnlich der indischen Herrschaftsstadt war das Handwerk ganz auf den Bedarf des Hofadels orientiert, und bei einem umfangreichen Hofstaat konnte das Handwerkerviertel entsprechend groß sein. Die Priester wohnten innerhalb der Tempelareale oder in eigenen Stadtvierteln. Auch die niederen Samurai lebten in manchen Burgstädten außerhalb des Ringes mit den anderen genannten Gruppen zusammen. Gemeinsamkeiten aller Burgstädte wie auch Unterschiede finden sich in der ausführlichen Darstellung von GUTSCHOW 1976.

Als Daimyos und Samurais nach 1868 ihre Privilegien verloren, hing das Überleben der Burgstädte vor allem davon ab, ob sie *Verwaltungsfunktionen oder Industrien* an sich ziehen konnten. War ersteres der Fall, bildete sich aus dem Burgbereich eine Art *Civic Center* heraus, während die Eisenbahntrasse oft parallel zur Hauptstraße der ehemaligen Choninmachi (Bürgerstadt) geführt wurde. Wurde die Trasse zwischen Burgbezirk und Bürgerstadt geführt, erwies sie sich als Barriere und ließ ersteren als Verwaltungsmittelpunkt ausscheiden; dieser bildete sich vielmehr in einer günstigeren Lage (GUTSCHOW). Neben Verwaltungs- und Schulbauten haben sich Grünanlagen in den Palastanlagen in einem Maße erhalten, daß vielfach die Innenstadt mehr Grünfläche als die jünger entwickelten Randzonen besitzt.

Eine zweite Gruppe bildeten die *Rast- oder Stationsorte* (shukuba-machi), die auf den Umstand zurückgehen, daß die Daimyos regelmäßig in die Hauptstadt zogen und zeitweise in dieser residierten. Oft war allerdings eine weitere Funktion mit dem Rastort verbunden, nämlich daß er auch eine Rolle als Hafen- oder als Tempelort spielte. Diese zusätzlichen Funktionen waren für sein Überleben wichtig, nachdem der Untergang der Feudalherrschaft die Raststättenfunktion überflüssig gemacht hatte.

*Hafenorte* (minato-machi) gab es auch schon vor der Feudalzeit, sie spielten jedoch als solche keine große Rolle, eher in Kombination mit einer landwärts gelegenen Burg. Erst für die Entwicklung von Industrie und Überseehandel nach 1868 wurde die Lage am Meer entscheidend, so daß 1970 32 der 51 über eine Viertelmillion zählenden Städte Häfen waren. Darüber hinaus gab es im Binnenland einige *Marktorte* (ichiba-machi).

Gesondert genannt werden müssen die *Schreinorte* (monzen-machi), die teilweise beträchtliche Pilgerströme auf sich zogen, und die wenigen *Kurorte* (onsen-machi), die beide in der Herausbildung von Unterhaltungs- und Vergnügungsstätten eine gewisse Ähnlichkeit aufwiesen.

Einflüsse auf das japanische Städtewesen aus China sind vor allem in den vor dem 15. Jh. beachteten *geomantischen* Regeln, die bei der späteren Anlage der Burgstädte mehr von strategischen Gesichtspunkten abgelöst wurden, und in der Anwendung des quadratischen „cho"-Rasters (Quadrate von 133 m Seitenlänge) in verschiedenen zeitlichen Abwandlungen zu sehen. Die inneren Stadtbezirke waren und sind noch heute dicht und verschachtelt überbaut. Dadurch werden hier bei Einzelhausbauweise Wohnbevölkerungsdichten wie in europäischen Städten bei mehrgeschossiger Bebauung erreicht.

Die *Häuser* sind niedrig und unscheinbar. Aus religiösen Gründen durfte kein Privathaus die Höhe eines Tempels erreichen. Außerhalb des Burgbezirks war die Leichtbauweise aus Holz mit einer Lebensdauer von kaum 40 Jahren nicht zuletzt aus Gründen der Erdbebengefahr beherrschend. Selbst in den Innenstadtbezirken der modernen japanischen Großstadt wurde die Bauhöhenbeschränkung von 30 m erst 1962 aufgehoben. Die horizontalen Abmessungen waren gering, da der Japaner bis ins 20. Jh. hinein unmöbliert gewohnt hat. Der Hauptgrundriß entsprach dem Vielfachen vom Standardmaß der Matte (tatami) von 1,80 × 0,90 m. Wenn auch die modernen Häuser und Wohnungen das traditionelle Mattenzimmer mit dem europäischen Salon und neuzeitlich eingerichteten Naßräumen kombinieren, sind ihre Abmessungen nach wie vor bescheiden, so daß in Tokyo nur 4,5 m² Wohnraum pro Person zur Verfügung stehen und die durchschnittliche Wohnfläche in einem Neubau bei nur 23,5 m² liegt (SCHÖLLER 1962). Holzbauweise und offene Feuerung haben bei dem langen Fehlen einer zentralen Wasserversorgung oft infolge von Erdbeben zu ausgedehnten Bränden geführt. Versorgungsleitungen wurden bis auf die Wasserleitung oberirdisch geführt, und Anfang der 70er Jahre waren noch 85 % der Häuser Tokyos nicht an die Kanalisation angeschlossen. Die Infrastruktur wurde sehr zugunsten von Investitionen in das Wirtschaftswachstum vernachlässigt.

Im Rahmen dieses Abrisses kann nicht auf die einzelnen städtebaulichen Veränderungen eingegangen werden, die durch den Umbruch von 1868, das Kanto-Erdbeben von 1923 und den Wiederaufbau nach den umfangreichen Zerstörungen des Zweiten Weltkrieges herbeigeführt worden sind. Vielmehr soll versucht werden, die wesentlichsten Tendenzen während dieser ganzen Zeitspanne zusammenfassend zu skizzieren.

Die Auflösung des Feudalwesens brachte zahlreiche gesellschaftliche Umorientierungen und Veränderungen der Flächennutzung mit sich. Daimyos und Samurais gliederten sich durch Übernahme leitender Positionen in die von *Industrialisierung und Überseehandel* bestimmte Arbeitswelt ein, während die auf die früheren Bedürfnisse eben dieser Schicht ausgerichteten Handwerker und Händler sich auf diese neuen Funktionen umstellten. Wenn sich oft auch der Samuraibezirk als gehobenes Wohnviertel erhielt, kam es nun zu einer *Durchmischung* der Bevölkerungsgruppen wie auch zu einer solchen der Funktionen im städtischen Raum. *Natürliches Wachstum und Binnenwanderung* führten zu starker Verdichtung der Bebauung. Besonders starke Ausmaße nahm die Binnenwanderung jedoch nach dem Zweiten Weltkrieg an, was zu enormen *Bodenpreissteigerungen* bis zu Extremen von fast 1000 % innerhalb des Jahrzehnts 1950—60 führte. SCHÖLLER nennt die Diskrepanz zwischen hohem Bodenpreis und relativ niedrigem Hauspreis eines der Hauptprobleme der heutigen japanischen Stadt.

Zugleich nahm in der Nachkriegszeit die *Zersiedlung* ungeahnte Ausmaße an. Sie vollzog sich auf der Basis einer kleingekammerten, intensivst genutzten Agrarlandschaft so rasch, daß die fußläufigen und nicht immer gerade verlaufenden Feldwege nicht rechtzeitig dem Fahrzeugverkehr angepaßt werden konnten und die übrige Infrastruktur unzureichend bleiben mußte, andererseits so spekulativ, daß noch intakte Bauernhöfe oder ungenutzte Flächen zwischen jungen Industrieansiedlungen und Wohnbereichen gelegen sind. Dem Drang nach einem Eigenheim auf preiswertem Grundstück gaben Millionen von Japanern auf Kosten langer Pendlerwege in überfüllten Schnellbahnzügen nach. Hieraus resultiert, anders als in Europa, daß man für eine abendliche Unternehmung gleich in der Stadt bleibt: „Man geht eigentlich nicht aus, sondern man geht nicht heim" (SCHÖLLER 1976).

Für die *Verlagerung und Neubildung von Geschäftszentren* ist die Verknüpfung der Funktionen *Kaufen und Vergnügen* bezeichnend. Das Vergnügungsgewerbe ist besonders aktiv und mobil und daher bestimmend für die Zentrenbildung gewesen. Häufig sind Neben- und Parallelstraßen einer Geschäftsstraße sowie Passagen mit Vergnügungsstätten besetzt. Andererseits sind die modernen, vielfach unterirdischen Zentren ausschließlich vom Handel und Gaststättengewerbe geprägt und besitzen im Gegensatz zu den US-amerikanischen "shopping centers" keinerlei gesellschaftliche oder kulturelle Einrichtungen (SCHÖLLER 1962, 1976).

Die Bildung neuer Zentren und Subzentren — letztere ganz

besonders an den *Ringbahnstationen* — hat traditionellen Standorten Abbruch getan. So verloren die Geschäftsstraßen der Tempelbezirke häufig nach und nach ihre Läden, und durch die modernen unterirdischen Zentren kam es sogar oft zur Rückbildung der oberirdischen an derselben Lokalität, bis 1973 sehr viel strengere Auflagen den unterirdischen Zentrenbau etwas abschwächten. Die *Zentrenverlagerung* wurde hauptsächlich gefördert durch die *Kriegszerstörungen* oder Brände bei vergleichsweise geringen unterirdischen Infrastrukturinvestitionen, die *Leichtbauweise* und relative Kurzlebigkeit der Häuser, den Hang des Japaners zu *Spekulation und Innovation* und, was speziell die Subzentrenbildung an den *Bahnstationen* betrifft, durch deren Anziehungskraft schon in der ersten Nachkriegszeit mit dem Aufkommen des Schwarzen Marktes und später im Zuge des weiteren Ausbaus der innerstädtischen Schnellbahnnetze (SCHÖLLER 1962). Speziell dem unterirdischen Zentrenausbau förderlich waren der *Untergrundbahnbau*, der Bau von *Fußgängerunterführungen* (Passerellen) bei steigendem Fahrzeugverkehr, der umfangreiche *Bürohausbau* mit multifunktionaler Nutzung der üblicherweise 2—3 Kellergeschosse sowie die hohen *Bodenpreise und ungeordneten Verhältnisse* an der Oberfläche (SCHÖLLER 1976).

Mit dem Fortfall der Bauhöhenbeschränkung und der Möglichkeit der Stahlskelettbauweise auch bei Bebengefährdung ergaben sich eine stärkere Trennung von Arbeits- und Wohnstätte und eine *Zentrenstabilisierung*, zugleich aber auch ein Verdrängen der Dominanz des Burgbezirks. Die innere Differenzierung ist jedoch noch nicht so weit fortgeschritten wie in der europäischen und US-amerikanischen Stadt. Andererseits haben sich die Traditionen des *Offenladens* wie im Orient oder in Indien im Warenhaus, dem „Departo", und die Kombination Verkauf/Wohnen in den ihm benachbarten Läden weiterhin erhalten. „Für eine Verlagerung in Untergrund-Passagen waren deshalb die Formen eines gedeckten, offenen Geschäftsstils besonders geeignet" (SCHÖLLER 1976).

Tradierte Formen familiärer Bindungen finden sich in Klein-

und Mittelbetrieben in älteren, von Industrien durchsetzten Mischzonen, wo Um- und Ausbauten vorgenommen und Massenschlafsäle für die Belegschaft eingerichtet wurden.

Großbetriebe bauten Schlafhäuser für ihre Jungarbeiter und Mehrfamilienhäuser und schufen Sozialeinrichtungen für ihre Belegschaftsmitglieder. Ein solcher Komplex ist von Mauern gegliedert und abgeschlossen und wurde von SCHÖLLER (1966) als Werkstadt oder *Werksburg* bezeichnet. Mehrgeschossige Miethausblöcke westlichen Stils werden als *„danchi"* bezeichnet. Entsprechend gibt es auch einen „danchi"-Typ von Industrie, nämlich einheitlich geplante und ausgestaltete Industriekomplexe für Mittel- und Großbetriebe insbesondere der Branchen Elektronik, Fahrzeugbau, Optik, Präzisionsgeräte, Petrochemie. In der Nachkriegszeit findet man sie mehr und mehr auf Aufschüttungsflächen vor der einstigen Küstenlinie. Die vorzüglich geplanten *Kerne* von solchen Industriekomplexen wie von neuen Satellitenstädten stehen aber oft im krassen Gegensatz zu der der Privatinitiative und Spekulation überlassenen Planlosigkeit an ihren *Rändern*.

Nicht zuletzt der *Aufschüttungsflächen* wegen ermangelt es den meisten Hafenstädten bisher an einer adäquaten Repräsentationszone am Wasser, und erst seit Ende der 60er Jahre geht man an die Gestaltung von *Meerparks*, Flächen für die Freizeitgestaltung der Stadtbewohner. Die umfangreiche Gewinnung von Aufschüttungsland (umetate-chi) hat nach FLÜCHTER (1975) etliche Gründe: Die *Preisschere* zwischen bisherigem und Neuland trotz der mit der Landgewinnung verbundenen Kosten, der zum Meer *verkehrsorientierte* Standort gerade für importabhängige Schwerindustrien, die Möglichkeit der relativ *kurzfristigen Bereitstellung großer Flächen,* auch für *Betriebserweiterungen,* die von vornherein *gute Infrastruktur* und der im Hinblick auf die dicht überbauten Stadtgebiete etwas isolierte, daher *umweltfreundliche* Mikrostandort. Der letztgenannte Vorzug ermöglichte den Stadtverwaltungen auch in günstiger Lage den Bau großer Abwasserklär- und Müllverbrennungsanlagen abgesehen von der vorübergehenden Nutzung als Mülldeponie während der Neulandgewinnungsphase. Teile der Neulandflächen werden aber selbst auch für „danchi" genutzt, so daß unangenehme Umwelteinflüsse auch innerhalb des Aufschüttungsgebietes zum Tragen kommen, nicht zuletzt auch für die von der alten Küstenlinie verdrängten Fischer, die ihre Fisch- und Austernzuchten aufgeben mußten. Die neuen Großbetriebe der „umetate-chi" haben erhebliche *Fernzuwanderungen* jüngerer Leute ausgelöst, für die wiederum große Werkwohn-„danchi", jedoch mit nach wie vor geringen Wohnflächenabmessungen, gebaut wurden. Mit seinen vielfältigen Sozialeinrichtungen und Werks-Supermärkten ist ein Großbetrieb nahezu autark (FLÜCHTER 1975).

So stellt sich selbst auf dem Aufschüttungsland noch verhältnismäßig deutlich ein allgemeines Merkmal der japanischen Stadt heraus, nämlich eine relativ starke Funktionsmischung bei vergleichsweise zu Europa und USA schwacher Entwicklung von Flächennutzungsplanung bzw. Zonierung.

## 13. Literatur zu Teil II

### 1. Die europäische Stadt

AARIO, L.: The inner differentiation of the large cities in Finland. Fennia 74, 2, 1951, S. 1—67.

ABELE, G. / LEIDLMAIR, A.: Karlsruhe. Studien zur innerstädtischen Gliederung und Viertelsbildung. Karlsr. Geogr. H. 3. Karlsruhe 1972.

ACHENBACH, H.: Bozen. Bevölkerungsdynamik und Raumgliederung einer zweisprachigen Stadt. Die Erde 1975, S. 152—173.

Akademie für Raumforschung und Landesplanung (Hrsg.): Mittelstadt. Teil 3: Grundlagen und Entwicklungstendenzen der städtebaulichen Struktur ausgewählter Mittelstädte. Forschungs- und Sitzungsberichte Bd. 70. Hannover 1972.

Bauakademie der Deutschen Demokratischen Republik. Institut für Städtebau und Architektur (Hrsg.): Wohngebietsplanung der RGW-Länder. Schriftenreihe d. Bauforschung, R. Städtebau und Architektur 63. Berlin 1975.

BODZENTA, E.: Innsbruck. Eine sozialökologische Studie. Mitt. Geogr. Ges. Wien 1959, S. 323—360.

BORRIS, M.: Ausländische Arbeiter in einer Großstadt. Eine empirische Untersuchung am Beispiel Frankfurt. 2. Aufl. Frankfurt a. M. 1974.

BOSL, K.: Die Sozialstruktur der mittelalterlichen Residenz- und Fernhandelsstadt Regensburg. München 1966.

BRAUN, P.: Die sozialräumliche Gliederung Hamburgs. Weltwirtschaftliche Studien 10. Göttingen 1968.

BRAUNFELS, W.: Abendländische Stadtbaukunst. Herrschaftsform u. Baugestalt. Köln 1976.

BUHR, H. DE: Sozialgefüge und Wirtschaft des Mittelalters am Beispiel der Stadt. Frankfurt a. M. 1973.

BURKE, P.: Urbanization and social change in pre-industrial Europe. London 1978.

BUTLIN, R. A.: The population of Dublin in the late seventeenth century. Irish Geography V, 2, 1965, S. 51—66.

CAPLOW, T.: Urban structure in France. Amer. Sociol. Rev. 1952, S. 544—550.

CARRIERE, F. / PINCHEMEL, P.: Le fait urbain en France. Paris 1963.

CARTER, H.: The towns of Wales: A study in urban geography. Cardiff 1965.

COMHAIRE, J. / CAHNMAN, W. J.: How cities grew. The historical sociology of cities. Madison, N. J. 1959.

CURL, J.: European cities and society. London 1970.

DAWSON, A. H.: Warsaw. An example of city structure in free-market and planned socialist environments. TESG 1971, S. 104—113.

DICKINSON, R. E.: The West European city. London 1951.

EIMER, G.: Die Stadtplanung im schwedischen Ostseeraum 1600—1715. Stockholm 1961.

ENGELI, C.: Siedlungsstruktur und Verwaltungsgrenzen der Stadt des 19. u. 20. Jahrhunderts. Z. f. Stadtgeschichte, Stadtsoziologie u. Denkmalpflege. 1977, S. 288—307.

ENNEN, E.: Die europäische Stadt des Mittelalters. Göttingen 1972.

FISCHER, H.: Viertelsbildung und sozial bestimmte Stadteinheiten untersucht am Beispiel der inneren Stadtbezirke der Großstadt Stuttgart. Ber. z. dt. Landeskde., Bd. 30, 1963, S. 101—120.

FLEURE, H. J.: Some types of cities in temperate Europe. Geogr. Review 1920, S. 357-374.

Freeman, T. W.: The Irish country town. Irish Geography 1, 1954, S. 5—14.

Freyer, H.: Die deutsche Stadt, Geschichte und Gegenwart. In: Entwicklungsgesetze der Stadt. Köln/Opladen 1963.

Fuerst, J. S. (Hrsg.): Public housing in Europe and America. London 1974.

Gantner, J.: Grundformen der europäischen Stadt. Wien 1928.

Geisler, W.: Die deutsche Stadt. Ein Beitrag zur Morphologie der Kulturlandschaft. Stuttgart 1924.

Gerkan, H. v.: Griechische Städteanlagen. Berlin/Leipzig 1924.

Goldzamt, E.: Städtebau sozialistischer Länder. Soziale Probleme. Berlin(Ost) 1974 u. Stuttgart 1975.

Goos-Hartmann, R.: Probleme der Sozialstruktur citynaher Innenstadtgebiete. N. Arch. f. Nieders. 1970, S. 155—167.

Grote, L. (Hrsg.): Die deutsche Stadt im 19. Jahrhundert. Stadtplanung u. Baugestaltung im industriellen Zeitalter. München 1974.

Gruber, K.: Die Gestalt der deutschen Stadt. Ihr Wandel aus der geistigen Ordnung der Zeiten. München 1976.

Günther, W.: Gebaute Umwelt. Reihe akzent. Leipzig/Jena/Berlin 1977.

Gutkind, E. A.: Urban development in Central Europe. London 1964.

Gutkind, E. A.: Urban development in the Alpine and Scandinavian countries. New York 1965.

Gutkind, E. A.: Urban development in Spain and Portugal. New York 1967.

Gutkind, E. A.: Urban development in Italy and Greece. New York 1969.

Hamilton, F. E. I. / French, R. A. (Hrsg.): The socialist city. Spatial structure and urban policy. London 1979.

Hauser, F. L.: Ecological patterns of European cities. In: Fava, F. (Hrsg.): Urbanism in world perspective. A Reader. New York 1968, S. 193—216.

Heineberg, H.: Zentren in West- und Ostberlin. Bochumer Geogr. Arbeiten, Sonderreihe Bd. 9. Paderborn 1978.

Heinzmann, J.: On the development of the industrial structure of large cities. Geographia Polonica 30, 1975, S. 85—93.

Höhl, G.: Die fränkische Stadt. Methoden zu ihrer Typisierung und Differenzierung. Frankenland, Beiheft 1. Würzburg 1966.

HUTTENLOCHER, F.: Städtetypen und ihre Gesellschaften anhand südwestdeutscher Beispiele. Geogr. Z. 1963, S. 161—182.

JÄGER, H.: Bild und Funktion der niederländischen Städte in vier Jahrhunderten. Geogr. Rundschau 1966, S. 256—64.

JAGIELSKI: Die sozialräumliche Struktur der polnischen Städte. Im Druck.

JANSON, C. G.: A preliminary report on Swedish urban spatial structure. Econ. Geogr. 1971, S. 249—257.

JOHNSON, J. H. (Hrsg.): Suburban growth. Geographical processes at the edge of the Western city. New York 1974.

JONES, E.: A social geography of Belfast. Oxford 1961.

JORDAN, T. G.: The European culture area. A systematic geography. New York 1973.

JÜRGENS, O.: Spanische Städte. Ihre bauliche Entwicklung und Ausgestaltung. Abh. Geb. Auslandskde. Reihe B, Bd. B. Hamburg 1926.

KANSKY, K. J.: Urbanization under socialism: The case of Czechoslovakia. New York 1976.

KENYON, J. B.: Patterns of residential integration in the bicultural Western city. The Profess. Geographer 1976, S. 40—44.

KIENITZ, F.-K.: Städte unter dem Halbmond. Geschichte und Kultur der Städte in Anatolien und auf der Balkanhalbinsel im Zeitalter der Sultane 1071—1922. München 1972.

KILLISCH, W. F.: Die oldenburgisch-ostfriesischen Geestrandstädte. Entwicklung, Struktur, zentralörtliche Bereichsgliederung und innere Differenzierung. Schr. d. Geogr. Inst. d. Univ. Kiel 34, 1970.

KLAAR, A.: Die österreichische Stadt in ihrer geographischen und historischen Entwicklungsform. In: Festschr. z. Hundertjahrf. Geogr. Ges. Wien 1856—1956. Wien 1957, S. 67—92.

KLÖPPER, R.: Der Stadtkern als Stadtteil; ein methodologischer Versuch zur Abgrenzung und Stufung von Stadtteilen am Beispiel von Mainz. Ber. z. dt. Landeskde. 27. 1961, S. 150—162.

KRENZ, G. / STIELITZ, W. / WEIDNER, C. (Hrsg.): Städte und Stadtzentren in der DDR. Ergebnisse und reale Perspektiven des Städtebaus in der Deutschen Demokratischen Republik. Berlin 1969.

KRETH, R.: Sozialräumliche Gliederung von Mainz. Geogr. Rundschau 1977, S. 142—149.

LANGTON, J.: Residential patterns in pre-industrial cities: Some case studies from seventeenth-century Britain. Inst. of Brit. Geogr. Transact. 1975, S. 1—28.

Lee, T. R.: Race and residence: The concentration and dispersion of immigrants in London. London 1977.

Leister, I.: Wachstum und Erneuerung britischer Industriegroßstädte. Schr. d. Komm. f. Raumf. d. Österr. Akad. d. Wiss. Bd. 2. Wien/Köln/Graz 1970.

Lendl, E.: Die deutschgeprägten Stadtanlagen im südöstlichen Mitteleuropa. Göttinger Arbeitskreis Schr., H. 36. Kitzingen 1953.

Lentz, P. A.: A model of residential structure in a socialist city. A case study of Warsaw. Geographia Polonica 31, 1975, S. 65—97.

Lichtenberger, E.: The nature of European urbanism. Geoforum 4, 1970, S. 45—62.

Lichtenberger, E.: Die europäische Stadt — Wesen, Modell, Probleme. Ber. z. Raumf. u. Raumpl. 1972, S. 3—25.

Lichtenberger, E.: Ökonomische und nichtökonomische Variablen kontinentaleuropäischer Citybildung. Die Erde 1972, S. 216—262.

Lichtenberger, E.: The changing nature of European urbanization. In: Berry, B. J. L. (Hrsg.): Urbanization and counterurbanization. Urban Affairs — Annual Reviews 11, 1976, S. 81—107.

Ludat, H.: Frühformen des Städtewesens in Osteuropa. In: Studien zu den Anfängen des europäischen Städtewesens. Hrsg. v. Inst. f. geschichtl. Landesforschung des Bodenseegebiets. Stuttgart 1966, S. 527—553.

Ludat, H.: Zum Stadtbegriff im osteuropäischen Bereich. In: Jankuhn, H. et. al. (Hrsg.): Vor- und Frühformen der europ. Stadt im Mittelalter. Göttingen 1973, S. 77—91.

Lützeler, H.: Vom Sinn der Bauformen. Der Weg der abendländischen Architektur. Freiburg, 3. Aufl. 1953.

Macindoe, N.: Mediterranean hilltowns: cultures in intersection Ekistics 1976, S. 349—353.

Mauersberg, H.: Wirtschafts- und Sozialgeschichte zentraleuropäischer Städte in neuerer Zeit. Göttingen 1960.

Meckseper, E.: Stadtplan und Sozialstruktur in der deutschen Stadt des Mittelalters. Stadtbaukde. 33, 1972, S. 52—57.

Metz, F.: Land und Leute. Stuttgart 1961. (Darin: Die deutschen Städte, S. 147—154; Südwestdeutsche und altbayerische Städte, S. 254—256; Die Zähringerstädte, S. 257—261; Die elsässischen Städte, S. 311—326; Die Tiroler Stadt, S. 342—363.

Mitteldeutscher Kulturrat (Hrsg.): Zwischen Rostock und Saarbrücken.

Städtebau u. Raumordnung in beiden deutschen Staaten. Düsseldorf 1973.

MOSER, C. A. / SCOTT, W.: British towns. A statistical study of their social and economic difference. London 1961.

PENKOFF, I.: Funktionale und räumliche Gliederung der Städte in der Volksrepublik Bulgarien. Geogr. Ber. 14, 1969, S. 113—117.

PINARD, J.: Réflexions sur les villes scandinaves. Acta Geographica 3, 1977, S. 50—63.

PIORO, Z. / SAVK, M. / FISHER, J.: Socialist city planning: A reexamination. Journ. Amer. Inst. Pl. 1965, S. 31—42.

PITZ, E.: Die Entstehung der Ratsherrschaft in Nürnberg im 13. u. 14. Jh. Schriftenreihe zur bayerischen Landesgeschichte, Bd. 55, München 1956.

PLANITZ, Hans: Die deutsche Stadt im Mittelalter. Graz/Köln 1954, 2. Aufl. 1965.

PLATT, C.: The English medieval town. London 1976.

POOLEY, C. G.: The residential segregation of migrant communities in mid-Victorian Liverpool. Inst. of Brit. Geogr. Transact. 1977, S. 364—382.

POPP, H.: Die Altstadt von Erlangen. Mitt. Fränk. Geogr. Ges., Bd. 21/22 für 1974 u. 1975. Erlangen 1976, S. 29—142.

REULECKE, J. (Hrsg.): Die deutsche Stadt im Industriezeitalter. Wuppertal 1978.

RICHTER, D.: Die sozialistische Großstadt -- 25 Jahre Städtebau in der DDR. Geogr. Rundschau 1974, S. 183—191.

RÖRIG, F.: Die europäische Stadt im Mittelalter. Göttingen 1955.

RUECKBROD, K.: Universität und Kollegium. Baugeschichte und Bautyp. Darmstadt 1977.

SAALMAN, H. Medieval cities. New York 1968.

SANDRU, J.: Vergleichende Betrachtung der rumänischen Städte. Geogr. Ber. 5, 1960, S. 29—41.

SCHAFFREY, P.: The Irish town. An approach to survival. Dublin 1975.

SCHÖLLER, P.: Die deutschen Städte. Erdkundliches Wissen, H. 17. Wiesbaden 1967.

SCHÖLLER, P.: Die neuen Städte der DDR im Zusammenhang der Gesamtentwicklung des Städtewesens und der Zentralität. In: Forsch. u. Sitzungsber. Akad. f. Raumf. u. Landespl., Bd. 88. Hannover 1974, S. 299—324.

SCHWIPPE, H. J.: Beiträge zur sozialen und räumlichen Struktur vorindustrieller Städte, mit Beispielen aus dem östlichen und Kern-Münsterland. Münster 1975.

SCUPIN, M.: Strukturanalyse der Stadt Oldenburg anhand viertelsbildender Kriterien formaler und funktionaler Art. Oldenb. Stud., Bd. 6. Oldenburg 1971.

SINNHUBER, K. A.: Eisenhüttenstadt and other new industrial locations east of Berlin. In: Festschr. Leopold G. Scheidl, Teil I. Wien 1965, S. 328—348.

STOOB, H.: Über frühneuzeitliche Städtetypen. In: Dauer und Wandel der Geschichte. Festgabe für Kurt von Raumer. Münster 1965, S. 163—212.

STOOB, H. (Hrsg.): Die Stadt. Gestalt und Wandel bis zum industriellen Zeitalter. Münster 1978.

TAUBMANN, W.: Die Innenstadt von Arhus: Innere Gliederung aufgrund der Flächennutzung. Kulturgeografi 110, 1969, S. 333—66.

THARUN, E.: Bemerkungen zur Lage gehobener Wohnviertel im städtischen Raum. Rhein-Main. Forsch. 80, 1975, S. 153—160.

TÓTH, J.: Die ungarischen Städte. Acta Univers. Szegediensis, Acta Geogr., Tom. VII, fasc. 1—6, 1967, S. 81—104.

VANCE, Jr., J. E.: This scene of man. The role and structure of the city in the geography of western civilization. New York 1977.

The Victorian city. Transact. Inst. Brit. Geogr. New Series vol. 4 no. 2, 1979 (Themenheft).

VIOLICH, F.: Evolution of the Spanish city. Journ. Amer. Inst. Pl. 1962, S. 170—179.

VOTRUBEC, C.: Der gegenwärtige Stand und die weitere Entwicklung der Tschechoslowakischen Städte. Geogr. Ber. 8, 1963, S. 32—50.

WALLERT, W.: Sozialistischer Städtebau in der DDR. Geogr. Rundschau 1974, S. 177—82.

WEISE, O.: Sozialgeographische Gliederung und innerstädtische Verflechtungen in Wuppertal. Bergische Forschungen Bd. XI. Neustadt 1973.

WERWICKI, A.: Structura Przestrzenna Średnich Miast Ośrodków Wojewódzkich W Polsce. Prace Geograficzne Nr. 101. Wroclaw/Warczawa/Krákow/Gdansk 1973.

WESTERGAARD, J. H.: Scandinavian urbanism. Acta Sociologica 8, 1965, S. 304—23.

WHITEHAND, J. W. R. / ALAUDDIN, K.: The town plans of Scotland:

Some preliminary considerations. Scott. Geogr. Mag. 1969, S. 109—121.

WISSINK, G. A.: Enkele ontwikkelingen in de ruimtlijke struktuur der Nederlandse steden. Tijdschr. Konikl. Ned. Aardr. Genoostschap 1965, S. 34—46.

## 2. Die russisch-sowjetische Stadt

AFANASJEV, K. N. / KHAZANOVA, V. E.: Iz istorii sovetskoi arkhitektony: 1917—1925. Moskau 1963.

BARANOW, N.: Über die künftige Entwicklung des sowjetischen Städtebaus. Deutsche Architektur 20, 1971, S. 373 ff.

BATER, J. H.: Soviet town planning: Theory and practice in the 1970s. Progress in Human Geography 1977, S. 177—207.

BATER, J. H.: The Soviet city. London 1979.

BORCHERT, J. R.: The Soviet city. In: HOLT, R. T. / TURNER, J. E. (Hrsg.): Soviet Union — Paradox and change. New York /Chicago/ London 1962, S. 33—61.

BUNIN, A. W.: Geschichte des russischen Städtebaues bis zum 19. Jahrhundert. Berlin 1961.

DIMAIO, Jr., A. J.: Soviet urban housing: Problems and politics. New York 1974.

FEDOR, T. S.: Patterns of urban growth in the Russian Empire during the nineteenth century. Univ. of Chicago Dep. of Geogr. Res. Pap. 163, 1975.

FICK, K. E.: Die Großstädte in Sowjet-Mittelasien. In: Wirtschafts- und Kulturräume der außereuropäischen Welt. Festschrift für Albert Kolb. Hamburg 1971, S. 159—197.

FROLIC, B. M.: The Soviet city. The Town Planning Review 1963/64, S. 285—306.

FROLIC, B. M.: The Soviet study of Soviet cities. Journ. of Politics 32, 1970, S. 675—695.

GELLERT, J. F. / ENGELMANN, G.: Entwicklung und Struktur einiger sowjetischer Großstädte in Mittelasien. Geogr. Ber. 1967, S. 175—203.

GRADOW, G. A.: Stadt und Lebensweise. Berlin 1971.

GUTNOV, A. et al.: The ideal communist city. New York 1968.

HAMM, M. F. (Hrsg.): The city in Russian history. Lexington 1976.

HARRIS, C. D.: Ethnic groups in cities of the Soviet Union. Geogr. Rev. 1945, S. 406—74.

HARRIS, C. D.: Cities of the Soviet Union. Studies in their functions, size, density and growth. The Monograph Series of the Assoc. of Amer. Geographers 5. Chicago 1970.

HRUSKA, E.: Sozialistischer Städtebau mit besonderer Berücksichtigung der UdSSR. TESG 1965, S. 209—220.

KARGER, A.: Moskau. Geogr. Rundschau 1965, S. 479—398.

KERBLAY, B.: La ville sovietique. Annales économies, sociétés, civilisations 25, 1970.

KHOREV, B. S.: Gorodskie poselenija SSSR. Moskau 1968.

KOPP, A.: Ville et révolution. Architecture et urbanisme soviétiques des années vingt. Paris 1972.

KORFMACHER, J.: Einige Aspekte der städtischen Entwicklungsplanung in der UdSSR. Arch. f. Kommunalwiss. I/1975, S. 102—120.

KREIS, B. / MÜLLER, R.: Stadtplanung in der Sowjetunion. Arch. f. Kommunalwiss. 1978, S. 299—316.

MELLOR, R. E. H.: The Soviet town. Town and Country Planning (Feb.) 1963.

MILJUTIN, N. A.: Sotsgorod. The problem of building socialist cities. Cambridge 1974.

MÜLLER-WILLE, W.: Stadt und Umland im südlichen Sowjet-Mittelasien. Erdkundl. Wissen, H. 49. Wiesbaden 1978.

OSBORN, R. J. / REINER, T. A.: Soviet city planning: Current issues and future perspectives. Journ. Amer. Inst. Pl. 1962, S. 239—250.

PARKINS, F.: City planning in Soviet Russia. Chicago 1953.

SCHWARIKOW, W.: Die theoretischen Grundlagen der Gestaltung der sowjetischen Stadt. Deutsche Architektur 17, 1968, S. 452 ff.

SPRAGUE, A.: Modernizing architecture, art, and town plans in Soviet Central Asia. In: ALLWORTH, E. (Hrsg.): Central Asia: A century of Russian rule. New York 1967.

STADELBAUER, J.: Bahnbau und kulturgeographischer Wandel in Turkmenien. Berlin 1973.

STADELBAUER, J.: Zum Einzelhandel in einer sowjetischen Stadt. Erdkunde 1976, S. 266—276.

TÄUBERT, H.: Typengliederung der sowjetischen Städte. Peterm. Geogr. Mitt. 1958, S. 234—39.

*3. Die chinesische Stadt*

BOYD, A.: Chinese architecture and town planning. London 1962.

Buck, D. D.: Urban change in China. Politics and development in Tsinan, Shantung, 1890—1949. Madison 1978.

Chang, S. D.: The historical trend of Chinese urbanization. Annals Assoc. Amer. Geogr. 1963, S. 109—143.

Chang, S. D.: Some observations on the morphology of Chinese walled cities. Annals Assoc. Amer. Geogr. 1970, S. 63—91.

Chang, S. D.: The changing system of Chinese cities. Annals Assoc. Amer. Geogr. 1976, S. 398—415.

Eberhard, W.: Data on the structure of the Chinese city in the pre-industrial period. Econ. Devel. and Cult. Change 4, 1956, S. 253—68.

Eberhard, W. (Hrsg.): Settlement and social change in Asia. Collected Papers, Vol. 1. Hongkong 1967.

Elvin, M. / Skinner, G. W. (Hrsg.): The Chinese city between two worlds. Stanford 1974.

Frank, H.: Wohnungsbau in der VR China. TUB Z. d. Techn. Univ. Berlin 1/1977, S. 42—57.

Franke, W. (Hrsg.): China-Handbuch. Düsseldorf 1974.

Gellert, J. F.: Geographische Betrachtungen in chinesischen Großstädten. Geogr. Ber. 1962, S. 142—152.

Gentelle, P.: Les villes en Chine: une stratégie « différente ». Espace géographique 1974, S. 255—265.

Ho, P. T.: Loyang (495—534). A study of physical and socioeconomic planning of a metropolitan area. Harvard Journ. of Asiatic Studies 26, 1966, 52—101.

Hübrig, H.: Fung Schui, oder chinesische Geomantie. Sitzungsber. Berliner Ges. f. Anthropologie, Ethnologie u. Urgeschichte No. 2, 1879.

Jeffrey, N. / Caldwell, M. (Hrsg.): Planning and urbanism in China. Progress in Planning, Vol. 8, part 2, 1977.

Kolb, A.: Über die Entstehung, das Wesen und die Ausbreitung der chinesischen Kultur. Geogr. Z. 1963, S. 7—29.

Küchler, J.: Stadterneuerung in der VR China — Ansätze zur Überwindung funktionalistischer Stadtentwicklung? In: Geographische Hochschulmanuskripte 3. Göttingen 1976.

Lewis, J. W. (Hrsg.): The city in communist China. Stanford 1971.

Liang, C. S.: Urban land use analysis: A Hong Kong case study. Hong Kong 1973.

Lo, C.-P. / Pannell, C. W. / Welch, R.: Land use changes and city planning in Shenyang and Canton. Geogr. Rev. 1977, S. 268—283.

MURPHEY, R.: Chinese urbanization under Mao. In: BERRY, B. J. L. (Hrsg.): Urbanization and counter-urbanization. London 1976, S. 311—330.

PANNELL, C. W.: Cities east and west: comments on theory, form and methodology. The Profess. Geographer 1976, S. 233—240.

PANNELL, C. W.: Past and present city structure in China. Town Planning Review 1977, S. 157—172.

PIRAZZOLI-T'SERSTEVENS, M. / BOUVIER, N. / BLUM, D.: Weltkulturen und Baukunst: China: München 1970.

SCHMITTHENNER, H.: Chinesische Landschaften und Städte. Stuttgart 1925.

SKINNER, W. (Hrsg.): The city in late imperial China. Stanford 1977.

SU, G.-D.: Chinese architecture — past and contemporary. Hong Kong 1964.

THILO, T.: Klassische chinesische Baukunst. Leipzig 1977.

TREWARTHA, G. T.: Chinese cities. Origins and functions. Annals Assoc. Amer. Geogr. 1952, S. 69—93.

TUAN, Yi-Fu: A preface to Chinese cities. In: BECKINSALE, R. P. / HOUSTON, J. M. (Hrsg.): Urbanization and its problems. Oxford 1968.

WHEATLEY, P.: The pivot of the Four Quarters: A preliminary enquiry into the origins and character of the ancient Chinese city. Edinburgh 1971.

WU, N. J.: Chinese and Indian architecture. The city of man, the mountain of god, and the realm of the immortals. New York 1963.

*[Die Stadt in der Dritten Welt]*

ABU-LUGHOD, J. / HAY JR., R. (Hrsg.): Third world urbanization. Chicago 1977.

ALONSO, W.: The form of cities in developing countries. Papers, Regional Science Assoc. 1964, S. 165—173.

BRAS, H. LE /CHESNAIS, J.-C.: Villes et bidonvilles du Tiers monde: structures démographiques et habitat. Population 1976, S. 1207—1234.

BREESE, G.: Urbanization in newly developing countries. Englewood Cliffs 1966.

BREESE, G. (Hrsg.): The city in newly developing countries. Readings on urbanism and urbanization. London 1972.

DuToit, B. M. / Safa, H. J. (Hrsg.): Migration and urbanization. Models and adaptive strategies. The Hague 1975.

Dwyer, D. J.: The city in the developing world and the example of Southeast Asia. Geography 1968, S. 353—364.

Dwyer, D. J. (Hrsg.): The city in the Third World. London 1974.

Dwyer, D. J.: People and housing in Third World cities. Perspectives on the problem of spontaneous settlements. London/New York 1975.

Friedmann, J. / Wulff, R.: The urban transition: Comparative studies of newly industrializing societies. London 1976.

Gutkind, P. C. W.: Urban anthropology — Perspectives on "Third World" urbanization and urbanism. Assen 1974.

International Institute of Differing Civilisations (INCIDI), Bruxelles (Hrsg.): Ethnic and cultural pluralism in intertropical communities. Brüssel 1957.

Juppenlatz, M.: Cities in transformation: The urban squatter problem in the developing world. Brisbane 1970.

London, B. / Flanagan, W. G.: Comparative urban ecology. A summary of the field. In: Walton, J. / Masotti, L. (Hrsg.): The city in comparative perspective. Cross-national research and new directions in theory. New York 1976, S. 41—66.

McGee, T. G.: The urbanization process in the Third World. London 1971.

Pötzsch, R.: Stadtentwicklungsplanung und Flächennutzungsmodelle für Entwicklungsländer. Schriftenreihe zur Industrie- und Entwicklungspolitik, Bd. 9. Berlin 1972.

Roberts, B.: Cities of peasants. London 1978.

Santos, M.: Les villes du Tiers Monde. Paris 1971.

Siemek, Z.: Transitional areas in the cities of the Third World countries. Geographia Polonica 35, 1977, S. 91—109.

Sturm, R.: Die Großstädte der Tropen. Tübinger Geogr. Stud., H. 33, 1969.

Tinker, H.: Race and the Third World city. New York 1973.

*4. Die orientalische (und israelische) Stadt*

Ahrens, P. G.: Die Entwicklung der Stadt Teheran. Schr. Dt. Orientinst. Opladen 1966.

Al-Genabi, H. K. N.: Der Suq (Bazar) von Bagdad. Eine wirtschafts- und sozialgeographische Untersuchung. Mitt. Fränk. Geogr. Ges., Bd. 21/22 für 1974 und 1975. Erlangen 1976, S. 143—295.

AMIRAN, D. H. K. / SHAHAR, A.: The towns of Israel. Geogr. Rev. 1961, S. 348—369.
ANSCHÜTZ, H.: Persische Stadttypen. Geogr. Rundschau 1967, S. 105—110.
BARTSCH, G.: Stadtgeographische Probleme in Anatolien. Tagungsber. u. Verhandl. Deutscher Geographentag Frankfurt 1951. Remagen 1952, S. 129—132.
BÉMONT, F.: Les villes de l'Iran. Des cités d'autrefois à l'urbanisme contemporain. Paris 1969.
BENEDICT, P. / TÜMERTEKIN, E. / MANSUR, F.: Turkey. Geographic and social perspectives. Leiden 1974.
BENET, F.: The ideology of Islamic urbanization. In: ANDERSON, N. (Hrsg.): Urbanism and urbanization. Leiden 1964.
BERGER, M.: The new metropolis in the Arab world. New Delhi 1963.
BERQUE, J.: Médinas, villeneuves et bidonvilles. Cahiers de Tunésie 1958/59, S. 5—42.
BIANCA, S.: Architektur und Lebensform im islamischen Stadtwesen. Baugestalt und Lebensordnung in der islamischen Kultur, dargestellt unter besonderer Verarbeitung marokkanischer Quellen und Beispiele. Zürich/München 1975.
BONINE, M. E.: Urban studies in the Middle East. Middle East Studies Assoc. Bulletin 10 (3), 1976, S. 1—37.
BORN, M.: El Obeid. Bemerkungen zur Stadtentwicklung im östlichen Sudan. Geogr. Rundschau 1968, S. 87—97.
BRANDENBURG, D.: Die Baumeister des Propheten. Städtebau und Kultur der islamischen Völker. Zürich/Freiburg 1971.
BROWN, C. (Hrsg.): From Madina to Metropolis. Heritage and change in the Near Eastern city. Princeton 1973.
CAHEN, C.: Zur Geschichte der städtischen Gesellschaft im islamischen Orient des Mittelalters. Saeculum 9, 1958, S. 59—76.
CHURCHILL, C. W.: Fertile Crescent cities. In: LUTFIYYA, A. M. / CHURCHILL, C. W. (Hrsg.): Readings in Arab Middle Eastern societies and cultures. The Hague/Paris 1970, S. 643—663.
CLARK, B. D. / COSTELLO, V. F.: The urban system and social patterns in Iranian cities. Transact., Inst. Brit. Geogr. 59, 1973, S. 99—128.
COSTELLO, V. F.: The industrial structure of a traditional Iranian city. TESG 1973, S. 108—120.
COSTELLO, V. F.: Urbanization in the Middle East. Cambridge/London 1977.

DETTMANN, K.: Damaskus. Eine orientalische Stadt zwischen Tradition und Moderne. Erl. Geogr. Arb. 26. Erlangen 1969.

DETTMANN, K.: Zur inneren Differenzierung der islamisch-orientalischen Stadt. Tagungsber. u. wiss. Abh. Deutscher Geographentag Kiel 1969. Wiesbaden 1970, S. 488—497.

DETTMANN, K.: Zur Variationsbreite der Stadt in der islamisch-orientalischen Welt. Geogr. Z. 1970, S. 95—123.

DUCHAC, E. et al.: Villes et sociétés au Maghreb — Études sur l'urbanisation. Centre de Recherches et d'Études sur les sociétés Méditerranées. Aix-en-Provence 1974.

EHLERS, E.: Die südkaspische Stadt — Typus oder Individuum? Die Erde 1972, S. 186—190.

EHLERS, E.: Rentenkapitalismus und Stadtentwicklung im islamischen Orient. Erdkunde 1978, S. 124—142.

EICHLER, G.: Algiers Sozialökologie 1955—70. Vom Kolonialismus zur nationalen Unabhängigkeit. Kassel 1976.

EICKELMAN, D. F.: Is there an Islamic city? The making of a quarter in a Maroccan town. Internat. Journ. of Middle Eastern Studies 1974, S. 274—294.

ENGLISH, P. W.: City and village in Iran. Madison 1966.

ENGLISH, P. W.: Urbanites, peasants, and nomads: the Middle Eastern ecological triology. Journ. of Geogr. 1967, S. 54—59.

FLOOR, W. M.: The guilds in Iran — an overview from the earliest beginnings till 1972. Z. d. dt. Morgenländ. Ges. 125, 1975, S. 99—119.

GARDET, L.: La cité musulmane — vie sociale et politique. Paris 1954.

GAUBE, H.: Iranian cities. New York 1978.

GAUGLITZ, K. G.: Eigentümlichkeiten des Wegesystems in islamischen Städten. Die Entstehung von Gassen und Sackgassen. Orient 10/1969, S. 162—169.

GÖCER, O.: Die türkische Stadt. Städtebau in Anatolien. Deutsche Bauzeitung 1973, S. 277—283.

GONEN, A.: Mass immigration and the spatial structure of towns in Israel. Jerusalem 1972.

GONEN, A.: The role of high growth rates and of public housing agencies in shaping the spatial structure of Israeli towns. TESG 1972, S. 402—410.

GRABAR, O.: Städte und Städter. In: LEWIS, B. (Hrsg.): Welt des Islam. Geschichte und Kultur im Zeichen des Propheten. Braunschweig 1976.

GREIF, F.: Der Wandel der Stadt in der Türkei unter dem Einfluß von Industrialisierung und Landflucht. Tagungsber. u. wiss. Abh. Deutscher Geographentag Erlangen—Nürnberg 1971. Wiesbaden 1972, S. 407—419.

GRÖTZBACH, E.: Zur jungen Entwicklung afghanischer Provinzstädte. Geogr. Rundschau 1975, S. 416—424.

GRÖTZBACH, E.: Probleme der Stadtentwicklung und Stadtplanung in Afghanistan. Zeitschr. d. Techn. Univ. Hannover 1975, S. 3—14.

GRÖTZBACH, E. (Hrsg.): Aktuelle Probleme der Regionalentwicklung und Stadtgeographie Afghanistans. Afghanische Studien, Bd. 14. Meisenheim 1976.

GRÜNEBAUM, G. E. v.: Die islamische Stadt. Saeculum 6, 1955, S. 138—153.

GRÜNEBAUM, G. E. v.: Stucture of the Muslim town. In: Islam. Essays in the nature and growth of a cultural tradition. New York 1961.

GRÜNEBAUM, G. E. v.: The sacred character of Islamic cities. In: Mélanges Taha Husain. Kairo 1962.

HAHN, H.: Wachstumsabläufe in einer orientalischen Stadt am Beispiel von Kabul/Afghanistan. Erdkunde 1972, S. 16—32.

HAMDAN, G.: The pattern of medieval urbanism in the Arab world. Geography 1962, S. 121—134.

HAZAN, E. et al.: Middle Eastern subcultures. A regional approach. Lexington 1975.

HITTI, P. K.: Capital cities of Arab Islam. Minneapolis 1973.

HÖHFELD, V.: Anatolische Kleinstädte. Anlage, Verlegung und Wachstumsrichtung seit dem 19. Jahrhundert. Erl. Geogr. Arb., Sonderband 6. Erlangen 1977.

HOURANI, A. H. / STERN, S. M. (Hrsg.): The Islamic city. Papers on Islamic History I. Oxford 1970.

KARABORAN, H. H.: Die Stadt Osmaniye in der oberen Çukurova. Entwicklung, Struktur und Funktionen einer türkischen Mittelstadt. Heidelberg 1975.

KIENITZ, F.-K.: Städte unter dem Halbmond. Geschichte und Kultur der Städte in Anatolien und auf der Balkanhalbinsel im Zeitalter der Sultane 1071—1922. München 1972.

KLAFF, V. Z.: Ethnic segregation in urban Israel. Demography 1973, S. 161—184.

KOCH, J.: Tripoli (Libanon) — Eine orientalische Stadt im Wandel. In: SCHWEIZER, G. (Hrsg.): Beiträge zur Geographie orientalischer

Städte und Märkte. Beihefte zum Tübinger Atlas des Vorderen Orients Reihe B, Nr. 24. Wiesbaden 1977, S. 107—129.

KOPP, H.: Städte im östlichen iranischen Kaspitiefland. Ein Beitrag zur jüngeren Entwicklung orientalischer Mittel- u. Kleinstädte. Erl. Geogr. Arb., H. 33. Erlangen 1973.

KREISER, K.: Zur inneren Gliederung der osmanischen Stadt. In: VOIGT, W. (Hrsg.): Vorträge des 18. Deutschen Orientalistentags Lübeck 1972, Wiesbaden 1974, S. 192—212.

LANDAY, S.: The ecology of Islamic cities: the case for the ethnocity. Econ Geogr. 1971, S. 303—313.

LAPIDUS, I. M.: Moslem cities in the later Middle Ages. Cambridge 1967.

LAPIDUS, I. M. (Hrsg.): Middle Eastern cities. A symposium on ancient, Islamic, and contemporary Middle Eastern urbanism. Berkeley 1969.

LATIF, A. H.: Residential segregation and location of status and religious groups in Alexandria, Egypt. In: SCHWIRIAN, K. P. (Hrsg.): Comparative urban structure: Studies in the ecology of cities. Lexington 1974, S. 423—432.

LAWLESS, R. I. / BLAKE, G. H.: Tlemcen. Continuity and change in an Algerian Islamic town. London 1976.

LE BON, J. H. G.: The Islamic city in the Near East. A comparative study of Cairo, Alexandria, and Istanbul. Town Planning Rev. 1970, S. 179—194.

LE TOURNEAU, R.: Social change in Muslim cities of North Africa. Amer. Journ. of Sociology 1955, S. 527—535.

LE TOURNEAU, R.: Les villes musulmanes de l'Afrique du Nord. Algier 1957.

LUTFIYYA, A. M. / CHURCHILL, C. W. (Hrsg.): Readings in Arab Middle Eastern societies and cultures. Den Haag 1970.

McLOUGHLIN, P. F. M.: The Sudan's three towns. A demographic and economic profile of an African urban complex. Econ. Devel. and Cult. Change 12, 1963/64.

NIEMEIER, G.: Stadt und Ksar in der algerischen Sahara. Die Erde 1956, S. 105—128.

ORNI, E.: Städtische Siedlungen Israels. Geogr. Rundschau 1970, S. 165—174.

PARET, R. (Hrsg.): Die Welt des Islam und die Gegenwart. Stuttgart 1961.

Pauly, E.: Villes spontanées et villes créés en Islam. Ann. de l'Institut d'Etudes Orientales IX, 1951.

Pelletier, J.: Un aspect de l'habitat à Alger: les bidonvilles. Rév. Géogr. de Lyon 1955, S. 279—288.

Planhol, X. De: Kulturgeographische Grundlagen der islamischen Geschichte. Zürich/München 1975.

Ritter, G.: Moderne Entwicklungstendenzen türkischer Städte am Beispiel der Stadt Kayseri. Geogr. Rundschau 1972, S. 93—101.

Rother, L.: Gedanken zur Stadtentwicklung in der Çukurova (Türkei). Von den Anfängen bis zur Mitte des 14. Jh. Beihefte zum Tübinger Atlas d. Vorderen Orients. Reihe B (Geisteswissenschaften), Nr. 3. Wiesbaden 1972.

Ruppert, H.: Beirut. Eine westlich geprägte Stadt des Orients. Erl. Geogr. Arb., H. 27. Erlangen 1969.

Schweizer, G.: Tabriz (Nordwest-Iran) und der Tabrizer Bazar. Erdkunde 1972, S. 32—46.

Schweizer, G. (Hrsg.): Beiträge zur Geographie orientalischer Städte und Märkte. Tübinger Atlas des Vorderen Orients. Beihefte Reihe B, Nr. 24. Wiesbaden 1977.

Seger, M.: Strukturelemente der Stadt Teheran und das Modell der modernen orientalischen Stadt. Erdkunde 1975, S. 21—38.

Seger, M.: Teheran. Eine stadtgeographische Studie. Wien/New York 1978.

Seger, M.: Zum Dualismus der Struktur orientalischer Städte: Das Beispiel Teheran. Mitt. Österr. Geogr. Ges. 1979, S. 129—159.

Sen, E.: Die Entwicklung der Wohngebiete der Stadt Ankara. Ein Beitrag zum gecekondu-Problem. Geogr. Z. 1972, S. 25—39.

Spiegel, E.: Neue Städte in Israel. Stuttgart 1966.

Stewig, R.: Bemerkungen zur Entstehung des orientalischen Sackgassengrundrisses am Beispiel der Stadt Istanbul. Mitt. Österr. Geogr. Ges. 1966, S. 25—47.

Stewig, R.: Der Orient als Geosystem. Schriften des Deutschen Orientinstituts. Opladen 1977.

Wagner, H.-G.: Die Souks in der Medina von Tunis. Versuch einer Standortanalyse von Einzelhandel und Handwerk in einer nordafrikanischen Stadt. In: Stewig, R. / Wagner, H.-G. (Hrsg.): Kulturgeographische Untersuchungen im islamischen Orient. Schr. d. Geogr. Inst. d. Univ. Kiel, Bd. 38. Kiel 1973, S. 91—142.

WICHE, K.: Marokkanische Stadttypen. Festschr. z. Hunderjahrf. Geogr. Ges. Wien 1856—1956. Wien 1957, S. 485—527.

WIEBE, D.: Stadtstruktur und kulturgeographischer Wandel in Kandahar und Südafghanistan. Kieler Geogr. Schr. 48. Kiel 1978.

WINTERS, C.: Traditional urbanism in the North Central Sudan. Annals Assoc. Amer. Geogr. 1977, S. 500—520.

WIRTH, E.: Die Lehmhüttensiedlungen der Stadt Bagdad. Ein Beitrag zur Sozialgeographie orientalischer Städte. Erdkunde 1954, S. 309—316.

WIRTH, E.: Damaskus—Aleppo—Beirut. Ein geographischer Vergleich dreier nahöstlicher Städte im Spiegel ihrer sozial und wirtschaftlich tonangebenden Schichten. Die Erde 1966, S. 96—137 u. 166—202.

WIRTH, E.: Die soziale Stellung und Gliederung der Stadt im Osmanischen Reich des 19. Jahrhunderts. In: MAYER, Th. (Hrsg.): Untersuchungen zur gesellschaftlichen Struktur der mittelalterlichen Städte in Europa. Konstanz 1966, S. 403—427.

WIRTH, E.: Strukturwandlungen und Entwicklungstendenzen der orientalischen Stadt. Erdkunde 1968, S. 101—128.

WIRTH, E.: Die orientalische Stadt in der Eigengesetzlichkeit ihrer jungen Wandlungen. Tagungsber. u. wiss. Abh. Deutscher Geographentag Bad Godesberg 1967. Wiesbaden 1969, S. 166—181.

WIRTH, E.: Die Beziehungen der orientalisch-islamischen Stadt zum umgebenden Lande. Plewe-Festschr. 1973, S. 323—333.

WIRTH, E.: Zum Problem des Bazars (suq, çarşi). Der Islam, Bd. 51, 2, 1974, S. 203—260 u. Bd. 52, 1, 1975, S. 6—46.

WIRTH, E.: Die orientalische Stadt. Ein Überblick aufgrund jüngerer Forschungen zur materiellen Kultur. Saeculum XXVI/1, 1975, S. 45—94.

*5. Die indische Stadt*

AHMAD, Q.: Indian cities: characteristics and correlates. Univ. of Chicago Dept. of Geogr. Res. Pap. 102. Chicago 1965.

BERREMAN, G. D.: Social categories and social interaction in urban India. American Anthropologist 1972.

BERRY, B. J. L. / SPODEK, H.: Comparative ecologies of large Indian cities. Econ. Geogr. 1971, S. 266—285.

BARDWAJ, R.: Urban development in India. New Delhi 1974.

BLENCK, J.: Slums und Slumsanierung in Indien. Tagber. u. wiss. Abh. Deutscher Geographentag Kassel 1973. Wiesbaden 1974, S. 310—337.

BLENCK, J. / WIERTZ, H.: Bevölkerungsentwicklung, Städtewachstum und Verstädterung in Indien. Geogr. Rundschau 1975, S. 81—84.

BOSE, N. K.: Culture and society in India. Collected essays. Calcutta 1967.

BREESE, G.: Urban development problems in India. Annals Assoc. Amer. Geogr. 1963, S. 253—265.

BRONGER, D.: Kriterien der Zentralität südindischer Siedlungen. Tagungsber. u. wiss. Abh. Deutscher Geographentag Kiel 1969. Wiesbaden 1970, S. 498—518.

BRUSH, J. E.: Spatial patterns of population in Indian cities. Geogr. Rev. 1968, S. 362—391.

DETTMANN, K.: Zur Variationsbreite der Stadt in der islamisch-orientalischen Welt. Die Verhältnisse in der Levante sowie im Nordwesten des indischen Subkontinents. Geogr. Z. 1970, S. 95—123.

FOX, R. D. (Hrsg.): Urban India: society, space and image. Durham 1970.

GORE, M. S.: Immigrants and neighborhoods. Bombay 1970.

HASAN, M.: The social organization of residence in urban India. Discussion Paper Series No. 17. Dept. of Geogr., Syracuse Univ., 1976.

HORTON, F. E. / MCCONNELL, H. / TIRTHA, R.: Spatial pattern of socioeconomic structure in India. TESG 1971, S. 101—113.

HOSELITZ, B. F.: The cities of India and their problems. Annals Assoc. Amer. Geogr. 1959, S. 223—231.

KARAN, P. P.: The pattern of Indian towns. A Study in urban morphology. Journ. Amer. Inst. Pl. 2/1957, S. 70—75.

KING, A. D.: Colonial urban development. Culture, social power and environment. London/Henley/Boston 1976.

KIRK, W.: Town and country planning in ancient India according to Kautilya's Arthasastra. Scott. Geogr. Magaz. 1978, S. 67—75.

LATA TANEJA, K.: Morphology of Indian cities. Nat. Geogr. Soc. of India Res. Publ. 7. Varanasi 1971.

LINDAUER, G.: Stadttypen in Indien. Geogr. Rundschau 1974, S. 344—349.

MILONE, P. D.: Indian Culture and its relationship to urban life. Comparative Studies in Society and History 9 (4) 1967, S. 407—426.

NIEMEIER, G.: Zur typologischen Stellung und Gliederung der indischen Stadt. In: Festschrift f. W. Maas. Göttingen 1961, S. 128—146.

NISSEL, H.: Bombay. Struktur und Dynamik einer indischen Metropole. Berliner Geogr. Stud., Bd. 1. Berlin 1977.

PFEIL, K.: Die indische Stadt. Diss. Leipzig 1935.

PIEPER, J.: Die Anglo-indische Station oder die Kolonialisierung des Götterberges. Hindustadtkultur und Kolonialstadtwesen im 19. Jahrhundert als Konfrontation östlicher und westlicher Geisteswelten. Veröff. Seminar z. orient. Kunstgeschichte an d. Univ. Bonn. Reihe B: Antiquitates Orientales, Bd. 1. Bonn 1977.

SCHLINGLOFF, D.: Die altindische Stadt. Eine vergleichende Untersuchung. Akad. d. Wiss. u. d. Literatur Mainz, Abh. d. geistes- u. sozialw. Kl., Jg. 1969, Nr. 5. Wiesbaden 1969.

SMALLES, A. E.: The Indian city. A descriptive model. Geogr. Z. 1969, S. 177—190.

SOVANI, N. V.: Urbanization und urban India. Bombay 1966.

SPATE, O. H. K.: Five cities of the Gangetic Plain. Geogr. Rev., 1950, S. 260—278.

STANG, F.: Die indischen Stahlwerke und ihre Städte. Kölner Forsch. z. Wirtsch. u. Sozialgeogr. 8. Wiesbaden 1970.

TOY, S. The fortified cities of India. London 1965.

TRIVEDI, H. R.: A study of katra settlements in Old Delhi. Urban and Rural Planning Thought 1975, S. 127—137.

TURNER, R. (Hrsg.): India's urban future. Berkeley 1962.

*6. Die südostasiatische Stadt*

BUELL, H.: Cities of Southeast Asia. Exeter 1964.

CRISSMAN, L. W.: The segmentary structure of urban overseas Chinese communities. Man 2, no. 2, 1967.

DOEPPERS, D. F.: "Ethnic urbanism" and Philippine cities. Annals Assoc. Amer. Geogr. 1974, S. 549—559.

DORLÉANS, B.: Etude géographique de trois ‹ kampung › à Djakarta. Publications du département de géographie de l'unversité de Paris-Sorbonne, Nr. 3. Paris 1976.

DWYER, D. J.: The city in the developing world and the example of Southeast Asia. Geography 1968, S. 353—363.

DWYER, D. J. (Hrsg.): The city as a centre of change in Asia. Hong Kong 1972.

EVERS, H.-D.: Urban involution: The social structure of Southeast Asian towns. Working Paper No. 2. Dept. of Sociology, Univ. of Singapore. 1972.

FICHTER, E. M.: Der Einzelhandel im siedlungsräumlichen Gefüge von Djakarta. Köln 1973.

Forum on Urbanization: The Malayan experience. Edinfo Press, Kuala Lumpur 1973.

FRYER, D. W.: The "Million City" in Southeast Asia. Geogr. Rev. 1953, S. 474—494.

GEERTZ, C.: Religious belief and economic behavior in a central Javanese town. Econ. Devel. and Cult. Change 4, 1956, S. 134—158.

GEERTZ, C.: Peddlers and princes: social change and economic modernization in two Indonesian towns. Chicago 1963.

GEERTZ, C.: The social history of an Indonesian town. Cambridge 1965.

GINSBURG, N.: The great city in Southeast Asia. Amer. Journ. Sociol. 1955, S. 455—462.

GLAESSER, H.-G.: Gegenwärtige Strukturprobleme der Stadt Bandung. In: JUSATZ, H. J. (Hrsg.): Methoden und Modelle der geomedizinischen Forschung. Erdkundliches Wissen, H. 43. Wiesbaden 1976, S. 114—120.

HODDER, B. W.: Urban squatters in Southeast Asia. Geography 1974, S. 24—30.

JACKSON, J. C.: The structure and functions of small Malaysian towns. Transact., Inst. of Brit. Geogr. 1974, S. 65—80.

JACKSON, J. C.: The chinatowns of Southeast Asia: traditional components of the city's central area. Pacific Viewpoint 1975, S. 45—77.

JACOBSON, L. / PRAKASH, V. (Hrsg.): Urbanization and national development. Bevery Hills 1971.

JACOBSON, L. / PRAKASH, V. (Hrsg.): Metropolitan growth: public policy for South and Southeast Asia. Chichester 1975.

JEROMIN, U.: Die Überseechinesen. Ihre Bedeutung für die wirtschaftliche Entwicklung Südostasiens. Ökon. Stud., Bd. 12. Stuttgart 1966.

KEYFITZ, N.: The ecology of Indonesian cities. Amer. Journ. Sociol. 1961, S. 348—354.

KOLB, A.: Südostasien im heutigen Weltbild. In: Tagungsber. u. wiss. Abh. Deutscher Geographentag Hamburg 1955. Wiesbaden 1957, S. 85—96.

KRAAL, J. F. / WERTHEIM, W. F.: The Indonesian town. Amsterdam 1958.

KRAUSSE, G. H.: Intra-urban variation in kampung settlements of Jakarta: a structural analysis. Journ. Trop. Geogr., June 1978, S. 11—26.

Kroef, J. M. van der: The Indonesian city: its culture and evolution. Asia 2, 1953, S. 563—579.

Kühne, D.: Malaysia — ethnische, soziale und wirtschaftliche Strukturen. Bochumer Geogr. Arb. 6. Paderborn 1970.

Lehmann, H.: Das Antlitz der Stadt in Niederländisch-Indien. In: Festschrift Norbert Krebs. Stuttgart 1936.

McGee, T. G.: The Southeast Asian City: a social geography of the primate cities of Southeast Asia. New York 1967.

McGee, T. G. / Yeung, Y. M.: Hawkers in Southeast Asian cities. Planning for the bazaar economy. Ottawa 1977.

Meier, R. L.: The development features of great cities of Asia. Center for Planning and Development Research. Berkeley 1969.

Murphey, R.: Traditionalism and colonialism: changing urban roles in Asia. Journ. of Asian Studies 1969, S. 67—84.

Murphey, R.: Colonialism in Asia and the role of port cities. East Lakes Geographer 1969, S. 24—49.

Neville, W.: Singapore: Ethnic diversity and its implications. Annals Assoc. Amer. Geogr. 1966, S. 236—253.

Osborn, J.: Area, development policy and the middle city in Malaysia. Univ. of Chicago Dept. of Geogr. Res. Pap. 153. Chicago 1974.

Palmer, L. H.: Changing outposts: The Western communities in Southeast Asia. Yale Rev. 1958, S. 405—415.

Rabushka, A.: Integration in urban Malaya: ethnic attitudes among Malays and Chinese. Journ. of Asian and African Studies 1971, S. 91—107.

Reed, R. R.: Hispanic urbanism in the Philippines: a study of the impact on church and state. Journ. of East Asiatic Studies 11, 1967, S. 1—222.

Scholars, D.: The Indonesian town. Studies in urban sociology. Selected studies on Indonesia published by the Royal Tropical Institute, Bd. 4. Den Haag 1958.

Sidhu, M. S.: Chinese dominance of West Malaysian towns. Geography 1, 1976, S. 17—23.

Thong, L. B.: Patterns of urban residential segregation: the case of Kuala Lumpur. Journ. Trop. Geogr. (Dec.) 1976, S. 41—48.

Ulack, R.: The role of urban squatter settlements. Annals Assoc. Amer. Geogr. 1978, S. 535—550.

Wertheim, W. F. (Hrsg.): The Indonesian town: studies in urban sociology. The Hague 1958.

WERTHEIM, W. F.: East West parallels. The Hague 1964.

YEUNG, Y.-M.: National development policy and urban transformation in Singapore. Univ. of Chicago Dept. of Geogr. Res. Pap. 149. Chicago 1973.

YEUNG, Y.-M. / Lo, C. P. (Hrsg.): Changing South-east Asian cities. Readings on urbanization. Singapore 1976.

## 7. Die Stadt in Tropisch-Afrika

Afrika-Studiencentrum, Leiden (Hrgs.): Kroniek van Afrika, Special issue on Asian minorities: Indians and Lebanese. Leiden 1975.

BALANDIER, G.: Ambiguous Africa: Cultures in collision. New York 1966.

BANTON, M.: West African city. A study of tribal life in Freetown. London 1957.

BECKER, C.: Kano, eine afrikanische Großstadt. Hamb. Beitr. z. Afrika-Kunde 10. Hamburg 1969.

BERGER, H. (Hrsg.): Ostafrikanische Studien. East African Studies. Ernst Weigt zum 60. Geburtstag. Nürnb. Wirtsch.- u. Sozialg. Arb., Bd. 8. Nürnberg 1968.

CAMARA, C.: L'organisation de l'espace géographique par les villes yoruba. Annals de Géogr. 1971, S. 257—287.

DAVIS, L. G.: Urban growth, development and planning of African towns and cities. Exchange bibliography, Council of Planning Librarians. Monticello 1977.

DENIS, J.: Le phénomène urbain et Afrique Centrale. Paris 1958.

DENIS, J.: Les villes d'Afrique tropicale. Civilisations XVI, 1, 1966, S. 26—44.

DRESCH, J.: Villes congolaises. Études de géographie urbaine et social. Rev. de Géogr. et d'Ethnologie 3, 1948, S. 3—24.

DRESCH, J.: Villes d'Afrique occidentale. Cahiers Outre-mer 1950, S. 200—230.

FREITAG, U.: Stadttypen Nigeriens im Luftbild: Oyo—Bida—Kano—Lagos. Die Erde 1970, 243—264.

GUGLER, J.: Modelle sozio-kulturellen Wandels: Urbanisierung in Afrika südlich der Sahara. In: ALBRECHT, G. / DAHEIM, H. / SACK, F. (Hrsg.): Festschrift für René König. Opladen 1973.

GUGLER, J. / FLANAGAN, W. G.: Urbanization and social change in West Africa. Cambridge/London/New York/Melbourne 1978.

HAMDAN, G.: Capitals of the New Africa. Econ Geogr. 1964, S. 239—253.

HANCE, W. A.: Population, migration, and urbanization in Africa. New York/London 1970.

HARRISON-CHURCH, R. J.: Urbanism in West Africa. Sociolog. Rev. (Spec. No. N. S. 7) 1959, S. 15—28.

HASELBERGER, H.: Bautraditionen der westafrikanischen Negerkulturen. Eine völkerkundliche Kunststudie. Wissenschaftl. Schriftenreihe des Afro-Asiatischen Institutes in Wien, Bd. II. Wien 1964.

HOFFMANN-BURCHARDI, H.: Die Yorubastädte in Süd-West Nigerien. Erdkunde 1964, S. 206—235.

HORVATH, R. J.: Towns in Ethiopia. Erdkunde 1968, S. 42—51.

HULL, R. W.: African cities and towns before European conquest. New York 1976.

KAYSER, K. / HETZEL, W. (Hrsg.): Städte—Märkte—Zentren. Beiträge zur Vergleichenden Stadtgeographischen Forschung in Afrika. Köln. Geogr. Arb., Sonderfolge Beiträge zur Länderkunde Afrikas, H. 5, Köln 1973.

KRAPF-ASKERI, E.: Yoruba towns and cities. Oxford 1969.

KULS, W.: Zur Entwicklung städtischer Siedlungen in Äthiopien. Erdkunde 1970, S. 14—25.

LARIMORE, A. E.: The alien town. Patterns of settlement in Butoga, Uganda. Univ. of Chicago Dept. of Geogr. Res. Pap. 55. Chicago 1958.

LARIMORE, A. E.: The Africanization of colonial cities in East Africa. The East Lakes Geographer 1969, S. 50—68.

LITTLE, K.: Westafrican urbanization. Cambridge 1965.

LÜHRING, J.: Urbanisierung und Entwicklungsplanung in Ghana. Hamb. Beitr. z. Afrika-Kunde 20. Hamburg 1976.

MABOGUNJE, A. L.: Yoruba towns. Ibadan 1962.

MABOGUNJE, A. L.: Urbanization in Nigeria. London 1968.

MANSHARD, W.: Some urban developments in Tropical Africa. Geoforum 4, 1970, S. 63—74.

MANSHARD, W.: Die Bedeutung der ethnisch bestimmten Viertelsbildung in den Städten Schwarzafrikas. In: Festschr. f. Erwin Gentz. Kiel 1970, S. 123—138.

MANSHARD, W.: Die Städte des tropischen Afrika. Urbanisierung der Erde, Bd. 1. Berlin/Stuttgart 1977.

MECKING, L.: Bau und Bild afrikanischer Küstenstädte in ihrer Beziehung zum Volkstum. Z. f. Erdkunde 1938, S. 913—929.

MELVIN, E. E.: Native urbanism in West Africa. Journ. of Geogr. 1961, S. 9—16.

MINER, H. (Hrsg.): The city in modern Africa. London/New York 1967.

MORGAN, W. T. W.: Urbanization in Kenya: origins and trends. Transact. Inst. Brit. Geogr. 1968, S. 167—178.

MORRIS, H. S.: The Indians in Uganda. London 1968.

NORWOOD, H. C.: Squatters compared. African Urban Notes, Series B, No. 2, 1975, S. 119—132.

ONOKERHORAYE, A. G.: The evolution and spatial structure of house types in the traditional Nigerian city: A Benin example. Journ. Trop. Geogr. (Dec.) 1977, S. 34—42.

PEIL, M. African squatter settlements: a comparative study. Urban Studies 1976, S. 155—166.

ROSS, M. H.: The political integration of urban squatters. Evanston 1973.

ROSSER, C.: Urbanization in tropical Africa: a demographic introduction. New York 1974.

SADA, P. O.: Residential land use in Lagos: the relevance of traditional models. African Urban Notes 7, 1972, S. 3—25.

SCHNEIDER, K. G.: Dar-es-Salaam: Stadtentwicklung unter dem Einfluß der Araber und Inder. Beiträge zur Länderkunde Afrikas. Wiesbaden 1965.

SHEIKH-DILTHEY, H.: Mombassa und Nairobi — Zwei Städte in Ostafrika. Geogr. Rundschau 1979, S. 126—130.

VENNETIER, P.: Les villes d'Afrique tropicale. Paris/New York/Barcelona/Mailand 1976.

VORLAUFER, K.: Physiognomie, Struktur und Funktion Großkampalas: Ein Beitrag zur Stadtgeographie Tropisch-Afrikas. Frankf. Wirtsch.- u. Sozialg. Schr. 1—2. Frankfurt 1967.

VORLAUFER, K.: Deutsche Kolonialherrschaft und Zentrenbildung in Ostafrika. Zur frühkolonialen Genese und Entwicklung tansanischer Mittelpunktsiedlungen und Städte. In: Frankf. Wirtsch.- u. Sozialg. Schr. 28, 1978, S. 27—104.

*8. Die lateinamerikanische Stadt*

AMATO, P. W.: A comparison: Population densities, land values and socioeconomic class in four Latin American cities. Land Economics 1970, S. 447—455.

AMATO, P. W.: Elitism and settlement patterns in the Latin American city. Journ. Amer. Inst. Pl. 1970, S. 96—105.

AZVEDO, A. DE: Brazilian cities: a sketch of urban geography. Rev. de Géogr. de Montréal 5, 1951, S. 25—43.

BÄHR, J.: Neuere Entwicklungstendenzen lateinamerikanischer Großstädte. Geogr. Rundschau 1976, S. 125—133.

BÄHR, J.: Siedlungsentwicklung und Bevölkerungsdynamik an der Peripherie der chilenischen Metropole Groß Santiago. Das Beispiel des Stadtteils La Granja. Erdkunde 1976, S. 126—143.

BÄHR, J.: Santiago de Chile. Eine faktorenanalytische Untersuchung zur inneren Differenzierung einer lateinamerikanischen Millionenstadt. Mannh. Geogr. Arbeiten 4. Mannheim 1978.

BERGHE, P. L. VAN DEN / PRIMOV, G. P.: Inequality in the Peruvian Andes. Class and ethnicity in Cuzco. Columbia. 1977.

BORSDORF, A.: Städtische Strukturen und Entwicklungsprozesse in Lateinamerika. Geogr. Rundschau 1978, S. 309—313.

BORSDORF, A.: Population growth and urbanization in Latin America. Some comments on demographic development and urban structural change. GeoJournal 2/1978, S. 47—60.

CAPLOW, T.: The social ecology of Guatemala City. Social Forces 28 (Dez.) 1949, S. 113—133.

CAPLOW, T.: The modern Latin American city. In: TAX, S. (Hrsg.): Acculturation in the Americas. Chicago 1952.

CORNELIUS, W. A. / KEMPER, R. v. (Hrsg.): Metropolitan Latin America. The challenge and the response. Latin American Urban Research Series 6. 1978.

DOLLFUS, O. (Hrsg.): Villes et régions en Amérique latine. Paris 1973.

DOTSON, F. / DOTSON, L. O.: The ecological structure of Mexican cities. Revista Mexicana de Sociología 19, 1957.

ELBOW, G. S.: The plaza and the park. Factors in the differentiation of Guatemalan town squares. Growth and Change 6 (2), 1975, S. 14—18.

EYRE, L. A.: The shantytowns of Montego Bay, Jamaica. Geogr. Rev. 1972, S. 394—413.

FOSTER, G. M.: Culture and conquest. America's Spanish heritage. Viking Fund Publications in Anthropology 27. New York 1960.

FRIEDMANN, J.: The future of urbanization in Latin America: some observations on the role of the periphery. Reg. Sci. Assoc. Pap. 1969, S. 161—174.

GADE, D. W.: The Latin American central plaza as a functional space. In: TATA, R. J. (Hrsg.): Latin America, search for geographic explanation. Proceed. of 5th Conference of Latin Americanist Geographers. Boca Raton, Fla. Dec. 1974. Chapel Hill 1976, S. 16—23.

GORMSEN, E.: Zur Kartierung lateinamerikanischer Städte (Gebäudetypenkarte von Barquisimeto, Venezuela). Geogr. Z. 1964, S. 271—279.

GRIFFIN, E. C. / FORD, L. R.: Tijuana: landscape of a culture hybrid. Geogr. Rev. 1976, S. 435—447.

HARDOY, J.: Urban planning in pre-Columbian America. London 1967.

HARRIS, JR., W. D.: The growth of Latin American cities. Athens 1971.

Instituto Ferandez de Oviedo: Estudio sobre la ciudad hispano-americana. Madrid 1975.

LICHTENBERGER, E.: Die städtische Explosion in Lateinamerika. Z. f. Lateinamerika 4/1972, S. 1—23.

LÜCK, W. H.: Santiago de Chile. Eine sozialräumliche Untersuchung. München 1970.

MANGIN, W.: Latin American squatter settlement: a problem and a solution. Latin Amer. Res. Rev. 2, 1967, S. 65—98.

MERTINS, G. (Hrsg.): Zum Verstädterungsprozeß im nördlichen Südamerika. Marb. Geogr. Schr. 77. Marburg 1978.

MORRIS, A. S.: Urban growth patterns in Latin America with illustrations from Caracas. Urban Studies 1978, S. 299—312.

NELSON, J. J.: Townscapes of Mexico: an example of the regional variation of townscapes. Econ. Geogr. 1963, S. 74—83.

NEWIG, J. Der Schachbrettgrundriß der Stadt México — antikes Vorbild oder indianische Tradition? Peterm. Geogr. Mitt. 1977, S. 253—263.

NICKEL, H. J.: Marginalität und Urbanisierung in Lateinamerika. Geogr. Z. 1975, S. 13—30.

OTREMBA, E.: Die venezolanische Stadt. Geogr. Rundschau 1954, S. 54—65.

PALM, E. W.: Los orígenes del urbanismo imperial en América. In: ALTAMIRA Y CREVEA, R. et al.: Contribuciones a la historia municipal de América; Inst. Panamericana de Geogr. e Historia México D. F. 1951, S. 239—268.

QUINTERO, R.: Antropología de las ciudades latinoamericanas. Caracas 1964.

ROBINSON, D. J.: The analysis of the eighteenth century Spanish American city: some problems and alternative solutions. Discussion Paper Series, Dept. of Geogr., Syracuse Univ. No. 4. Syracuse 1975.

ROTHER, K.: Gruppensiedlungen in Mittelchile. Erläutert am Beispiel der Provinz O'Higgins. Düsseld. Geogr. Schr. 9. Düsseldorf 1977.

SANDNER, G.: Die Hauptstädte Zentralamerikas. Wachstumsprobleme, Gestaltwandel und Sozialgefüge. Heidelberg 1968.

SANDNER, G.: Gestaltwandel und Funktion der zentralamerikanischen Großstädte aus sozialgeographischer Sicht. In: STEGER, H. A. (Hrsg.): Die aktuelle Situation Lateinamerikas, Bd. 7. Frankfurt 1971, S. 309—320.

SCHÄFERS, B.: Elendsviertel und Verstädterung in Lateinamerika. Dortmund 1968.

SCHNORE, L. F.: On the spatial structure of cities in the two Americas. In: HAUSER, P. M. / SCHNORE, L. F. (Hrsg.): The study of urbanization. New York 1965, S. 347—398.

SMITH, R. C.: Colonial towns of Spanish and Portuguese America. Journ. of the Soc. of Architectural Historians 1955, S. 3—12.

STADEL, C.: The structure of squatter settlements in Medellin, Columbia. Area 1975, S. 249—254.

STANISLAWSKI, D.: Early Spanish town planning in the New World. Geogr. Rev. 1947, S. 94—105.

THOMLINSON, R.: Urban structure. New York 1969.

VIOLICH, F.: Cities of Latin America. New York 1944.

WAGLEY, C.: Amazon town. New York 1958.

WHITEFORD, A. H.: Two cities of Latin America. New York 1964.

WILHELMY, H.: Die spanische Kolonialstadt in Südamerika. Grundzüge ihrer baulichen Gestaltung. Geogr. Helv. 1950, S. 18—36.

WILHELMY, H.: Gestaltwandel der Städte Südamerikas vom kolonialen Barock zum Eisenbeton. Die Erde 1950/51, S. 296—304.

WILHELMY, H.: Südamerika im Spiegel seiner Städte. Hamburg 1952.

WILHELMY, H.: Probleme der Großstadtentwicklung in Südamerika. Geogr. Rundschau 1958, S. 288—294.

WILHELMY, H.: Probleme der Planung und Entwicklung südamerikanischer Kolonialstädte. In: Forsch. u. Sitzungsber. Akad. f. Raumf. u. Landespl. 21. Hannover 1963, S. 17—30.

WILHELMY, H.: Appearance and functions of the large Latin American cities in the past and present. Geoforum 3, 1970, S. 31—38.

YUJNOVSKY, O.: Notas sobre investigación de la configuración espacial interna y las políticas de uso del suelo urbano en América Latina. Revista interamericana de planificación no. 35, 1975, S. 5—22.

ZSILINCSAR, W.: Städtewachstum und unkontrollierte Siedlungen in Lateinamerika. Geogr. Rundschau 1971, S. 454—461.

*9. Die angloamerikanische Stadt*

ADAMS, J. S.: Residential structure of Midwestern cities. Annals Assoc. Amer. Geogr. 1970, S. 37—62.

Association of American Geographers (Hrsg.): A comparative atlas of America's great cities. 20 metropolitan regions. Minneapolis 1976.

Association of American Geographers (Hrsg.): Contemporary metropolitan America. Comparative Metropolitan Analysis Project, Bde. 1—4. Cambridge 1976.

BABCOCK, R.: The zoning game. Municipal practices and policies. Madison 1966.

BAERWALD, T. J.: The emergence of a new "downtown". Geogr. Rev. 1978, S. 308—318.

BAHR, H. M. / GIBBS, J. P.: Racial differentiation in American metropolitan areas. Social Forces 1967, S. 521—532.

BARTHOLOMEW, H.: Land use in American cities. Cambridge 1955.

BEAUJEU-GARNIER, J.: Comparaison des centre-villes aux USA et en Europe. Ann. de Géogr. 1972, S. 665—696.

BENNET, D. C.: Segregation and racial interaction. Annals Assoc. Amer. Geogr. 1973, S. 48—57.

BESHERS, J.: Urban social structure. Glencoe 1962.

BIGELOW, B.: Changing spatial endogamy of Polish Americans: a case study in Syracuse, New York, 1940—1970. Discussion Paper Series, Dept. of Geogr., Syracuse Univ. No. 19. Syracuse 1976.

BOESCH, H.: Schachbrett-Texturen nordamerikanischer Siedlungen. In: Lautensach-Festschr. Stuttgart 1957, S. 337—344.

BOURNE, L. S. / MACKINNON, R. D. / SIMMONS, S. W. (Hrsg.): The form of cities in Central Canada: selected papers. Toronto 1974.

BRACEY, JR., J. H. / MEIER, A. / RUDWICK, E. (Hrsg.): The rise of the ghetto. Belmont, Calif. 1971.

BRADBURN, N. M. / SUDMAN, S. / GOCKEL, G. L.: Racial integration in American neighborhoods. Chicago 1970.

BURCHARD, J. / BUSH-BROWN, A.: The architecture of America. A social and cultural history. Boston/Toronto 1961.

Center for Auto Safety (Hrsg.): Mobile homes. The low-cost housing hoax. New York 1975.

CLARK, A. / RIVIN, Z.: Homesteading in urban U.S.A. New York 1977.

CLARK, S. D.: The suburban society. Toronto 1966.

COHEN, A. (Hrsg.): Urban ethnicity. Papers presented at a conference on urban ethnicity held in London, 31 March to 3 April 1971. London 1974.

COPPA, F. J.: Cities and suburbs in Europe and the United States. In: DOLCE, P. C. (Hrsg.): Suburbia. The American dream and dilemma. Garden City 1976, S. 167—191.

CYBRIWSKY, R.: Social aspects of neighborhood change. Annals Assoc. Amer. Geogr. 1978, S. 17—33.

DESKINS, D.: Residential mobility of negroes in Detroit: 1837—1965. Univ. of Michigan, Dept. of Geogr. 1972.

EDMONSTON, B.: Population distribution in American cities. Lexington, Mass. 1975.

EDWARDS, O. L.: Patterns of residential segregation within a metropolitan ghetto. Demography 7, 1970, S. 185—193.

ERNST, R. T. / HUGG, L. (Hrsg.): Black America. Geographic perspectives. Garden City 1976.

FARLEY, R.: The changing distribution of negroes within metropolitan areas: the emergence of black suburbs. Amer. Journ. of Sociol. 75, 1970, S. 512—529.

FEINSTEIN, O. (Hrsg.): Ethnic groups in the city. Lexington 1971.

FITCH, J. M.: Vier Jahrhunderte Bauen in USA. Bauwelt Fundamente 23. Berlin/Frankfurt/Wien 1968.

FORD, L. / GRIFFIN, E.: The ghettoization of paradise. Geogr. Rev. 1979, S. 140—158.

GARNER, B. J.: The North American city. New York 1971.

GERLING, W.: Das amerikanische Hochhaus. Würzburg 1949.

GERTLER, L. / CROWLEY, R.: Changing Canadian cities. Toronto 1977.

GOHEEN, P. G.: Interpreting the American city. Geogr. Rev. 1974, S. 362—384.

GOTTMANN, J.: Megalopolis. The urbanized Northeastern seaboard of the United States. New York 1961.

GOTTMANN, J.: Why the scyscraper? Geogr. Rev. 1966, S. 190—212.

GOTTMANN, J.: The mutation of the American city: a review of the

comparative metropolitan analysis project. Geogr. Rev. 1978, S. 201—208.
GRIFFIN, D. W. / PRESTON, R. E.: A restatement of the "Transition Zone" concept. Annals Assoc. Amer. Geogr. 1966, S. 339—350.
HADDEN, J. K. / BORGATTA, E. F.: American cities. Their social characteristics. Chicago 1965.
HALL, E. T.: The hidden dimension. New York 1966.
HARTSHORN, T. A.: Inner city, residential structure and decline. Annals Assoc. Amer. Geogr. 1971, S. 72—96.
HARVEY, D.: Society, the city and the space-economy of urbanism. Commiss. College Geogr. Res. Pap. 18, Washington D. C. 1972.
HAWLEY, A. H. / ROCK, V. P. (Hrsg.): Metropolitan America in contemporary perspective. New York 1976.
HECHT, A.: Die anglo- und frankokanadische Stadt. Ein sozio-ökonomischer Vergleich am Beispiel von Hamilton und Quebec City. In: NIEDEREHE, H.-J. / SCHROEDER-LANZ, H. (Hrsg.): Beiträge zur landeskundlich-linguistischen Kenntnis von Québec. Trierer Geogr. Stud., Sonderh. 1. Trier 1977, S. 87—112.
HENRATTA, J. A.: Economic development and social structure in colonial Boston. The William and Mary Quarterly, (Jan.) 1965, S. 75—92.
HENRY, F. (Hrsg.): Ethnicity in the Americas. The Hague 1976.
HOFMEISTER, B.: Entwicklungsmerkmale und gegenwärtiger Strukturwandel nordamerikanischer Großstädte. Tagungsber. u. wiss. Abh. Deutscher Geographentag Bad Godesberg 1967. Wiesbaden 1969, S. 105—117.
HOFMEISTER, B.: Stadt und Kulturraum Angloamerika. Braunschweig 1971.
HOLZNER, L.: Sozialsegregation und Wohnviertelsbildung in amerikanischen Städten, dargestellt am Beispiel Milwaukee. In: Gerling-Festschr. Würzburg 1972, S. 153—182.
HOYT, H.: The structure and growth of American cities contrasted with the structure and growth of European cities. Urban Land 18, 1959, S. 3—8.
JACKSON, J. N.: The Canadian city. Space, form, quality. Toronto 1973.
JACOBS, J.: Tod und Leben großer amerikanischer Städte. Bauwelt Fundamente 4. Berlin/Frankfurt/Wien 1963.

JOHNSTON, N. J.: Die historischen Ursprünge einer amerikanischen Städtebautradition. Mitt. d. Heimstätten und Landesentwicklungsgesellschaften 2/1977, S. 17—22.

KAIN, J. F.: Housing segregation, negro employment and metropolitan decentralisation. In: HUGHES, J. W. (Hrsg.): Suburbanization dynamics and the future of the city. New Brunswick 1974, S. 171—193.

KAIN, J. F.: Essays on urban spatial structure. Cambridge 1975.

KANTROWITZ, N.: Ethnic and racial segregation in the New York metropolis. Residential patterns among white ethnic groups, blacks, and Puerto Ricans. New York 1973.

KELLOGG, J.: Negro urban clusters in the postbellum South. Geogr. Rev. 1977, S. 310—321.

KENYON, J. B.: Spatial associations in the integration of the American city. Econ. Geogr. 1976, S. 287—303.

KRAMER, J. (Hrsg.): North American suburbs. Politics, diversity, and change. Berkeley 1972.

KRAMER, P. / HOLBORN, F. L. (Hrsg.): The city in American life. A historical anthology. New York 1971.

KREISEL, W.: Honolulus Chinatown. Ein Stadtteil im Wandel. Erdkunde 1977, S. 102—120.

KUSMER, K. L.: A ghetto takes shape: Black Cleveland, 1870—1930. Urbana 1976.

LEY, D.: The black inner city as frontier outpost: images and behavior of a Philadelphia neighborhood. Assoc. Amer. Geogr. Monograph 7. Washington 1974.

LIEBERSON, S.: Ethnic patterns in American cities. Glencoe 1963.

LIGHT, I. H.: Ethnic enterprise in America. Business and welfare among Chinese, Japanese, and blacks. Berkeley 1973.

LOCKRIDGE, K. A.: A New England town: the first hundred years. New York 1970.

LORD, J. D.: Spatial perspectives on school desegregation and busing. Resource Papers for College Geogr. no. 77—3. Washington, D. C. 1977.

MACKELVEY, B.: American urbanization. A comparative history. Glenview 1973.

MANDELKERN, D. / MONTGOMERY, R. (Hrsg.): Housing in America. Problems and perspectives. Indianapolis 1973.

MAYER, H. M.: Spatial change inside the American city. In: COHEN,

S. B. (Hrsg.): Problems and trends in American Geography. New York/London 1976, S. 47—63.

MEYERSON, M.: National character and urban form. Public Policy XII, 1963.

MILLS, E. / OATES, W. E. (Hrsg.): Fiscal zoning and land use controls. Lexington 1975.

MILLER, Z. L.: The urbanization of modern America. New York 1973.

MORRILL, R. L.: The negro ghetto. Problems and alternatives. Geogr. Rev. 1965, S. 339—362.

MORRILL, R. L.: The geographic perspective of the black ghetto. In: Perspectives in Geography 2. DeKalb 1972, S. 27—58.

MULLER, P. O.: The outer city: geographical consequences of the urbanization of the suburbs. Comm. College Geogr. Res. Pap. 75—2. Washington, D. C. 1976.

MURDIE, R.: Factorial ecology of metropolitan Toronto, 1951—1961. An essay on the social geography of the city. Univ. of Chicago Dept. of Geogr. Res. Pap. 116. Chicago 1969.

MURPHY, R.: The American city: an urban geography. New York 1966.

NADER, G. A.: Cities of Canada, 2 Bde. Toronto 1975/76.

NEILS-CONZEN, K.: Patterns of residence in early Milwaukee. In: SCHNORE, L. F. (Hrsg.): The new urban history. Stanford 1975, S. 145—183.

NELSON, R. H.: Zoning and property rights. An analysis of the American system of land-use regulation. Cambridge 1977.

NIEMEIER, G.: Städte im Osten der USA. Ihr sozialökonomisches Gefüge und ihre Entwicklungstendenzen. In: Gentz-Festschr. Kiel 1970, S. 139—153.

NIEMZ, G.: Strukturanalyse und Stadtplanung in mittelgroßen US-amerikanischen Städten. Geogr. Rundschau 1969, S. 344—351.

NOSTRAND, R. L.: The colonial New England town. Journ. of Geogr. 7/1973, S. 45—53.

NOVAK, M.: The rise of unmeltable ethnics. The new political force of the seventies. New York 1972.

OLSON, S. J. / LACHMAN, M. L.: Tax delinquency in the inner city. The problem and its possible solution. Lexington 1976.

OTTENSMANN, J. R.: The changing spatial structure of American cities. Lexington 1975.

PEACH, C. (Hrsg.): Urban social segregation. London 1975.

PILLSBURY, R.: The urban street pattern as a culture indicator: Pennsylvania, 1682—1815. Annals Assoc. Amer. Geogr. 1970, S. 428—446.

QUEEN, S. A. / CARPENTER, D. B.: The American city. New York 1953.

RABINOVITZ, F. F. / SIEMBIEDA, W. J.: Minorities in suburbs. The Los Angeles experience. Lexington 1977.

REDSTONE, L. G.: The new downtowns: rebuilding business districts. New York 1976.

REES, P. H.: Residential patterns in American cities. Univ. of Chicago Dept of Geogr. Res. Pap. 162. Chicago 1974.

REPS, J. W.: The making of urban America. Princeton 1965.

RIFKIND, C.: Main street: The face of urban America. New York 1977.

ROOF, W. C. / VAN VALEY, T. L.: Residential segregation and social differentiation in American urban areas. Social Forces 1972, S. 87—91.

ROSE, H. M.: Social processes in the city. Race and urban residential choice. Assoc. Amer. Geogr. Comm. College Geogr. Res. Pap. 6. Washington D. C. 1969.

ROSE, H. M.: The development of an urban subsystem. The case of the Negro ghetto. Annals Assoc. Amer. Geogr. 1970, 1—17.

ROSE, H. M. /MCCONNELL, H.: Geography of the ghetto. Perceptions, problems, and alternatives. Perspectives in Geography 2. DeKalb 1972.

SARGENT, Jr., C. S.: Toward a dynamic model of urban morphology. Econ. Geogr. 1972, S. 357—374.

SCHNORE, L. F.: Class and race in cities and suburbs. Chicago 1972.

SCHNORE, L. F. / EVENSON, P. C.: Segregation in Southern cities. Amer. Journ. of Sociol. 1966, S. 58—67.

SCHNORE, L. F. (Hrsg.): The new urban history. Quantitative explorations by American historians. Princeton 1975.

SCHWARTZ, B. (Hrsg.): The changing face of the suburbs. Chicago 1978.

SEELEY, J. R.: The slum: its nature, use and users. Journ. Amer. Inst. Pl. 1/1959, S. 7—14.

SIMMONS, J. / SIMMONS, R.: Urban Canada. Toronto 1969.

SINCLAIR, R. / THOMPSON, B.: Metropolitan Detroit: an anatomy of social change. Cambridge 1977.

STERNLIEB, G. / BURCHELL, R. W.: Residential abandonment. The tenement landlord revisited. New Brunswick 1973.

SUMKA, H. J.: Racial segregation in small Carolina cities. Southeastern Geographer 1/1977, S. 58—75.

SUTKER, S. / SUTKER, S. S. (Hrsg.): Racial transition in the inner suburb. Studies of the St. Louis area. New York 1974.

TAEUBER, K. E. / TAEUBER, A. F.: Negroes in cities: residential segregation and neighborhood change. Chicago 1965.

TILLY, C.: Race and migration to the American city. In: WILSON, J. Q. (Hrsg.): The metropolitan enigma. New York 1968.

TUNNARD, C.: The modern American city. Princeton 1968.

TUNNARD, C. /REED, H. H.: American skyline. Boston 1955.

VANCE, JR., J. E.: Housing the worker: the employment linkage as a force in urban structure. Econ. Geogr. 1966, S. 294—325.

WARD, D.: The emergence of central immigrant ghettoes in American cities, 1840—1920. Annals Assoc. Amer. Geogr. 1968, S. 343—359.

WARD, D.: The internal spatial structure of immigrant districts in the late nineteenth century. Geogr. Analysis 1969, S. 337—353.

WARD, D.: Cities and immigrants. New York/London/Toronto 1971.

WARNER, S. B.: The urban wilderness. A history of the American city. New York 1972.

WARREN, D. I.: Black neighborhoods: An assessment of community power. Ann Arbor 1975.

WEAVER, R.: The negro ghetto. New York 1948.

WILSON, B. M.: Black housing opportunities in Birmingham, Alabama. Southeastern Geographer 1/1977, S. 49—57.

WIRTH, L.: The ghetto Chicago 1928.

WISSINK, P.: American cities in perspective. Utrecht 1963.

WITHERSPOON, R. E. / ABBETT, J. P. / GLADSTONE, R. M.: Mixed-use developments: new ways of land use. Washington D. C. 1976.

YEATES, M.: The North American city. New York, 2. Aufl. 1976.

ZELINSKY, W.: The Pennsylvania town: an overdue geographical account. Geogr. Rev. 1977, S. 127—147.

ZSILINCSAR, W.: Fragen der Stadtgeographie in den Vereinigten Staaten von Amerika. Mitt. Österr. Geogr. Ges. 1971, S. 236—261.

*10. Die südafrikanische Stadt*

BRAUN, M.: Das schwarze Johannesburg. Afrikaner im Ghetto. Frankfurt 1973.

BROOKFIELD, H. C. / TATHAM, M. A.: The distribution of racial groups in Durban. Geogr. Rev. 1957, S. 44—65.

BROWETT, J. G. / HART, T.: The distribution of white minority groups in Johannesburg. South Afr. Geogr. Journ. 1977, 404—412.

DAVIES, R. J.: The growth of the Durban metropolitan area. South Afr. Geogr. Journ. 1963, S. 15—43.

DAVIES, R. J.: Social distance and the distribution of occupational categories in Johannesburg and Pretoria. South Afr. Geogr. Journ. 1964, S. 24—39.

DAVIES, R. J.: South Africa. In: BERRY, B. J. L. (Hrsg.): Urbanization and counter-urbanization. Beverly Hills 1976.

DAVIES, R. J. / COOK, G. P.: Reappraisal of the South African urban hierarchy. South Afr. Geogr. Journ. 1968, S. 116—132.

DAVIES, R. J. / YOUNG, B. S.: The economic structure of South African cities. South Afr. Geogr. Journ. 1969, S. 19—37.

FAIR, T. J. D.: The effect of apartheid on morphology of cities in South Africa. Paper, Annual Meeting of the African Studies Assoc. Bloomington (Indiana) 1966.

FAIR, T. J. D.: Southern Africa: Bonds and barriers in a multiracial region. In: PROTHERO, R. M. (Hrsg.): A geography of Africa. London 1969.

HANCE, W. A.: Population, migration, and urbanization in Africa. New York/London 1970.

HELLMANN, E.: Soweto — Johannesburg's African city. South Afr. Institute of Race Relations. Johannesburg 1967.

HOLZNER, L.: Urbanism in Southern Africa. Geoforum 4, 1970, S. 75—90.

HOLZNER, L.: Soweto—Johannesburg, Beispiel einer südafrikanischen Bantustadt. Geogr. Rundschau 1971, S. 209—222.

HOLZNER, L.: Processes and patterns of urbanization in the Republic of South Africa. Geogr. Polonica 39, 1978, S. 123—141.

KAY, G. / SMOUT, M. (Hrsg.): Salisbury. A geographical survey of the capital of Rhodesia. London 1977.

KUPER, L. / WATTS, H. / DAVIES, R. J.: Durban: a study in racial ecology. London 1958.

MAYER, P.: Townsmen or tribesmen: conservation and the process of urbanization in a South African city. Cape Town 1963.

MAASDORP, G. / HUMPHREYS, A. S. B. (Hrsg.): From shantytown to township. An economic study of African poverty and rehousing in a South African city. Cape Town 1975.

SMIT, P. / BOOYSEN, J. J.: Urbanization in the homelands: a new dimension in the urbanization process of the black population of South Africa? Univ. of Pretoria, Inst. Plural Stud., Monogr. Ser. 3. Pretoria 1977.

TALBOT, W. J.: Kapstadt als Weltstadt. In: SCHULTZE, J. H. (Hrsg.): Zum Problem der Weltstadt. Berlin 1959, S. 56—82.

WILSON, M. / MAFEJE, A.: Langa. A study of social groups in an African township. Cape Town 1963.

*11. Die australisch-neuseeländische Stadt*

ACHTERSTRAAT, J.: De Steden in Australie. TESG 1960, S. 65—70 u. 1961, S. 94—106.

BARNARD, M.: Sydney. Melbourne 1957.

BUNKER, R.: Metropolitan form and metropolitan planning. Austr. Geogr. 1971, S. 619—632.

BURNLEY, J. H. (Hrsg.): Urbanization in Australia. The post-war experience. London 1974.

CLARKE, G.: Urban Australia. In: DAVIES, A. F. / ENCEL, S. (Hrsg.): Australian society. Melbourne, 2. Aufl. 1970.

COX, P.: Historic towns of Australia. Melbourne 1973.

CURSON, P. H.: Polynesians and residence in Auckland. New Zealand Geogr. 1970, S. 162—174.

HOUGHTON, D. S.: City size and social differentiation: an Australian comparison. TESG 1975, S. 217—224.

JOHNSTON, R. J.: Zonal and sectoral patterns in Melbourne's residential structure 1961. Land Economics 1961, S. 463—467.

JOHNSTON, R. J. (Hrsg.): Urbanization in New Zealand: Geographical Essays. Wellington/Sydney/London 1973.

JOHNSTON, R. J.: The factorial ecology of major New Zealand urban areas: a comparative study. Inst. of Brit. Geogr., Spec. Publ. 5, 1973, S. 143—168.

JOHNSTON, R. J.: Social area change in Melbourne, 1961—1966. Austral. Geogr. Stud. 11. 1973, S. 79—98.

JOHNSTON, R. J.: New Zealand. In: JONES, R. (Hrsg.): Essays on world urbanization. London 1975, S. 133—167.

MCGEE, T. G.: The social ecology of New Zealand cities: a preliminary investigation. In: FORSTER, J. (Hrsg.): Social processes in New Zealand. Auckland 1969, S. 144—183.

NORRIS, J. M.: Dimensions of urban residential differentiation. Monash Publ. in Geogr. 15, 1977.

Оток, S.: A model of the socioethnic structure of Australia's metropolitan cities. Geographia Polonica 33, 1976, S. 113—120.

Parkes, D. N.: A classical social area analysis: Newcastle and some comparisons. The Austral. Geogr. 1972, S. 555—578.

Rimmer, P. J.: The search for spatial regularities in the development of Australian seaports 1861—1961/62. Geografiska Annaler 49 B, 1967, S. 42—54.

Rose, A. J.: The geographical pattern of European immigration in Australia. Geogr. Rev. 1958, S. 512—527.

Rose, A. J.: Patterns of cities. London/Melbourne 1967.

Rowland, D. T.: Processes of Maori urbanization. New Zealand Geographer 1972, S. 1—22.

Sandercock, L. K.: Cities for sale: property, politics and urban planning in Australia. Carleton (Victoria) 1975.

Schedvin, C. B. (Hrsg.): Urbanization in Australia: the nineteenth century. Sydney 1974.

Scott, P.: The population structure of Australian cities. Geogr. Journ. 1965, S. 463—481.

Scott, P.: The Australian CBD. Econ. Geogr. 1959, S. 290—314.

Stimson, R. J.: Patterns of European immigrant settlement in Melbourne, 1947—1961. TESG 1970, 114—126.

Thomson, K. W. / Trlin, A. D. (Hrsg.): Immigrants in New Zealand. Palmerston North 1970.

Wehling, H.-W.: Funktionalbereiche im Großraum Sydney. Die Erde 1975, S. 90—105.

Williams, M.: The Parkland towns of Australia and New Zealand. Geogr. Rev. 1966, S. 67—89.

*12. Die japanische Stadt*

Association of Japanese Geographers (Hrsg.): Japanese cities: a geographical approach. Spec. Publ. No. 2. Tokio 1970.

Dore, R. P.: City life in Japan. Berkeley 1958.

Flüchter, W.: Neulandgewinnung und Industrieansiedlung vor den japanischen Küsten. Bochumer Geogr. Arb. 21. Paderborn 1975.

Fujioka, K.: Feudal traditions in the forms and zone structures in Japanese cities. In: Proceed. IGU Reg. Conference Japan 1957. Tokyo 1959, S. 317—319.

Glickman, N. J.: The growth and management of the Japanese urban system. New York 1978.

Gutschow, N.: Die japanische Burgstadt. Bochumer Geogr. Arb. 24. Paderborn 1976.

Hall, W.: The castle town and Japan's modern urbanization. The Far Eastern Quarterly 1955, S. 37—56.

Kornhauser, D.: Urban Japan: its foundations and its growth. London/New York 1976.

Matzerath, H. / Ogura, K.: Moderne Verstädterung in Deutschland und in Japan. Z. f. Stadtgesch., Stadtsoz. u. Denkmalspflege 1975, S. 228—253.

Ogasevara, Y.: Städteregionen in Japan als Kriterium für Kulturregionen. In: Sundai Shigaku 4, 1954, S. 107—130.

Pezeu-Massabuau, J.: Tokyo. Genèse, structure, perspectives. Essai de présentation d'ensemble. Cahiers d'Outre Mer 1974, S. 209—244.

Schöller, P.: Wachstum und Wandlungen japanischer Stadtregionen. Die Erde 1962, S. 202—234.

Schöller, P.: Centre-shifting and centre-mobility in Japanese cities. Lund Studies in Geography, Ser. B, No. 24, 1962, S. 577—593.

Schöller, P.: Kulturwandel und Industrialisierung in Japan. Tagber. u. wiss. Abh. Deutscher Geographentag Bochum 1965. Wiesbaden 1966, S. 55—84.

Schöller, P.: Ein Jahrhundert Stadtentwicklung in Japan. In: Beiträge zur geographischen Japanforschung. Colloquium Geographicum 10. Bonn 1969, S. 13—57.

Schöller, P.: Tokyo: Entwicklung und Probleme wachsender Hauptstadt-Konzentration. In: Leupold, W. / Rutz, W. (Hrsg.): Der Staat und sein Territorium. Wiesbaden 1976, 86—105.

Schöller, P.: Unterirdischer Zentrenausbau in japanischen Städten. Erdkunde 1976, S. 108—125.

Schwind, M.: Die Verstädterung Japans. Erdkunde 1950, S. 218—226.

Smith, R. J.: Preindustrial urbanism in Japan: a consideration of multiple traditions in a feudal society. Econ Devel. and Cult. Change 1960, S. 241—257.

Tanabe, K.: Development of areal structure of Japanese cities in the case of the castle town — As a geographic contribution to the study of urban structure. Sc. Reports, Tohoku Univ., Seventh Ser. Geogr., March 1953, S. 30—52.

Trewartha, G. T.: Japanese cities: distribution and morphology. Geogr. Rev. 1934, S. 404—17.

WHEATLEY, P. / SEE, T.: From court to capital. A tentative interpretation of the origins of the Japanese urban tradition. Chicago 1978.
YAZAKI, T.: The Japanese city. A sociological analysis. Tokyo 1965.
YAZAKI, T.: Social change and the city in Japan from earliest times through the industrial revolution. A social study. Tokyo 1968.

# ABKÜRZUNGEN

| | |
|---|---|
| Amer. Sociol. Rev. | American Sociological Review |
| Ann. de Géogr. | Annales de Géographie |
| Ann. Amer. Acad. Polit. and Soc. Sci. | Annals of the American Academy of Political and Social Sciences |
| Annals Assoc. Amer. Geogr. | Annals of the Association of American Geographers |
| Assoc. Amer. Geogr. Comm. College Geogr. Res. Pap. | Association of American Geographers, Commission on College Geography Resource Paper |
| Berl. Geogr. Stud. | Berliner Geographische Studien |
| Canad. Geogr. | Canadian Geographer |
| Econ. Geogr. | Economic Geography |
| Geogr. Annaler | Geografiska Annaler |
| Geogr. Polonica | Geographia Polonica |
| Geogr. Rev. | Geographical Review |
| Geogr. Ber. | Geographische Berichte |
| Geogr. Z. | Geographische Zeitschrift |
| Inf. z. Raumentw. | Informationen zur Raumentwicklung |
| Journ. Amer. Inst. Pl. | Journal of the American Institute of Planners |
| Journ. Reg. Sci. | Journal of Regional Science |
| Pac. Sociol. Rev. | Pacific Sociological Review |
| Pap. and Proceed. Reg. Sci. Assoc. | Papers and Proceedings of the Regional Science Association |
| South Afr. Geogr. Journ. | South African Geographical Journal |
| TESG | Tijdschrift voor Economische en Sociaale Geografie |
| The Profess. Geogr. | The Professional Geographer |
| Town Plan. Rev. | Town Planning Review |
| Transact. Inst. Brit. Geogr. | Transactions, Institute of British Geographers |

Univ. of Chic. Dept. of Geogr. Res. Pap. / The University of Chicago Department of Geography Research Paper

Univ. of Hull. Occas. Pap. in Geogr. / University of Hull Occasional Papers in Geography

# REGISTER

Absonderung s. Segregation
Achsenkreuz 9. 10. 11
Ackerbürgerstadt 85
Afrikanerviertel 120. 123. 144
Afrikanisierung 122. 131
Agglomerationsvorteile 42
Agrostadt 118
Altstadt 31. 83. 86. 89. 91. 94. 104. 111. 112. 119. 127. 139
Amerikanisierung 131
Arbeitsteilung 14
Aufschüttungsfläche 154
Ausfallstraße 34. 104. 115

barriadas 130
barrios piratas 130
basic-nonbasic-Konzept 51
bastionäres System 82
Bazar 89. 98. 99. 101. 102. 103. 104. 121
Berufsfächer 14. 15
Berufssegregation 20. 107
Bevölkerungsdichtegradient 34. 51
black belt 136
black township 142
Blockhaus 135
Bodenpreis 23. 27. 28. 29. 30. 44. 51. 90. 152. 153
Branchensortierung 101. 102. 121

bronzeville 136
Bungalow 110
Burgess-type 4. 46
Burgstadt 148

Charta von Athen 5. 35
Charta von Machu Picchu 5
Chinatown 114. 136
City 15. 16. 23. 37. 38. 46. 83. 87. 111. 112. 114. 128. 133. 134. 138. 139. 140. 146
city culture-Stadt 141
Citygebundenheit 38
Cityverhalten 38
Civic Center 149
civil lines 103. 105. 110
civitas 78
colonial third culture 26
commercial strip 139
Common 131. 132
Community Center 138
compound 142
conventillo 128. 130
cordon sanitaire 26. 120
courthouse square 132

Dagotown 136
Danchi 154. 155
decumanus 9
Desegregation 19
Deutschland 136
downtown s. City

Downtown Development Association 138
Duka 121. 122

edificio 128
Eigenviertel s. Minoritätenviertel
Einkaufszentrum 37. 39. 122. 134. 138. 139. 144. 152
Encomienda-System 124
Endogamie 121. 135
ensanches 103
Europäerviertel 103. 114. 117. 120
evolutionary sequence hypothesis 4
Exulantensiedlung 82

Fabrikenviertel 133
favela 130
Funktionsmischung 34. 35. 36. 87. 92
Funktionstrennung 34. 35

Gängeviertel 128
Gartenstadt 35
Gastarbeiter 21. 25. 31. 84
Gebäudekapazität 32. 33
Gebäudestruktur 33. 34
Geomantik 10. 93. 94. 150
geomantische Regeln s. Geomantik
Germantown 136
Geschäftszentrum 15. 39. 129
Getto s. Gettobildung
Gettobildung 20. 21. 22. 24. 136
Gewerbe-Wohn-Mischgebiet 17
Gitternetz s. Schachbrettgrundriß
Glacis 82
gorod 79
Greektown 136

Großblock 138
Großwohnsiedlung 85. 87
Group Areas Act 142
Grundentlastung 14. 27
Gründungsstädte 79
Gruppensiedlung 125

harlem 136
Hauptgeschäftszentrum 96
Haupthimmelsrichtung 10. 11. 94
herodianische Struktur 124
Hierarchie (innerstädtischer Zentren) 52
Hindustadtkultur 105. 106. 109. 111
Hüttenviertel s. Squatter-Siedlung

Immobilienmarkt 19. 28. 30. 44. 52. 135
industrial estate 42
industrial park 42
Industriekomplex 42. 139
Industriepark s. Industriekomplex
Industrievorstadt 83
Interaktionsmodell 52
intra- od. innerstädtischer Industriestandort s. Mikrostandort

jacales 130

Kampung 114. 115
Kanistervorstadt s. Squatter-Siedlung
Kaste 105. 106. 107. 108. 111
Kern-Rand-Gegensatz 43. 52
Kleinstadt 14
Kleinststadt 14

koloniale Zwischenwanderer s. Zwischenschicht
Kolonialgründung s. Kolonialstadt
Kolonialstadt 24. 25. 26. 118. 119
Kommerzialisierung 23
komplementäre Konzentration 39
konkurrierende Konzentration 39
Kreistheorie s. Theorie
Kremlbezirk 88
Kultgemeinschaft 96

Land Ordinance 13
Lebenszyklus 32
Little Italy 136
Little Sicily 136
Little Tokyo 136

Magistrale 87. 91
Main Street 13. 15. 132
Mall 110. 111. 133
mandala 10. 106
Marabut 103
Marginalschicht 26
Mehrkerntheorie 46
miasto 79
Miethausviertel 81
Mietwohnhaus 82
Mikrorayon 92
Mikrostandort (Industrie) 40. 41. 42. 154
Minoritätenviertel 24. 25. 122. 135. 137. 148
Mischgebiet s. Gewerbe-Wohn-Mischgebiet
Mittelstadt 15. 18. 86
mobile home 134. 140
Mobilitätsniveau 31. 134

multilinear convergence hypothesis 4
Nachbarschaft 12. 36. 47. 48. 97. 138. 144
nachindustrielle Stadt 36
Nahmarktfunktion 78
natural area 47. 48

Palastanlage s. Palastbezirk
Palastbezirk 106. 107. 149
parkland town 146
Parochien 12
Pasar 116
Patiohaus 126. 127. 129
Patriziat 80
peak value intersection 13
Platzanlage 86. 91
Plaza 86. 114. 125. 126. 128. 131. 132
población 130. 131
Pol 108
portae 11
primäres Viertel 24

Quartier 9. 11. 18. 101
Quartiersbewußtsein 18
Quinta 129

Railway Colony 112
Rancho-Bebauung 130
Randwanderung (Industrie) 33. 36. 42
Rassentrennung 119. 141. 142
Rayonbestimmungen 82
Reißbrettstadt 81
Retribalisierung 122
reverse-Burgess type 4. 46
Roma quadrata 9

Sabon-gari 119
Sackgassengrundriß 89. 98. 99. 108
Sadr-Basar 111. 112
Sanierung 139
Sardenstadt 89. 90
Satellitenstadt 84. 118
Schachbrettgrundriß 12. 78. 85. 89. 100. 114. 121. 125. 131. 133
Schachbrettmuster s. Schachbrettgrundriß
Segregation 19. 20. 31. 44. 84. 94. 100. 105. 107. 119. 131. 136. 143. 148
Sektorentheorie 46
Sekundärzentrum 15. 34. 40. 152
selektive Migration 31
shackfarming 143
shanty town s. Squatter-Siedlung
shophouse-core 96
shopping center s. Einkaufszentrum
skyline 128. 133
social area 47. 48. 49. 50
Sortierungsprozeß 37
Sotsgorod 91
Sozialgradient 84
Sozialraumanalyse s. social area
Squatter-Siedlung 115. 123. 130. 131
Stadterweiterung 82. 89
Stadtrandzone 85
Stadtzentrum 85. 87. 90. 91. 92. 132
Standortgemeinschaft 37
standörtliche Zersplitterung 42
star theory s. Sternmuster
Sternmuster 45
suburb 83

suburban culture-Stadt 141
Subzentrum s. Sekundärzentrum
Suk 98
Sukzession 22. 23. 135

templum 11
Tempelareal 149
Tertiärisierung 23
Theorie der konzentrischen Zonen 45
Tokodistrikt 116
townscape 32
Transfer of Development Rights 139

Übergangszone 16. 96. 146
urban homesteading 138
urban morphology 32
Urbitop 18

vecindad 128
Verdrängungsprozeß 37
Verkehrstechnologie 33. 34
Verlagerung s. Viertelswanderung
Vertragshafen 94
Verwestlichung 103
Viertelsgeist 18
Viertelswanderung 22. 129
villas miserías 130
Villenkolonie 83
Villenviertel 103
villes blanches 119
villes nouvelles 103

Wahlverhalten 44
WASP (White Anglo-Saxon Protestant) 134
Werksburg 154
Westend 22. 82. 129

Wik 78
Wohngebietstyp 18
Wohnsitzpersistenz 107
Wohnstandortwahl 43
Wohntrabant 143
Wohnvorstadt 85
Wohnwagenpark s. mobile home
wohnwertorientierte Migration 30
Wohnwünsche 19. 28. 29. 30. 32. 44. 135
Wolkenkratzer 128. 131. 133. 146

Yorubasiedlung s. Yorubastadt
Yorubastadt 103. 118. 119

Zellenstruktur 36
zellulares Grundmuster 97
zentralörtliche Netztheorie 52
Zentrenverlagerung 153
Zoneneinteilung 35
Zunft 79
Zunftstraße 79. 102
Zuordnung (Funktionen) 36. 90. 91
Zwischenschicht 26. 113. 121. 122